**SERIE
GRANDES OPORTUNIDADES Y RETOS
QUE EL CRISTIANISMO ENFRENTA HOY**

Oportunidades y Retos
PERSONALES

GRANDES OPORTUNIDADES Y RETOS QUE EL CRISTIANISMO ENFRENTA HOY

Libros de esta serie:

Oportunidades y retos contextuales
Oportunidades y retos globales
Oportunidades y retos sociales
Oportunidades y retos personales

**SERIE
GRANDES OPORTUNIDADES Y RETOS
QUE EL CRISTIANISMO ENFRENTA HOY**

Oportunidades y Retos
PERSONALES

John Stott

Revisado y actualizado por Roy McCloughry
con un capítulo por John Wyatt

Vida®

La misión de Editorial Vida es ser la compañía líder en satisfacer las necesidades de las personas con recursos cuyo contenido glorifique al Señor Jesucristo y promueva principios bíblicos.

OPORTUNIDADES Y RETOS PERSONALES
Edición en español publicada por EDITORIAL VIDA —2011, Miami, Florida.
Publicado anteriormente bajo el título *Los problemas que los cristianos enfrentamos hoy*

© 2007, 2011 por EDITORIAL VIDA

Originally published in the U.S.A. under the title:
   Issues Facing Christians Today
   Copyright © 1984, 1990, 1999, 2006 by John Stott
Published by permission of Zondervan, Grand Rapids, Michigan

Traducción: *Esperanza y Roberto Simons*
Edición: *Elizabeth Fraguela M. y Wendy Bello*
Diseño interior: *artserv*
Adaptación de la cubierta: *Pablo Snyder*

RESERVADOS TODOS LOS DERECHOS. A MENOS QUE SE INDIQUE LO CONTRARIO, EL TEXTO BÍBLICO SE TOMÓ DE LA *SANTA BIBLIA NUEVA VERSIÓN INTERNACIONAL*. © 1999 BÍBLICA INTERNACIONAL.

ESTA PUBLICACIÓN NO PODRÁ SER REPRODUCIDA, GRABADA O TRANSMITIDA DE MANERA COMPLETA O PARCIAL, EN NINGÚN FORMATO O A TRAVÉS DE NINGUNA FORMA ELECTRÓNICA, FOTOCOPIA Y OTRO MEDIO, EXCEPTO COMO CITAS BREVES, SIN EL CONSENTIMIENTO PREVIO DEL PUBLICADOR.

ISBN: 978-0-8297-6201-3

CATEGORÍA: Vida cristiana / Temas sociales

IMPRESO EN ESTADOS UNIDOS DE AMÉRICA
PRINTED IN THE UNITED STATES OF AMERICA

11 12 13 14 15 ❖ 6 5 4 3 2 1

Abreviaturas

El texto bíblico normalmente es el de la *Nueva Versión Internacional*, © 1999 por Bíblica Internacional. Otros textos tienen las siguientes indicaciones:

Arndt-Gingrich   *Un léxico griego-inglés del Nuevo Testamento y otra literatura cristiana primitiva,* por William F. Arndt y Wilbur Gingrich (Prensa de la Universidad de Chicago y la Prensa de la Universidad de Cambridge, 1957).

RVR 60   Reina Valera, 1960, @ 1960, Sociedades Bíblicas Unidas.

LBLA   La Biblia de las Américas, @ 1997 por The Lockman Foundation

Contenido

Prefacio de la primera edición (1984) 9
Prefacio de la segunda edición (1990) 13
Prefacio de la tercera edición (1999) 17
Prólogo del editor para la cuarta edición (2006) 19
Una nota de John Stott 23

  1 Mujeres, hombres y Dios 25
  2 Matrimonio, cohabitación y divorcio 73
  3 El aborto y la eutanasia 117
  4 La nueva biotecnología (por el profesor John Wyatt) . . 161
  5 Relaciones entre personas del mismo sexo 197

Conclusión: Un llamado para el liderazgo cristiano 257
Guía de estudio (compilado por Matthew Smith) 279

Prefacio de la primera edición
(1984)

Una de las características más notables en el mundo del movimiento evangélico durante los últimos diez a quince años ha sido la recuperación de la conciencia social. Durante aproximadamente cincuenta años (alrededor de 1920-1970) los evangélicos estaban ocupados en la tarea de defender la fe bíblica histórica contra los ataques de la teología liberal, «el evangelio social». Pero ahora estamos convencidos de que Dios nos ha dado tanto la responsabilidad social como la responsabilidad de evangelizar en su mundo. Medio siglo de negligencia hizo que nos quedáramos atrás, y tenemos bastante que hacer para ponernos al día.

Este libro es mi contribución para actualizarnos en este proceso. Su origen puede remontarse a 1978/9, cuando Michael Baughen, ahora obispo de Chester, pero en ese entonces Rector de la Iglesia de Todas las Almas, me invitó a predicar una serie de sermones con el título «Problemas que los cristianos enfrentan hoy en Inglaterra». Varios de estos capítulos comenzaron a cobrar vida desde el púlpito, y subsecuentemente crecieron hasta llegar a ser discursos en el Instituto de Cristianismo Contemporáneo de Londres, donde tenían el propósito de ayudar a la gente a desarrollar una perspectiva cristiana acerca de la complejidad del mundo moderno.

Confieso que en varias ocasiones, durante el proceso de escribir este libro, me sentí tentado a no seguir adelante. Al intentar hacer esto, a veces me sentí como un tonto y otras como un presuntuoso. Yo no soy un experto en teología moral ni en ética social y no tengo una especialización en particular ni experiencia en algunos de los campos en los que me he entrometido. Además, cada tópico es complejo, tiene una extensa cantidad de referencias, de las cuales tan solo he podido leer unas pocas, con un potencial de división, o incluso, en algunos casos, de explosión. He perseverado, en especial, porque lo que me he aventurado a ofrecer al público no es una pieza profesionalmente pulida sino el trabajo poco experto de un cristiano ordinario que está luchando para pensar como un cristiano, es decir, para aplicar la revelación bíblica a los temas controversiales de hoy en día.

Esta es mi preocupación. Yo comienzo con mi convicción de que la Biblia es la «Palabra de Dios escrita», que es como lo describen los Artículos Anglicanos y así lo han recibido casi todas las iglesias hasta hace comparativamente poco. Esta es la presuposición básica de este libro, y no es parte de mi presente propósito argüir al respecto. Pero nosotros los cristianos tenemos un segundo compromiso con el mundo en donde Dios nos puso, aunque nuestros dos compromisos con frecuencia parecen estar en conflicto. Por ser una colección de documentos que se relacionan con sucesos particulares o lejanos, la Biblia parece arcaica. Parece incompatible con nuestra cultura occidental con satélites y micro procesadores. Como cualquier otro cristiano yo siento tensión entre estos dos mundos. Los separan siglos. Sin embargo, he tenido que aprender a resistir la tentación de desligarme de uno de los dos mundos y así rendirme al otro.

Algunos cristianos, ansiosos sobre todo de ser fieles a la revelación de Dios sin comprometerla, ignoran los desafíos del mundo moderno y viven en el pasado. Otros, ansiosos de responder al mundo que les rodea, podan y tuercen la revelación de Dios en un intento de hacer que su fe sea pertinente a los tiempos. Yo he luchado para evitar estas dos trampas porque el cristiano no tiene que someterse a la antigüedad ni a la modernidad. Sin embargo, he procurado con integridad someter la revelación de ayer a las realidades de hoy. No es fácil combinar la lealtad al pasado con la sensibilidad al presente. No obstante, este es nuestro llamado cristiano: Vivir en el mundo sometidos a la Palabra.

Muchas personas me han ayudado a desarrollar mi pensamiento. Estoy agradecido de la «sucesión apostólica» de mis ayudantes de estudio: Roy McCloughry, Tom Cooper, Mark Labberton, Steve Ingrahan y Bob Wismer, quienes acumularon bibliografías, organizaron grupos para el diálogo sobre los tópicos de los sermones, recopilaron información y confirmaron las referencias. Bob Wismer fue una ayuda especial en las etapas finales, leyó el manuscrito dos veces y me hizo sugerencias valiosas. Lo mismo hizo Frances Whitehead, mi secretaria desde hace veintiocho años. Ella y Vivienne Curry mecanografiaron el manuscrito. Steve Andrews, mi presente asistente de estudio, comprobó las correcciones meticulosamente. También estoy agradecido de los amigos que leyeron diferentes capítulos y me dieron el beneficio de sus comentarios: Oliver Barclay, Raymond Johnston, John Gladwin, Mark Stephens, Roy McCloughry, Myra Chave-Jones y mis colegas del Instituto de Londres, Andrew Kirk (Director Asociado) y Martyn Eden (Decano). Estoy muy agradecido de Jim Houston, el Rector y fundador y ahora Canciller de Regent College [Universidad Regent] en Vancouver, cuya visión de la necesidad que tienen los cristianos de tener una cosmovisión integrada estimuló mi pensamiento tanto como la fundación del Instituto de Londres.

JS
Junio 1984

Prefacio de la segunda edición
(1990)

Seis años han pasado desde la publicación (en inglés) de *Problemas que los cristianos enfrentamos hoy* y durante este breve período el mundo ha presenciado muchos cambios. Comenzó *détente* [término francés que significa relajar] entre los poderes mundiales y el desarme. La libertad y la democracia se enraizaron en el este de Europa y en la Unión Soviética, algo con lo que hace un año nadie hubiera soñado, al mismo tiempo que la represión brutal pisoteaba estas tiernas siembras en la China. Pasaron viejos debates (como las amenazas nucleares), mientras que surgieron nuevos debates (como la epidemia de SIDA).

De ahí vino la necesidad de una segunda edición revisada de este libro. Se actualizaron las estadísticas sobre armamentos, violación de los derechos humanos, otras religiones, desempleo, divorcio y aborto. Fue necesario leer y reflexionar en los nuevos libros publicados que se refieren a casi todos los puntos de controversia. Muchos de esos libros los escribieron autores evangélicos, lo cual es una señal que nos anima ya que se está desarrollando nuestra conciencia social. Otra señal de esto es la fusión del Instituto para el Cristianismo Contemporáneo de Londres con el Proyecto de Shaftesbury para la Colaboración

Cristiana en la Sociedad con la intención de formar «Impacto Cristiano», y así combinar la investigación, la educación y el pensamiento con la acción. Otras señales son el fuerte compromiso a la acción social explícita en el Manifiesto de Manila, que se adoptó en la conclusión del segundo Congreso «Lausanne» acerca de la Evangelización del Mundo (1989), y el proyecto «Sal y Luz» que apoyó la Alianza Evangélica Inglesa.

Esta segunda edición de *Problemas que los cristianos enfrentamos hoy* también incorpora un material nuevo sobre muchos temas acerca de: el rápido crecimiento del movimiento ecológico con las advertencias de la desintegración de las capas de ozono y el efecto invernadero; el informe de Brundtland, *Our Common Future* [Nuestro futuro común] y el concepto del «desarrollo sostenible»; la deuda que llevan muchos núcleos de familias en el Occidente y, hasta un grado debilitante, los países del Tercer Mundo; tres importantes documentos cristianos recién publicados en Sudáfrica; con más pensamientos evangélicos cristianos acerca del rol, ministerio y liderazgo de la mujer; la fecundación humana y la tecnología moderna reproductiva; los aspectos teológicos, morales, pastorales y educativos del SIDA, la efectividad de protestas sociales cristianas y el testimonio cristiano.

Yo expreso mi cordial gratitud a Toby Howarth y Todd Shy, mis asistentes de estudio en el pasado y en el presente, por volver a leer detalladamente todo el libro y hacerme muchas sugerencias; a Martyn Eden, Elaine Storkey, Roy McCloughry, Maurice Hobbs, John Wyatt y Stephen Rand por la atenta lectura de secciones individuales y capítulos y además por proponerme cambios, a Lance Pierson por la producción de la guía de estudio, y a Frances Whitehead por mecanografiar y editar con precisión el manuscrito.

En conclusión, siento la necesidad de repetir lo que dije en el Prefacio de la primera edición, los *Problemas* representa las luchas de una persona quien no se cree infalible, quien está ansiosa de seguir aumentando su integridad cristiana a pesar de las presiones de lo que es mayormente una sociedad secular y quien, para ese fin, está siempre buscando luz fresca en las Escrituras.

JS
Enero 1990

Prefacio de la tercera edición
(1999)

Problemas que los cristianos enfrentamos hoy se publicó por primera vez en 1984, y la segunda edición revisada apareció en 1990. Desde entonces han pasado ocho años y la tercera edición revisada está atrasada. Es extraordinario cómo avanzó el tópico de debate de cada capítulo y en algunos casos hasta la situación cambió bastante.

Con el colapso del euro-marxismo, seguido de la demolición de la Muralla de Berlín, había que volver a dibujar la mayoría del mapa de Europa. El fin de la Guerra Fría hizo posible algunos tratados de desarme internacional. La «Cumbre de la Tierra» en Río de Janeiro, en 1992, reflejó y estimuló la preocupación creciente del público acerca de la destrucción de la capa de ozono y el calentamiento global. Nuevas políticas de desarrollo y propuestas para la cancelación de las deudas han dado una esperanza real a las naciones más pobres. El liderazgo conciliatorio del Presidente Mandela y el desmantelamiento del *apartheid,* o segregación racial, brillan en contrate con el aumento de la violencia que motivó el racismo y el surgimiento del nacionalismo en Europa. Los cristianos están alterados por causa de las influencias que socavan el matrimonio y la familia (en especial la cohabitación y las parejas de personas del mismo sexo) y que desafían la suma importancia de la vida humana (en especial el aborto y la eutanasia).

Diez personas, cada uno experto en el tema, fueron tan amables como para leer el capítulo de su especialidad y recomendar cambios, libros para leer y nuevos asuntos a considerar. Les agradezco sus críticas y sugerencias. Ellos son (en orden alfabético) Sir Fred Catherwood, Martyn Eden, Dr. David Green, Gary Haugen, Sir John Houghton, Roy McCloughry, Dr. Alan Storkey, Pradip Sudra, Dr. Neil Summerton y el Profesor John Wyatt.

Reservo una gratitud especial para John Yates, mi presente asistente de estudio. Él no solo hizo la tarea de leer varias veces la segunda edición, dar sus sugerencias y actualizar los datos estadísticos, sino que además siguió las sugerencias de nuestros expertos, revisó la redacción y me aconsejó cuáles libros y artículos leer y considerar. Nunca será suficiente lo que yo pueda decir en cuanto a su compromiso con el trabajo.

JS
Otoño 1998

Prólogo del editor
para la cuarta edición
(2006)

Ha sido un privilegio trabajar en la cuarta edición de este libro, no solo debido a su influencia en el pensamiento cristiano de mucha gente desde la primera edición en 1984, sino también por la influencia que ejerció en mi propio andar desde que yo era un estudiante en Londres y escuchaba predicar los sermones a John Stott acerca de estos temas. Entonces, como su primer asistente de investigaciones hace veinticinco años, yo sigo recibiendo la influencia del desarrollo de sus pensamientos acerca de estos temas. Como un cristiano llamado a reflexionar en la vida contemporánea social, económica y política, he encontrado que su enfoque ilumina e inspira a la vez.

Esta edición ha sido más revisada que las ediciones previas. Esto, sobretodo, es porque algunos de los capítulos de la tercera edición se referían a sucesos o debates que ya no son tan pertinentes como lo fueron en aquel tiempo. Por ejemplo, el informe de Brandt dejó de ser el centro del debate sobre la pobreza mundial, tampoco el debate de la relaciones industriales como se explicaba en ediciones previas es tan relevante como lo era antes en el mundo de los negocios. Algunos capítulos se han dejado relativamente sin tocar, excepto por una revisión solo de las estadísticas, ya que John pensó que estas todavía representaban su posición acerca del tema. El capítulo «Guerra y paz», por ejemplo, todavía contiene una reflexión teológica sustancial de la guerra nuclear. Otros capítulos necesitaron una cirugía más extensa para actualizarlos. Sin embargo, John y yo estamos muy conscientes del movimiento rápido de los acontecimientos en cada una de las áreas descritas en este libro. Al igual que las computadoras están anticuadas desde el momento mismo en que uno las saca de la caja, los lectores encontrarán que algunos de los sucesos que se expusieron aquí cambiaron desde que se hizo la impresión de este libro. Somos afortunados gracias a que muchos de los que lean este libro tendrán acceso a la Internet y podrán actualizar el material mucho mejor.

A través del libro se hizo la distinción entre plantear la escena y la reflexión y el análisis teológico del mismo John. Aunque tal vez la escena cambió mucho, la reflexión de John no cambió. Es posible que los críticos digan que el debate teológico ha avanzado, y por supuesto que ellos tienen la razón porque ahora hay muchos libros y artículos con autoridad en cada uno de estos temas que escribieron cristianos y muchos de ellos evangélicos. Sin embargo, la razón para escribir esta cuarta edición es que miles de personas todavía se benefician con la sabiduría de John y sus reflexiones acerca de estos problemas. Durante muchos años venideros buscarán su habilidad para manejar las Escrituras, junto con la aplicación a muchos problemas contemporáneos.

A través del libro tuve el cuidado de no permitir que mis prejuicios e inclinaciones se manifestaran en el texto, especialmente en aquellas aspectos donde John y yo nos expresaríamos de manera diferente. Es su libro y no el mío, y mi esperanza es que los lectores reconozcan su distintiva voz a medida que lean estas páginas. Esas personas que perciban un cambio en la posición de John acerca de problemas importantes en este libro, estarían equivocadas. Con la excepción de una corta adición al capítulo «Mujeres, hombres y Dios», John no ha escrito nada nuevo para este libro, aunque él leyó la nueva edición e hizo cambios donde lo consideró necesario. Todos los cambios los he hecho yo o personas que han sido muy amables ofreciéndome su habilidad, sin costo alguno, lo cual ha sido muy generoso de su parte. Ellos son Christopher Ash, Andrew Cornes, Mark Greene, Martín Hallet, Peter Harris, Mark Lovatt, Stephen Rand, Nick Riley, Trevor Stammers, Neil Summerton, Beverly Thomas y Scott Thomas. La mención de ellos aquí no significa que estén de acuerdo con todo (¡o realmente con algo!) de lo que se escribió en su tema de especialización.

Quiero darle las gracias a tres personas en especial: mi amigo John Wyatt estuvo dispuesto a sacar tiempo de su horario súper ocupado para escribir un capítulo extra para esta edición sobre «La nueva biotecnología» como también hacernos sugerencias acerca del capítulo «El aborto y la eutanasia». Estoy muy agradecido de él. Matthew Smith, asistente de estudio de John durante este proyecto, fue de mucha ayuda no solo con la actualización de los datos estadísticos y otros detalles similares, sino también con su contribución para el capítulo «Relaciones en los negocios». Él también escribió la Guía de Estudio, la cual esperamos que sea de ayuda no solo para los que estudian individualmente sino también para los que estudian el libro en grupo. Mi asistente personal, Kaja Ziesler, contribuyó en gran manera a este libro, no solo en términos de investigación sino también escribiendo borradores y ofreciendo sus sugerencias. Yo acepto la responsabilidad de todos los errores cometidos y omitidos.

Esta edición tomó más tiempo para completarla de lo que los involucrados en este proyecto nos habíamos imaginado, y le agradezco a John su paciencia y gracia. Zondervan ha sido de mucho apoyo y me gustaría darle las gracias a Amy Boucher-Pye, Maryl Darko y Angela Scheff en particular.

Espero que disfrutes esta nueva edición y oro pidiendo que se continúe usando para inspirar a una nueva generación y para desafiarlos a pensar cristianamente acerca del mundo y actuar para que sea más agradable a Dios.

Roy McCloughry
West Bridgford
Septiembre 2005

Una nota de John Stott

¡Ser invitado a actualizar el libro de otra persona es una tarea desagradecida! Pero Roy McCloughry lo ha hecho con una gracia, habilidad y perseverancia considerables.

Le pedí a Roy que tomara la responsabilidad de hacer la cuarta edición de *Problemas que los cristianos enfrentamos hoy* porque a mi edad (ochenta y cinco años) sabía que no podía y además porque tenía plena confianza en que él lo podía hacer.

No me desilusionó. Yo le he dado a Roy completa libertad, y sus revisiones han sido profundas y algunas veces radicales, con el acuerdo que al final el libro todavía sería reconociblemente mío, lo que así es. Para aclarar esto en varios lugares se retuvo la primera persona singular («yo [...] ») y también en algunas anécdotas personales.

Le estoy muy agradecido a Roy por la inmensa cantidad de tiempo y energía que ha invertido en el trabajo de la edición, y a todos los colaboradores, a quienes él ya mencionó en su Prólogo, especialmente Matthew Smith, quien era mi asistente de estudio en ese tiempo.

Nos despedimos de esta cuarta edición de *Problemas*, pidiendo en oración que estimule a la nueva generación de lectores a pensar como cristianos acerca de los grande problemas de hoy.

JOHN STOTT
SEPTIEMBRE 2005

Mujeres, hombres y Dios

La historia de la opresión de la mujer ha sido tan larga y tan amplia que hay necesidad de reparar la sociedad que domina el hombre. Mientras pienso en el tema, me reta lo que dicen las mujeres de diferentes perspectivas y convicciones ideológicas. He tratado de entender su dolor, su frustración y hasta su rabia. También he tratado de escuchar las Escrituras y he encontrado que escuchar a ambos es doblemente doloroso. Pero esto nos protegerá tanto del peligro de negar las enseñanzas de las Escrituras para ser relevante, como también de afirmarlas en una forma que ignora tales desafíos y es insensible a las personas afectadas más profundamente por ellas.

La posición social de la mujer cambió durante el siglo veinte, en especial en el Occidente. Todavía hay muchas partes en el mundo donde este cambio no ha ocurrido y donde siguen tratando a las mujeres como una propiedad, sin poder opinar acerca de su destino o abuso. Yo he escrito más acerca de este tema en el capítulo de los Derechos Humanos y de la Pobreza Mundial. Pero en el Occidente las cosas han cambiado, o por lo menos, han comenzado a cambiar. Llama la atención pensar que fue muy recientemente, solo en 1918, que la mujer ganó el derecho para votar en el Reino Unido, gracias a las valientes campañas de las feministas.

En la década de 1960 se aceleraron los cambios en las normas culturales, legales, económicas y políticas. La revolución de las mujeres dio por resultado que varias pensadoras clave desafiaran la situación actual como demasiado patriarcal e injusta desde la perspectiva de la mujer. Escritoras tales como Germaine Greer, a pesar de su tendencia extremista y su vulgaridad al expresarse, llegaron a ser famosas. Su libro, *La mujer eunuco*, 1970, declaró que las mujeres fueron «la mayoría verdaderamente oprimida».[1] Los hombres definían sus identidades en formas degradantes, especialmente cuando vieron a las mujeres como un objeto sexual. En los Estados Unidos, Kate Millet, en su libro *Sexual Politics* [Política sexual],[2] le echó leña al fuego en el debate acerca de la distribución del poder entre los hombres y las mujeres. El libro de Carol Gilligan, *In a Different Voice: Psychological Theory and Women's Development* [En una voz diferente: Teoría psicológica y el desarrollo de la mujer] se convirtió en una lectura esencial para aquellos que querían encontrar una nueva forma de entender la psicología del hombre y de la mujer.[3]

En 1970 los administradores sobresalientes de las corporaciones importantes en los Estados Unidos eran hombres en un 99%. Una mujer que se unía a una compañía siendo joven tenía todo el derecho de creer que ese porcentaje cambiaría a su favor cuando ella lograra antigüedad. Así sucedió. Veinticinco años más tarde, solo el 95% de los administradores en las compañías más grandes eran hombres. Según esta proporción, para el año 2270 será que habrá igualdad entre el hombre y la mujer que ocupen cargos administrativos en corporaciones. En el Congreso de los Estados Unidos las mujeres constituían el 6% de los representantes elegidos a mediados de la década de 1990, el triple del 2% que eran en 1950. Según esta proporción, el Congreso logrará igualdad entre hombres y mujeres para el año 2500.[4] A pesar de esto, Margaret Thatcher, Benazir Bhutto, Golda Meir, Indira Gandhi, Mary Robinson y Edith Cresson, entre otras, han sido líderes importantes en sus países.

En la década de 1970, se hicieron cambios en la legislación que comenzaron a cambiar la posición de las mujeres en la sociedad. En Inglaterra, el Acta de Igual Pago se aprobó en 1970, y el Acta de Discriminación Sexual en diciembre de 1975 haciendo ilegal la discriminación contra las mujeres en la educación, el reclutamiento o la publicidad. El Acta de Protección de la Empleomanía (1975) hizo ilegal que se despidiera a una mujer por estar embarazada.

Desde la década de 1960, la sociedad se ha abierto más hacia la mujer permitiéndole explorar sus talentos y habilidades al lado de los hombres. Sin embargo, en la realidad, muchas mujeres pueden señalar aspectos donde no existe la igualdad de oportunidades, de pago o trato en el mercado laboral, y en donde todavía hacen falta más reformas. Para nuestra vergüenza, las barreras invisibles que evitan injustamente que las mujeres avancen, el trabajo de tiempo parcial y en malas condiciones que explota a las mujeres pobres, el acoso sexual en el trabajo y la violencia doméstica en la casa, todavía dominan la «sofisticada» sociedad.

De acuerdo a Janet Radcliffe Richards, una escritora feminista, el feminismo surgió de la convicción que «las mujeres sufren por la injusticia social sistemática debido a su género». Por lo tanto, el feminismo fue «un movimiento para eliminar la injusticia basada en el género».[5] Este grito por la justicia debe ser suficiente para que los cristianos se sienten y tomen nota, porque a Dios le interesa la justicia que nos ha otorgado.

Sin embargo, sería un error considerar que el feminismo es un movimiento no cristiano. Elaine Storkey corrige este error en su excelente reseña histórica y sociológica titulada *What's Right with Feminism* [¿Qué hay de bueno en el feminismo?].[6] Al analizar las tres corrientes del feminismo secular: liberal, Marxista y radical; y al reconocer sus puntos positivos, ella los rechaza como inadecuados, debido en parte a su punto de vista ilustrado acerca de las personas como autónomas. Sin embargo, algunas respuestas de los cristianos son inadecuadas. Algunos lo rechazan y consideran que no es cristiano, mientras que otros van al extremo opuesto, viendo el feminismo como esencial para la salvación o adoptando una perspectiva poscristiana que intenta redefinir el cristianismo como una religión centrada en la mujer. Elaine Storkey termina con «Un tercer sendero» que traza al feminismo bíblico desde la Reforma y establece sus fundamentos teológicos. En el último párrafo de su libro ella dice que «un programa feminista cristiano no sería fácil»:[7]

> A través de todo está la crítica del humanismo contemporáneo y de *un humanismo en el cual el hombre define las normas*. En lugar del deseo de recobrar una definición cristiana: para discernir cómo se debe tratar a la mujer en términos de Dios y llevar a nuestra sociedad de ser una que la degrada y la desvalora a una en donde ellas tengan dignidad, igualdad y libertad para ser realmente humana. Dios creó a la humanidad como hombre y mujer, y sus diferencias siempre estarán presentes. Lo que necesita estar presente son las penalidades que las mujeres pagan por su género en tantos aspectos de su vida. Al seguir la tradición de la cual provienen, las feministas cristianas no estarán trabajando ni orando por ellas mismas y por sus intereses, sino para en verdad ayudar a las que más necesitan la liberación. Tal vez el programa sea desafiante. Pero las alternativas son menos que humanas.[8]

Entonces, está claro, que el feminismo en todas estas formas —ya sea no cristiano, cristiano o poscristiano— le presenta un reto urgente a la iglesia. El feminismo no se puede descartar. Tiene que ver con la creación y la redención, el amor y la justicia, la humanidad y el ministerio. Nos obliga a hacernos algunas preguntas. ¿Qué significa «justicia» con relación al hombre y a la mujer? ¿Cuál es la voluntad de Dios en cuanto a nuestras relaciones interpersonales y nuestras funciones? ¿Qué significa nuestra masculinidad y feminidad? ¿Cómo descubrimos nuestra verdadera identidad y dignidad? Al intentar resumir y sintetizar la enseñanza bíblica acerca de estas preguntas sensibles, voy a concentrarme en cuatro palabras cruciales: igualdad, complemento, responsabilidad y ministerio.[9]

Igualdad entre los hombres y las mujeres

Es importante comenzar desde el principio con el primer capítulo de Génesis.

La igualdad está basada en la creación

Entonces, Dios dijo: «Hagamos al ser humano a nuestra imagen y semejanza. Que tenga dominio sobre los peces del mar, y sobre las aves del cielo; sobre los animales domésticos, sobre los animales salvajes, y sobre todos los reptiles que se arrastran por el suelo».

Y Dios creó al ser humano
 a su imagen;
 lo creó a imagen de Dios.
 Hombre y mujer los creó

Dios los bendijo y les dijo, «Sean fructíferos y multiplíquense; llenen la tierra y sométanla; dominen a los peces del mar y a las aves del cielo, y a todos los reptiles que se arrastran por el suelo».

GÉNESIS 1:26-28

Si unimos la decisión divina («Hagamos al ser humano [...] Que tenga dominio»), la creación divina («Y Dios creó») y la bendición divina («Sean fructíferos [...] llenen la tierra y sométanla [...] »), vemos que el énfasis parece estar sobre tres verdades fundamentales acerca de los seres humanos: que Dios los hizo (y los hace) a su propia imagen, que él los hizo (y los hace) hombre y mujer, dándoles la tarea gozosa de reproducción y que él les dio (y les da) el dominio sobre la tierra y sus criaturas. Desde el comienzo la humanidad fue «hombre y mujer», y tanto los hombres como las mujeres se benefician igualmente de la imagen de Dios y de gobernar sobre la tierra. El texto no sugiere que un sexo es más semejante a Dios que el otro, ni tampoco que un sexo es más responsable de la tierra que el otro. No. Su semejanza a Dios y su mayordomía sobre su tierra (lo cual no se debe confundir, aunque se relacionan bastante) son que desde el comienzo se compartía por igual, ya que Dios creó ambos sexos igualmente y a semejanza de él.

Además, las tres afirmaciones de la creación de Dios en el versículo 27 no son solo un paralelismo poético. Seguramente hay un énfasis deliberado aquí, el cual debemos comprender. Dos veces se afirma que Dios creó al hombre a su propia imagen, y la tercera vez la referencia a la imagen divina se reemplaza con las palabras «hombre y mujer». Debemos tener cuidado de no especular más allá de lo debido acerca del significado de los textos. Sin embargo, si ambos sexos llevan la imagen de Dios (lo cual es correcto), entonces parece que no solo incluye nuestra humanidad (auténtica humanidad reflejando lo divino), sino nuestra pluralidad (nuestras relaciones interpersonales de amor reflejando las que unen las personas de la Trinidad) e incluso, por lo menos en este amplio sentido, nuestra sexualidad. ¿Acaso es una exageración decir que si Dios hizo la humanidad a su propia imagen, hombre y mujer, entonces debe haber dentro del ser de Dios algo que corresponde tanto a lo «femenino» como también a lo «masculino»?

Así que no debemos crear un lenguaje andrógeno para referirnos a Dios con el fin de erradicar la predisposición masculina en las Escrituras. Lo que debemos hacer es darle la debida importancia a los pasajes de las Escrituras que hablan de Dios en términos femeninos, y en especial en términos maternales, porque esos textos ayudan a iluminar la naturaleza y sus cualidades «paternales». Por ejemplo, de acuerdo con el cántico de Moisés, Yahvé no era solo la «Roca que te engendró» sino también el «Dios que te dio vida». Esta es una declaración notable de que él era simultáneamente Padre y Madre de Israel. Por consecuencia, Israel podía estar seguro de la fidelidad de Dios, porque una madre humana podría «olvidar a su niño de pecho, y dejar de amar al hijo que ha dado a luz», sin embargo, Yahvé prometió «¡yo no te olvidaré». Al contrario, amaría sin fallar y consolaría a su pueblo: «Como madre que consuela a su hijo, así yo los consolaré a ustedes». Además, si en estos textos Yahvé se revela como madre de su pueblo Israel, el israelita individual sentía la libertad de entrar en esta relación interpersonal. El salmista se atrevió a comparar su confianza tranquila en Dios con la confianza humilde de un niño de pecho. Entonces, el mismo Jesús usó en algunas ocasiones la imagen femenina, representando a Dios como en el caso de la mujer que perdió la moneda, y también el padre que perdió a su hijo, y representándose a sí mismo en su angustia sobre la Jerusalén no arrepentida como la gallina que quería reunir a sus polluelos bajo sus alas (Deuteronomio

32:18; cf. Isaías 42:14; Isaías 49:15; 66:13; Salmos 131:1ss; Lucas 15:8ss; Mateo 23:37).

Así que al regresar a la historia de la creación, es claro que desde el primer capítulo en la Biblia se afirme la igualdad fundamental de los sexos. Lo que es en esencia humano, tanto en el hombre como en la mujer, refleja la imagen divina que llevamos por igual. Y estamos llamados por igual a señorear la tierra, para cooperar con el Creador en el desarrollo de sus recursos para el bien común.

La igualdad se distorsionó desde la caída

Sin embargo, esta igualdad sexual se distorsionó desde la caída. Parte del juicio de Dios por la desobediencia de nuestros progenitores fue su palabra a la mujer: «Desearás a tu marido, y él te dominará». Los sexos experimentarían una medida de alineación del uno al otro. En lugar de la igualdad del uno con el otro, y de complementarse el uno al otro (lo que todavía tenemos que considerar), uno reinaría sobre el otro. El dominio del hombre sobre la mujer se debe a la caída, no a la creación.

Además, el hombre ha hecho mal uso de este juicio de Dios como una excusa para maltratar y someter a la mujer en formas que Dios no planeó. Se podría dar ejemplos de muchas culturas y épocas históricas. Daré cuatro ejemplos: Primera, la autobiografía de Gandhi: «Un esposo hindú se respeta como señor y maestro de su esposa quien siempre tiene que brindarle atención a él».[10] El próximo, considera Sura 4 del Corán, titulado «Mujeres»: «Los hombres tienen autoridad sobre las mujeres en virtud de la preferencia que Alá ha dado a unos sobre otros […] Amonestad a aquellas de quienes temáis que se rebelen, dejadlas solas en el lecho, pegadles […] »[11] Mi tercer ejemplo viene de los esquimales. Raymond de Coccola pasó doce años entre los «Krangmalit» en el Ártico canadiense como misionero de la iglesia católica y los llegó a conocer bien. Él se asombró cuando un esquimal cazador usó la misma palabra para mujer que para loba y para perra. «Entrenada a hacer las tareas más bajas», afirmó él, «la mujer esquimal está acostumbrada a aguantar los pecados y los apetitos de los hombres. Pero no me pude acostumbrar a lo que parecía una relación amo y esclava entre el cazador y su esposa».[12] Mi cuarto ejemplo es la pornografía, un símbolo de la decadencia en el Occidente, en la cual las mujeres son los objetos del abuso y de la violencia de los hombres.

Estos son ejemplos de la explotación de las mujeres. En el Antiguo Testamento el esposo en verdad era un patriarca y *ba'al* (señor o gobernador) de su tribu. Sin embargo, su hato de mujeres no se despreciaba ni se maltrataba. Las consideraban como una parte integral de la comunidad del pacto, así que «los hombres, mujeres y niños» se reunían en la asamblea para escuchar la lectura pública del Torá y para participar en la adoración (por ejemplo, Deuteronomio 31:12). El matrimonio era un honor especial, que moldeó Yahvé en el pacto de amor a Israel, se celebraba la belleza del amor sexual (como en Cantar de los Cantares), se alababan las capacidades de una buena esposa (por ejemplo, Proverbios 31), se levantaban mujeres santas y emprendedoras como Ana, Abigaíl, Noemí, Ruth y Ester para admirarse, y constantemente se enfatizó que la viuda se debía cuidar.

Sin embargo, los profetas anticiparon los días del nuevo pacto en los cuales se reafirmaría la igualdad original de los sexos. Dios derramaría su espíritu sobre toda carne, incluyendo a los hijos y a las hijas, a los siervos y a las siervas. No habrá descalificación debido al género.

Jesús afirma la igualdad

Cuando Jesús vino, nació de una mujer (Gálatas 4:4). Aunque los

Protestantes están ansiosos de evitar una exagerada veneración a la Virgen María de acuerdo con las Iglesias Católicas Romanas y Ortodoxas, también debemos evitar el extremo opuesto, dejar de honrarla. Si el ángel Gabriel le dice «tú que has recibido el favor de Dios», y si su prima Elisabet le dice «Bendita tú entre las mujeres», no nos debe dar pena pensar o hablar acerca de ella en los mismos términos, debido a la grandeza de su Hijo (Lucas 1:28, 42).

Sin embargo, no es solo que nació de una mujer, la cual le restauró a las mujeres su dignidad perdida por la caída, sino también la actitud hacia ellas. Además de los apóstoles, quienes fueron todos hombres, Jesús viajaba acompañado de un grupo de mujeres, a quienes él había sanado y que luego le proveían de sus bienes. Además, Jesús tuvo una charla teológica con alguien en el pozo de Jacob, sin considerar que fuera mujer, samaritana y pecadora, la cual le dio tres razones para que él la ignorara. Esto es similar al caso de la mujer encontrada en el acto del adulterio; él fue gentil con ella y rehusó condenarla. Él permitió que una prostituta se le acercara mientras estaba recostado a la mesa, y le mojara los pies con sus lágrimas, se los limpiara con el cabello y se los cubriera de besos. Él aceptó su amor, interpretándolo como una gratitud por ser perdonada. Al hacer esto, arriesgó su reputación e ignoró la indignación silenciosa de su anfitrión. Es probable que él fuera el primer hombre que tratara a esta mujer con respeto; los hombres anteriores solo la usaron (Lucas 8:1ss; Marcos 15:41; Juan 8:1ss; Lucas 7:36ss).

Aquí tenemos tres ocasiones donde él recibió a una mujer pecadora en público. A los hombres judíos se les prohibía que hablaran con una mujer en la calle, aunque esta fuera su esposa, hija o hermana. También se consideraba como impío enseñar a una mujer la ley; según el Talmud, sería mejor quemar las palabras antes de confiárselas a una mujer. Pero Jesús rompió estas reglas de la tradición y conveniencia. Cuando María de Betania se sentó a sus pies para escuchar sus enseñanzas, él dijo que ella había escogido la mejor opción, y a la otra María la honró como la primer testigo de su resurrección.[13] Todo esto fue sin precedente. Sin ninguna ceremonia ni publicidad, Jesús terminó con las consecuencias de la caída, y restauró a la mujer de su parcial pérdida de nobleza y reclamó para la nueva comunidad de su reino la bendición de igualdad sexual que se le había dado desde la creación.

Pablo celebra la igualdad

En la gran declaración de la constitución de la libertad cristiana se ve con claridad que el apóstol Pablo entendió esto: «Ya no hay judío ni griego, esclavo ni libre, hombre ni mujer, sino que todos ustedes son uno solo en Cristo Jesús» (Gálatas 3:28). Esto no quiere decir que los judíos y los griegos perdieran sus diferencias físicas e incluso sus diferencias culturales, ya que todavía hablaban, se vestían y comían de manera diferente; ni siquiera los esclavos o la gente libre perdió sus diferencias sociales, la mayoría de los esclavos permanecieron esclavos y los libres permanecieron libres; los hombres no perdieron su masculinidad ni las mujeres perdieron su feminidad. Esto significa que en cuanto a nuestra posición delante de Dios, por estar «en Cristo» y disfrutar una relación interpersonal con él, las distinciones raciales, nacionales, sociales y sexuales son irrelevantes. Delante de él las personas de todas las razas y clases, y de ambos sexos, son iguales. El contexto es uno de justificación solo por la gracia mediante la fe. Esto afirma que se aceptan por igual a todos los que por fe están en Cristo, son igualmente hijos de Dios, sin ninguna distinción, discriminación o favoritismo de acuerdo a la raza, sexo o clase. Así que, cualquier cosa que sea necesaria decir más adelante acerca de los roles sexuales, no queda duda alguna respecto a que un sexo sea superior o inferior al otro. Delante de Dios y en Cristo «no hay hombre ni mujer». Todos somos iguales.

Por lo tanto, la igualdad sexual, establecida en la creación pero pervertida por la caída, se recuperó gracias a la redención que hay en Cristo. Lo que la redención redime es la caída; lo que recobra y reestablece es la creación. Así que, los hombres y las mujeres tienen un valor absolutamente igual delante de Dios, creados iguales por Dios, justificados de igual manera por gracia a través de la fe, regenerados por igual por el derramamiento del Espíritu. En otras palabras, en la nueva comunidad de Jesús no solo compartimos por igual la imagen de Dios, sino que también somos herederos por igual de su gracia en Cristo (1 Pedro 3:7) y de la misma manera su Espíritu habita en nosotros. Nada puede destruir su igualdad trina (nuestra participación del Padre, Hijo y Espíritu Santo). Los cristianos y las iglesias en diferentes culturas lo han negado, pero este es un hecho indestructible del evangelio.

El complemento entre el hombre y la mujer

Aunque los hombres y las mujeres son iguales, no son lo mismo. El ser igual no se debe confundir con el ser idéntico. Nosotros somos diferentes el uno del otro, y nos complementamos el uno con el otro en las distintas cualidades psicológicas como también fisiológicas y de nuestra sexualidad. Este hecho tiene influencia en nuestros roles diferentes y apropiados en la sociedad. Como J.H. Yoder escribió, «igualdad de valor no significa un rol idéntico».[14]

Sin embargo, cuando investigamos los roles del hombre y de la mujer, debemos tener cuidado de no actuar de acuerdo con los estereotipos que nuestra cultura en particular ha desarrollado sin examinarlos con cuidado, y mucho menos debemos imaginar que Moisés los trajo junto con los Diez Mandamientos del Monte Sinaí. Esto crearía una seria confusión de las Escrituras y las costumbres.

Las feministas están comprensivamente en rebeldía contra la exigencia que las mujeres deben acomodarse a un rol predeterminado. Porque ¿quién fija el modelo sino los hombres? Esto es lo que la autora norteamericana Betty Friedan quiso decir con «La mística femenina» en su libro titulado así (1963). Es una imagen que una sociedad dominada por los hombres ha impuesto sobre ellas. Ella escribió: «Mi tesis es que el centro del problema para las mujeres de hoy no es sexual sino un problema de identidad —un impedimento evasivo del crecimiento que impone la Mística Femenina [...] Nuestra cultura no permite que las mujeres acepten o satisfagan sus necesidades básicas para crecer y desarrollar sus potenciales como seres humanos [...] »[15] La maternidad es una vocación divina y requiere bastante sacrificio. Pero no es la única vocación de las mujeres. Ellas pueden recibir el llamado para servir a la sociedad de otras formas que también son importantes, y no son egoístas.

Por ejemplo, no hay nada en las Escrituras que sugiera que la mujer no pueda tener su propia carrera o no pueda ganar para sostenerse ella misma; o que la mujer casada es la que tiene que hacer todas las compras, cocinar y limpiar, mientras que el esposo permanece sin contribuir a estas labores; o que la crianza de los niños es una actividad femenina en la que los hombres no puedan ayudar. El dicho alemán que restringe las labores de las mujeres *Kinder, Küche und Kirche* («niños, cocina e iglesia») es un ejemplo del machismo flagrante. Las Escrituras permanecen en silencio acerca de esta clase de división laboral. ¿Dice algo respecto a los roles sexuales y las relaciones interpersonales?

Sin duda alguna, deliberadamente Dios proveyó dos historias diferentes de la creación, Génesis 2 complementa y enriquece Génesis 1:

> Luego Dios el Señor dijo: «No es bueno que el hombre esté solo. Voy a hacerle una ayuda adecuada.»
>
> Entonces Dios el Señor formó de la tierra toda ave del cielo y todo animal del campo, y se los llevó al hombre para ver qué nombre les pondría. El hombre les puso nombre a todos los seres vivos, y con ese nombre se les conoce. Así el hombre fue poniéndoles nombre a todos los animales domésticos, a todas las aves del cielo y a todos los animales del campo.
>
> Sin embargo, no se encontró entre ellos la ayuda adecuada para el hombre. Entonces Dios el Señor hizo que el hombre cayera en un sueño profundo y, mientras éste dormía, le sacó una costilla y le cerró la herida. De la costilla que le había quitado al hombre, Dios el Señor hizo una mujer y se la presentó al hombre.
>
> Génesis 2:18-22

Lo que se revela en la segunda historia de la creación es que aunque Dios creó al hombre y a la mujer iguales, los hizo diferentes. En Génesis 1 masculinidad y feminidad se relacionan con la imagen de Dios, mientras que en Génesis 2 ellas se interrelacionan, Eva sacada de Adán y llevada a él. Génesis 1 declara la igualdad de los sexos; Génesis 2 aclara que «igualdad» no significa «idénticos» sino «complementos». Este es un estado de ser «igual pero diferente» que es difícil de conservar. Ellos no son incompatibles; pertenecen el uno al otro como partes esenciales de la revelación bíblica.

Debido a que los hombres y las mujeres son iguales (por la creación y por Cristo), no hay dudas de la inferioridad del uno o del otro. Pero debido a que se complementan, no hay dudas de que no son idénticos. Esta doble verdad da luz a las relaciones interpersonales y los roles entre el hombre y la mujer. Si Dios los creó con igual dignidad, hombres y mujeres deben respetar, amar, servir y no despreciarse el uno al otro. Fueron creados para complementarse uno al otro, así que los hombres y las mujeres deben reconocer sus diferencias y no tratar de eliminar o usurpar las diferencias entre ellos.

Hace más de trescientos años Matthew Henry, en un comentario acerca de la creación especial de Eva, escribió que «ella no fue hecha de su cabeza para mandarlo a él, no fue hecha de sus pies para que él no la pisoteara, sino de un lado para ser igual a él, bajo sus brazos para que él la proteja, y cerca de su corazón para que la ame». Es posible que él tomara esta idea de Peter Lombard, quien en 1157, antes de ser Obispo en Paris, escribió en su *Libro de oraciones*: «Eva no fue tomada de los pies de Adán para ser su esclava, ni de su cabeza para ser su señor, sino de su lado para ser su compañera».[16]

Nos vemos en dificultades al tratar de entender el significado de complemento, en forma tal que los dos sexos se complementen el uno con el otro, y al definir las diferencias entre los hombres y las mujeres. Las feministas se sienten incómodas. Sospechan acerca de la definición de feminidad porque por lo general las definiciones las hacen los hombres, quienes tienen (o por lo menos pueden tener) un interés en asegurar la definición de acuerdo a ellos, en parte porque muchas distinciones sexuales, como hemos visto, no son intrínsecas sino establecidas por la presión social. Como lo expresó Janet Radcliffe Richards, las feministas consideran que «las mujeres son diferentes a los hombres no por naturaleza, sino por artificio».[17]

Quizá debido a la confusión de identidades es que las personas optan por libros y programas que promueven principios que pretenden solucionar sus problemas. El libro del Dr. John Gray *Los hombres son de Marte, las mujeres son de Venus* ha tenido un éxito fenomenal. Para él la diferencia entre los sexos es tan importante que los hombres y las mujeres parecen venir de diferentes planetas. «Personas de Marte» (hombres) valoran el poder y los logros, «personas de Venus» (mujeres) valoran el amor y las relaciones interpersonales. El Dr. Gray ilustra esas diferencias por la forma en que se comunica la gente. Cuando una mujer está herida, «quiere simpatía pero él cree que ella quiere la solución».[18] También difieren en cómo acoplan con el estrés. «Las personas de Marte se van a una cueva para resolver ellas solas los problemas», mientras que «las personas de Venus se reúnen y en forma abierta hablan de sus problemas».[19] Los hombres se sienten con autoridad «cuando sienten que los necesitan», las mujeres «cuando se sienten amadas».[20] Los cristianos consideran que las generalizaciones de este libro son ingenuas y dicen que este autor describe, no analiza. Él no recomienda que tratemos de cambiarnos unos a otros, sino que nos entendamos y nos aceptemos unos a otros. Pero, por lo menos, nos recuerda que «debemos ser diferentes».[21]

Ha habido mucha discusión en cuanto a las implicaciones de esto para los hombres y recientemente se han escrito muchos libros acerca de la crisis en la masculinidad.[22] Algunos afirman que los hombres debieran parecerse más a las mujeres y aprender a ser más íntimos, abiertos y expresivos. Otros, tales como el movimiento de los *Guardianes de la Promesa* en los Estados Unidos, afirma que los hombres han perdido su masculinidad esencial, la cual se basa en el liderazgo en la casa y en la iglesia. Los hombres deben recuperar los distintivos de la masculinidad y deben enfocarse en las diferencias entre hombres y mujeres. Por supuesto, no hay un estilo de personalidad que muestre el modelo de masculinidad cristiana. Jesús respetó a Juan el Bautista y amó a Juan el Amado. Estos hombres fueron muy diferentes el uno del otro y, sin embargo, Jesús los respetó y los amó.

La psicóloga Mary Stewart van Leeuwen en su libro *Fathers and Sons: The Search for a New Masculinity* [Padres e hijos: En busca de la nueva masculinidad] habla de la necesidad de lograr un cambio tanto personal como estructural «si se va a lograr un modelo más justo y creativamente saludable para las relaciones en las familias y entre los géneros».[23] La suposición tradicional ha sido que las mujeres son las que tienen que adaptarse para que el matrimonio, el cuidado de los niños y el empleo estén balanceados. Pero, afirma ella, las cosas cambiarán tanto para los hombres como para las mujeres solo cuando los hombres, individualmente o en grupo, se dispongan a arriesgar cambios en su cosmovisión y patrones de comportamiento. Ella comenta: «El hombre cristiano en particular necesita estar listo para sustituir los dudosos ideales del código masculino de honor que en cada generación surge de una forma distinta, como la hidra, por las nociones bíblicas de responsabilidad y servicio».[24] Parte del problema en la sociedad de consumo es la tácita aceptación de los hombres que en una sociedad que se caracteriza por el crecimiento económico no debe haber límites para las ambiciones de los hombres. El código de honor de los guerreros se ha cambiado por el lenguaje de la carrera exitosa en la que el hombre deposita toda su energía. Pero ella señala que se debe considerar otra imagen de los hombres y esta es la de los mayordomos que vigilan los recursos de Dios incluso más que los guerreros. Su trabajo compartido con el de las mujeres es «vigilar *shalom* [paz]». Aquí regresamos al complemento entre los hombres y las mujeres lo mismo que a su igualdad, porque solo cuando recuperamos el hecho de que el mandato en la creación y la cultura se les dio a ambos, y cuando los hombres rechacen el concepto de crecimiento económico sin límites, crearemos el espacio para los talentos de las mujeres, la importancia de la vida familiar y el correcto lugar para los dones de Dios en el mundo en *shalom*. Ella señala que quizás sería mejor si dejamos de pensar en los hombres y las mujeres como «sexos opuestos», como si estuvieran compitiendo el uno con el otro, y en lugar de esto, pensáramos en ellos como «sexos aledaños», lo cual fomenta un espíritu de cooperación y complemento entre ellos.

El rol de la responsabilidad

Todos los estudiantes de Génesis están de acuerdo en que el capítulo 1 enseña la igualdad sexual y el capítulo 2 el complemento sexual. Sin embargo, el apóstol Pablo le añade a estos conceptos la idea del «liderazgo masculino». Él escribió que «el esposo es cabeza de su esposa» (Efesios 5:23) y, más general, «que Cristo es cabeza de todo hombre, mientras que el hombre es cabeza de la mujer y Dios es cabeza de Cristo» (1 Corintios 11:3). Pero, ¿qué significa esto? ¿Cómo se puede armonizar la igualdad sexual y el complemento sexual? Me parece que estas preguntas siguen siendo el corazón del debate en las relaciones interpersonales entre hombres y mujeres y acerca de la ordenación y el ministerio de las mujeres.

Se han hecho tres intentos para resolver la paradoja entre igualdad sexual y liderazgo masculino. Algunos afirman el liderazgo masculino tan fuertemente que contradicen la igualdad (o así parece). Otros niegan el liderazgo masculino porque lo consideran incompatible con la igualdad. El tercer grupo busca interpretar el liderazgo masculino y afirmarlo en forma tal que armonice con la igualdad sin contradecirla.

El liderazgo masculino autoritario

La primera de estas opciones es posible que se llame «tradicionalismo» o incluso «línea dura». Esta presupone que «liderazgo masculino» es igual a «señorío», ya que dice que el esposo es la cabeza de su esposa como Cristo es la cabeza de la iglesia. Esta posición entiende como una orden literal, permanente y universal la prohibición de Pablo que le impide a las mujeres hablar en la iglesia o enseñar a los hombres, y su petición de que se sometan y permanezcan en silencio. Deduce que aunque las mujeres tienen ministerios, el liderazgo y el tomar decisiones en la iglesia y en la casa son derechos de los hombres. Una de las personas que habla de manera más abierta y persuasiva acerca de este punto de vista es David Pawson en su exposición *Leadership is Male* [El liderazgo es masculino]. Él define «la paradoja del género» en términos de «igualdad vertical» (iguales en relación con Dios) y «desigualdad horizontal» (desiguales en la relación del uno con el otro). Pero la «desigualdad» (aunque restringida al plano horizontal) es un término engañoso («complemento» es mejor) y parece que es imposible reconciliarlo con la plena igualdad de los sexos que estableció la creación, la redención y el Pentecostés.[25]

La negación del liderazgo masculino

En segundo lugar están los que se van al extremo opuesto. Ellos niegan todos y cada uno de los conceptos de liderazgo masculino como irreconciliable con la unidad de los sexos en Cristo. Declaran que las enseñanzas de Pablo no se aplican en una de las cuatro posibles alternativas: que es un error, es confusa, es una aplicación cultural o está dirigida a una situación específica.

¿Es incorrecta la enseñanza de Pablo?

El Dr. Paul Jewett afirma en su libro *El hombre como varón y hembra*[26] que tal vez Pablo tiene dos opiniones que no concuerdan. Por un lado, él afirma igualdad (Gálatas 3:28) mientras que por otro lado está a favor de la sujeción de la mujer (1 Corintios 11:13). Esto refleja la polémica entre la jerarquía en el Antiguo Testamento y Jesús que trató al hombre y a la mujer como iguales.[27] «Estas dos perspectivas» continúa el Dr. Jewett, «son incompatibles, no hay forma satisfactoria para que armonicen [...] »[28] Realmente, «la sumisión femenina» es «incompatible con (a) la narrativa bíblica de la creación del hombre, (b) la revelación que nos es dada por la vida de Jesús, y (c) las afirmaciones básicas de Pablo acerca de la libertad del cristiano» (Gálatas 3:28).[29] Él concluye, esta incongruencia se debe al hecho que las Escrituras son tanto humanas como divinas, y el «entendimiento» de Pablo tiene «limitaciones históricas».[30] En otras palabras, Pablo cometió un error. Él no tomó en cuenta las implicaciones de su afirmación que en Cristo no hay hombre ni mujer. Él no entendía su propia mente. Ahora nosotros tenemos la libertad de escoger entre el apóstol de libertad cristiana y el rabí no reformado, y el Dr. Jewett dice que preferimos mucho más al primero.

Hay mucho en el libro del Dr. Jewett que es excelente, en especial su exposición acerca de las actitudes y enseñanzas de Jesús. Pero abandonar la tarea de armonización y declarar que el apóstol Pablo tuvo una mente dividida y cometió un error es lo que aconseja el desespero. Es mejor acreditarlo por la coherencia de su pensamiento. La verdad es que someterse no implica inferioridad y el tener diferente identidad sexual y roles no es incompatible con la igualdad de valor.

¿Está la enseñanza de Pablo confundida?

La segunda forma de rechazar el concepto de «liderazgo masculino» es declarar que las enseñanzas de Pablo son demasiado confusas para que sirvan de ayuda. Esta es la posición que adoptó Gretchen Gaebelein Hull en su libro *Equal to Serve* [Servir por igual]. Su estudio de los «pasajes difíciles» de Pablo le llevó a descubrir que «entre los eruditos no hay un consenso acerca del significado o de la interpretación de estos pasajes».[31] Como consecuencia, ella decidió colocarlos en la periferia y en lugar de eso enfocarse en «la verdad más grande de igual redención y derechos iguales inherentes de la mujer»,[32] y su «igual oportunidad de servir a Dios».[33] Ella escribe, «El hecho de que todos los creyentes son redimidos por igual, y por lo tanto tienen igual posibilidad de ser elegidos para servir, forma la base para cualquier filosofía de la vida y el servicio cristiano. Dios no hizo distinción basándose en la raza, la clase o el género».[34] Me agradó leer el libro de la Sra. Hull, y en particular aprecio su énfasis repetitivo en el llamado para todo el pueblo de Cristo a servir con sacrificio y sufrimiento.[35] Yo mismo no me siento capaz, al enfrentar un texto difícil, de ignorar la tarea de interpretación y armonización. Ni tampoco creo que sea lógico aseverar que nuestra redención es igual y por lo tanto implica servir por igual.

¿Es la enseñanza de Pablo una aplicación cultural?

Si la enseñanza de Pablo no es incorrecta ni confusa, ¿entonces estaba afectada por la cultura? Es decir, ¿podemos señalar que esta posición de liderazgo masculino fue válida en su tiempo, para las iglesias del primer siglo en el mundo grecorromano, pero que no se aplican a nosotros en el mundo actual? Mi respuesta inmediata a estas preguntas necesita llamar la atención al peligro inherente del argumento. Si rechazamos la enseñanza de Pablo acerca de los hombres y las mujeres basándonos en que está afectado por la cultura, entonces, basados en esto mismo, ¿no será posible rechazar sus enseñanzas del matrimonio, el divorcio, las relaciones homosexuales y de hecho, acerca de Dios, Cristo y la salvación?[36] Si las enseñanzas de los apóstoles solo se aplican a su generación, entonces nada de esto tiene relevancia para nosotros ni autoridad sobre nosotros. Pero no tenemos la libertad de rechazar cosas debido a la cultura (por ejemplo, repudiar la revelación de Dios por estar afectada por la cultura del primer siglo); más bien nuestra tarea es pasar la enseñanza bíblica de una cultura a otra (por ejemplo, guardar la revelación esencial de Dios y traducirla a un idioma moderno y apropiado).

A veces se hace el intento de fortalecer el argumento cultural con una referencia a la esclavitud. Si Pablo les dijo a las esposas que se sometieran a sus esposos, también le dijo a los esclavos que se sometieran a los amos. Ya que los esclavos se liberaron hace bastante tiempo, ¿no es hora de que la mujer también se libere? Si embargo, el argumento falla. La analogía entre mujeres y esclavos es bastante inexacta por dos razones. En primer lugar, las mujeres no fueron propiedad, compradas ni vendidas en el mercado, como lo fueron los esclavos. En segundo lugar, aunque Pablo trató de regular el comportamiento de los esclavos y de los amos, en ningún lugar apeló a las Escrituras para defender la esclavitud, mientras que sus enseñanzas acerca del liderazgo masculino los basó en la doctrina de la creación. Él llama la atención de los lectores a la prioridad de la creación («primero fue formado Adán, y Eva después», 1 Timoteo 2:13), el modelo de la creación («el hombre no procede de la mujer sino la mujer del hombre», 1 Corintios 11:8), y el propósito de la creación («ni tampoco fue creado el hombre a causa de la mujer, sino la mujer a causa del hombre», 11:9). De acuerdo a las Escrituras «el hombre nace de la mujer» (11:12) y los sexos son interdependientes (11:11ss), sin embargo, la mujer fue hecha después del hombre, salió del hombre y para el hombre. No se pueden perder estos tres argumentos (como algunos escritores tratan de hacerlo) como una «exégesis rabínica enredada», por el contrario, como el Dr. James B. Hurley muestra en su escrito *Man and Woman in*

Biblical Perspective [El hombre y la mujer en una perspectiva bíblica], está bien fundado en su análisis exegético. Porque (a) por derecho de primogenitura «el primero que nació es heredero de los bienes y de la responsabilidad del liderazgo», (b) cuando Eva fue tomada de Adán y traída a él, la llamó «varona» y el «poder de asignar un nombre está asociado con control», (c) ella fue hecha para él no como una añadidura, ni como un juguete, sino como una compañera, compañera de trabajo, para compartir con él «el servicio a Dios y el cuidado de la tierra».[37]

Es esencial notar que los tres argumentos de Pablo se tomaron de Génesis 2, no de Génesis 3. Es decir, están basados en la creación no en la caída. Reflejan que la creación humana no se afecta por la moda de una cultura que pasa. Lo que la creación ha establecido, la cultura no lo puede destruir. El uso del velo o el estilo de corte del pelo realmente eran una expresión cultural de la sumisión al liderazgo masculino,[38] y es posible que en el siglo XXI se puedan reemplazar por otros símbolos, pero el liderazgo en sí mismo es de la creación, no cultural.

¿Se dirige la enseñanza de Pablo a una situación específica?

Si no rechazamos las enseñanzas de Pablo sobre el liderazgo masculino basándonos en que es incorrecta, confusa o afectada por la cultura, ¿podemos hacerlo por ser situacional, es decir, por haberse dirigido a una situación muy específica que no existe actualmente? Este argumento es similar al anterior, pero difiere en un aspecto importante. Decir que las enseñanzas de Pablo estaban «afectadas por la cultura» es una decisión que hemos tomado, o sea parece anticuada y por eso es irrelevante; decir que es para «una cultura específica» es reconocer la particularidad de las instrucciones del apóstol, y afirmar que no se aplican a todos los tiempos y lugares.

Con frecuencia se hace esta sugerencia en relación a la

exigencia de Pablo que «guarden las mujeres silencio en la iglesia» y que «no está bien visto que una mujer hable en la iglesia» (1 Corintios 14:34-35). De nuevo, «Porque no permito a la mujer enseñar, ni ejercer dominio sobre el hombre, sino estar en silencio» (1 Timoteo 2:12, RVR 60). El intento de los eruditos de restringir estas prohibiciones a situaciones particulares en Corinto y en Éfeso está asociado con los nombres de Richard y Catherine Clark Kroeger, quienes han tratado estos temas en varios artículos y libros.[39] En un artículo titulado «Pandemonium and Silence in Corinth» [Bullicio y silencio en Corinto][40] ellos aclaran que en la antigüedad Corinto era famosa por adorar a Baco (los griegos lo llamaban Dionisio), con gritos frenéticos en especial de las mujeres. Por lo tanto, sugieren que Pablo pidió auto control en la adoración en lugar de éxtasis desenfrenado y el *lalein* que estaba prohibiendo (una palabra onomatopéyica) era un grito ritual sin sentido «alala» o un balbuceo de la chismosa desocupada.

Los Kroegers, en unos artículos posteriores, también sugieren la clase de feminismo que se había desarrollado en Éfeso, donde Timoteo supervisaba las iglesias, y donde reinaba Diana (Artemisa) la gran diosa, servida por numerosas sacerdotisas de la fertilidad. Ellos afirman que hay un fuerte énfasis en las Epístolas Pastorales sobre la necesidad de «callar» a los herejes (por ejemplo, 1 Timoteo 1:3; Tito 1:10); prohibir que las mujeres enseñen posiblemente se refiere a las enseñanzas de las herejías; y que las herejías que Pablo está combatiendo en las Epístolas Pastorales posiblemente eran un culto del gnosticismo naciente, cuyo desarrollo posterior «basó su *gnosis* sobre una revelación especial dada a una mujer», en especial Eva. Ella fue la primera en comer del fruto del conocimiento (*gnosis*), también había disfrutado una existencia anterior (enseñaron algunos) y que además fue la creadora de Adán. Por lo tanto, ella estaba bien calificada para instruir a Adán. Si tal herejía ya estaba presente en Éfeso, entonces, que Pablo insistiera en que Adán fue creado primero y que engañaron a Eva primero —y ella no fuera iluminada— (1 Timoteo 2:13-14) tendría un significado especial.[41]

El verbo *authenteô*, el cual se presenta solo una vez en el Nuevo Testamento en 1 Timoteo 2:12, significa «dominar», pero se dice que algunas veces tiene un tono sexual. Por lo tanto, algunos estudiosos sugieren que Pablo estaba prohibiendo la seducción de los hombres la cual era común en la prostitución en los templos de Éfeso. Sin embargo, Catherine Clark Kroegers prefiere traducir esto como «proclamarse autor u originador de algo» y entender que se prohíbe en la mitología gnóstica que «Eva precedió a Adán y fue su creadora».[42]

Estas teorías se han desarrollado con considerable erudición y creatividad. Sin embargo, siguen siendo una especulación. No solo es anacronismo referirse al «gnosticismo» como si fuera un sistema vigente en la década de los sesenta del primer siglo d.C., sino que tampoco hay nada en los textos de 1 Corintios 14:3-5 ni 1 Timoteo 2:11-12 que indique que Pablo se estaba refiriendo a un movimiento feminista específico en Corinto y en Éfeso. Al contrario, la orden de «silencio» en ambos textos parecería una manera extrañamente indirecta de prohibir las creencias y prácticas que escribieron estos eruditos. Además, cuando Pablo da órdenes acerca de «una mujer» y «mujeres», se refiere al género no a alguien en particular. Por último, aunque se comprobara que esas instrucciones apostólicas son situacionales, en la actualidad siguen siendo aplicables en situaciones similares. Después de todo, cada epístola del Nuevo Testamento es un documento ocasional, que analiza un problema en particular en una iglesia en particular; sin embargo, las epístolas continúan hablando a nuestra condición presente.

Lograr la armonía entre igualdad y liderazgo

Hasta ahora hemos visto dos puntos de vista opuestos acerca de las relaciones interpersonales entre los hombres y las mujeres. Por un lado están los que afirman el liderazgo masculino (quienes en mi punto de vista están en lo correcto), pero lo hacen tan fuertemente que a la vez niegan la plena igualdad de los dos sexos. Por el otro lado, están los que niegan el liderazgo del hombre, (quienes en mi punto de vista están en lo correcto) para afirmar la igualdad de los sexos. Pero como he tratado de presentar, todos los intentos para desechar las enseñanzas de Pablo sobre el liderazgo del hombre (basándose en que es incorrecta, confusa y está atada o es específica de una cultura) deben considerarse sin éxito alguno. Esta enseñanza sigue obstinadamente presente. Es parte de la revelación divina, no de opinión humana, y de la creación divina, no de la cultura humana. Por lo tanto, en esencia, se debe preservar como algo que tiene una autoridad permanente y universal.

Entonces, ¿no habrá una forma de resolver la paradoja entre la igualdad sexual y el liderazgo masculino, sino negar una de ellas? ¿No se pueden afirmar ambas? Muchos creen que sí se puede, ya que las Escrituras los afirman en varios lugares. La forma correcta parece ser hacer dos preguntas. La primera, ¿qué significa «liderazgo» del hombre? ¿Será posible entenderla de forma tal que sea compatible con la igualdad, sin cambiar o negar su significado? En segundo lugar, una vez que se haya definido el liderazgo del hombre, ¿qué está prohibido? ¿Qué ministerios (si hay alguno) son inapropiados para las mujeres? De modo que el significado y la aplicación «del liderazgo del hombre» son cruciales en el debate que continúa.

El significado del liderazgo del hombre

Entonces, ¿cómo se puede interpretar el significado del liderazgo del hombre con cuidado e integridad, permitiendo que las Escrituras transformen nuestra tradición a este respecto? Es verdad que debemos rechazar el lenguaje de jerarquía, como si el liderazgo de hombres significara patriarcado o patrocinador de paternalismo, autocracia o dominio, y que sumisión significa subordinación, sujeción o subyugación. Se necesita desarrollar una comprensión bíblica del liderazgo masculino que sea completamente coherente con la igualdad creada en Génesis 1, el derramamiento del Espíritu en ambos sexos en Pentecostés (Hechos 2:17ss) y su unidad en Cristo y en su nueva comunidad (Gálatas 3:28).

El liderazgo del hombre como «una fuente»

Se han sugerido dos propuestas para la interpretación de liderazgo del hombre. La primera es que *kephalē* («cabeza») no significa «jefe» ni «gobernador», sino «fuente» o «comienzo», y que Pablo estaba describiendo al hombre como el «origen» de la mujer, refiriéndose a la prioridad de la creación de Adán. Este punto de vista tiene su origen en un artículo de Stephen Bedale titulado «The Meaning of *kephalē* in the Pauline Epistles» [El significado de *Kephalē* en las Epístolas Paulinas], el cual apareció en *Journal of Theological Studies* [Boletín de estudios teológicos] en 1954. Los profesores F.F. Bruce y C.K. Barrett lo adoptaron y acreditaron en 1971 en sus comentarios respectivos acerca de 1 Corintios, y desde entonces muchos autores lo han citado. Sin embargo, en 1977, el Dr. Wayne Gruden publicó su estudio computarizado de 2.336 usos de *kephalē* en la literatura antigua de Grecia, proveniente de treinta y seis autores del siglo VIII a.C., hasta el siglo IV d.C. En su artículo, él rechaza el argumento de Bedale que *kephalē* significa «fuente»; él provee evidencias que en lugar de eso esto significa «autoridad sobre».[43] La tesis del Dr. Grudem ha sido tanto criticada como afirmada.[44] Continúa lo que *Christianity Today* ha llamado «la batalla de los léxicos».[45]

El liderazgo del hombre como «autoridad»

Sin embargo, me pregunto si esta controversia acerca del significado léxico no es un camino engañoso. Para estar seguros, es importante determinar cómo se empleó *kephalē* fuera del Nuevo Testamento. Aun más importante es su significado en el Nuevo Testamento, y esto no se determina por la etimología sino por el uso según el contexto. Parece claro que «Liderazgo del hombre» implique alguna clase de «autoridad» para la cual «sumisión» es apropiado, como cuando «Dios sometió todas las cosas al dominio de Cristo, y lo dio como cabeza de todo a la iglesia» (Efesios 1:22). Pero debemos tener cuidado de no destacar esto sobremanera. Es cierto que el mismo requisito de «sumisión» se hace en cuanto a las esposas para los esposos, los hijos para los padres, los esclavos para los amos y los ciudadanos para el estado. Debe haber un común denominador entre estas actitudes. No creo que alguien conciba la sumisión de la esposa a su esposo como idéntica a lo que se espera de los niños, esclavos y ciudadanos. Hay una relación diferente en la mente. Por un lado, la palabra «autoridad» nunca se usa en el Nuevo Testamento para describir el rol del esposo, ni «obediencia» para la esposa. A mí me parece que «subordinación» no es correcto para «sumisión». Aunque sería una posible traducción del griego *hupotagç*, el español moderno lleva en sí la idea de inferioridad, incluso de rango y disciplina militar.[46]

El liderazgo del hombre como «responsabilidad»

Entonces, ¿cómo debemos entender *kephalē*, «cabeza», y qué clase de liderazgo masculino concebía Pablo? Es un infortunio que el debate léxico nos limite a escoger entre «fuente de» y «autoridad sobre». Hay una tercera opción que tiene los elementos de ambos. Por un lado, el liderazgo masculino debe ser compatible con la igualdad. Si «la cabeza de la mujer es el hombre» como «la cabeza de Cristo es Dios» entonces el hombre y la mujer son iguales como el Padre y el Hijo son iguales. Por otro lado, el liderazgo humano implica algún grado de liderazgo, que es mejor expresado no en términos de «autoridad» sino de «responsabilidad». Esa palabra no se escoge arbitrariamente. Se basa en la forma en que *kephalē* se entiende en Efesios 5,[47] y en los dos modelos que desarrolla Pablo para ilustrar la relación entre cabeza y cuerpo. El primero es la actitud de Cristo hacia su cuerpo, la iglesia, y el segundo es el interés personal que todos los seres humanos tenemos para el bienestar de nuestros propios cuerpos.

La responsabilidad de amar sacrificadamente

Primero, «Porque el esposo es cabeza de su esposa, así como Cristo es cabeza y salvador de la iglesia, la cual es su cuerpo» (v. 23). Esas últimas palabras son una revelación. Cristo es la «cabeza» de la iglesia en el sentido que él es su «Salvador». Cambiemos la metáfora, él amó la iglesia como su novia, «y se entregó por ella para hacerla santa [...] para presentársela a sí mismo [...] santa e intachable» (vv. 25-27). La esencia de su liderazgo sobre la iglesia es su amor sacrificado por ella.

La responsabilidad de cuidarla sin egoísmo

Segundo, «Así mismo el esposo debe amar a su esposa como a su propio cuerpo. El que ama a su esposa se ama a sí mismo, pues nadie ha odiado jamás a su propio cuerpo; al contrario, lo alimenta y lo cuida, así como Cristo hace con la iglesia, porque somos miembros de su cuerpo» (vv. 28-30). En el mundo antiguo nadie pensaba acerca de la relación entre la cabeza y el cuerpo en términos modernos neurológicos, porque no conocían el sistema nervioso central. Más bien pensaban en la integración de la cabeza con el cuerpo y su función de nutrirlo. Pablo escribió en otro lugar acerca de Cristo como la cabeza de la iglesia, por quien todo el cuerpo está «sostenido y ajustado por todos los ligamentos» y a través de él «va creciendo» (Efesios 4:16; Colosenses 2:19).

Por eso, cuando la Biblia dice que el esposo es la cabeza de su esposa, quiere decir que es una mezcla liberadora de cuidado y responsabilidad no de control y autoridad. Esta distinción es de gran importancia porque cambia nuestro concepto de la función del esposo en cuanto a los asuntos del dominio y las decisiones a la esfera de servicio y nutrición. Me alegra que John Piper y Wayne Grudem, en su simposio masivo *Recovering Biblical Manhood and Womanhood* [Recuperar la masculinidad y la feminidad bíblica] optaran por la palabra «responsabilidad»: «En el corazón de una masculinidad madura está el sentimiento benevolente de la responsabilidad para guiar, proveer y proteger a la mujer [...] »[48] Todo esto toma lugar en la esfera del amor altruista.

Con el riesgo de ofender, pienso que es necesario mirar la descripción que el apóstol Pedro hace acerca de la mujer como «más delicada» (1 Pedro 3:7). Por supuesto, las mujeres pueden ser físicamente fuertes en extremo y en muchos países hacen trabajos arduos. El hecho de que en algún sentido la mujer es más «delicada» que el hombre es penoso porque esto no es una cualidad que se admira en el siglo XXI. Hemos absorbido (sin lugar a dudas, aunque inconscientemente), algo de la filosofía de poder de Nietzsche. Tendemos a despreciar la debilidad aunque, por el contrario, Pedro dice que debemos honrarla. Esto tampoco es compatible con otra afirmación de Pedro en el mismo versículo: «ambos son herederos del grato don de la vida [eterna]». Aunque las mujeres tienen muchos rasgos de personalidad, las características de la feminidad siempre se han asociado con las palabras «gentil», «sensible», «tierna» y «paciente». En un mundo obsesionado con el poder, debemos respetar y promover estas virtudes, ya que es demasiado fácil despreciarlas o abusarlas. En 1 Pedro 3:7 dice que los esposos deben tratar a sus esposas con respeto y honor por dos razones: la primera es que, en cierta forma, ellas son las más «débiles» en la pareja, la segunda es que ellas toman parte por igual del precioso don de la vida.

El deseo de las mujeres de conocer, ser y desarrollarse ellas mismas, y usar sus talentos para el servicio a la humanidad, es tan obviamente la voluntad de Dios para ellas, que negarlo o frustrarlo es una opresión extrema. Es el derecho y la responsabilidad básica de una mujer descubrirse a ella misma y descubrir su identidad y vocación. La pregunta fundamental es, ¿en qué clase de relación interpersonal con hombres pueden las mujeres encontrarse y ser ellas mismas? Es bastante seguro que no va a ocurrir en una relación de subordinación que implique sentimientos de inferioridad en relación a los hombres ni que engendre sentimientos de baja autoestima. Solo el ideal bíblico de liderazgo masculino, que ama sin egoísmo y por esta razón verdaderamente se puede decir que es «semejante a Cristo», puede convencerlas de que esto facilita y no destruye su verdadera identidad.

¿Se aplica esta verdad solo a las mujeres casadas, cuya cabeza es el esposo cuidadoso? ¿Qué acerca de las mujeres solteras? Quizás una de las razones por la que esto no se trata directamente en las Escrituras es que en esos tiempos las mujeres solteras estaban bajo la protección y el cuidado de su padre, igual que la mujer casada estaba bajo el cuidado de su esposo. Sin embargo, hoy, por lo menos en el Occidente, es común que una mujer soltera no viva con sus padres y que establezca su hogar en forma independiente. Yo no veo razón para resistir esto. Pero pienso que no sería natural para tales mujeres solteras aislarse de los hombres, como tampoco los hombres solteros deben aislarse de las mujeres. Hombres y mujeres necesitan experimentar el respeto y el apoyo del uno hacia el otro.

Las implicaciones del liderazgo masculino en el ministerio

No hay necesidad de comprobar que Dios llama a las mujeres al ministerio. El «ministerio» es «servicio» (*diakonia*), y cada cristiano, hombre o mujer, joven o viejo está llamado a seguir los pasos de quien dijo que no vino para que le sirvan, sino para servir (Marcos 10:45). La única pregunta es qué forma de ministerio la mujer debe tomar, si deben haber límites y en particular si deben o no ordenar a las mujeres como pastoras. Desde luego, como diaconisas y misioneras pioneras, ya las mujeres tienen un sobresaliente historial de servicio dedicado.

La Iglesia Católica Romana y la Ortodoxa Oriental no tienen mujeres como sacerdotisas, ellos están firmemente contrarios a esta idea. Ahora muchas Iglesias Luteranas tiene mujeres como pastoras, por ejemplo, la Iglesia Escandinava, aunque continúan los desacuerdos sobre este asunto. En 1965, la Iglesia Reformada Francesa aceptó las mujeres en el ministerio y en 1966, también lo hizo la Iglesia de Escocia. Entre las iglesias británicas independientes, las Congregacionalistas tienen mujeres pastoras desde 1917, mientras que la Metodista y la Bautista lo han aceptado en una época más recientes. En la Iglesia Anglicana varía. En 1944, el Obispo R.O. Hall de Hong Kong fue el primero en ordenar una mujer pastora (es decir, como una presbítera). En 1968 La Conferencia Lambeth de obispos anglicanos declararon que el «argumento teológico actualmente presentado a favor o en contra de la ordenación de las mujeres está indefinido».

Sin embargo, en 1975, la Asamblea General de la Iglesia de Inglaterra expresó su punto de vista: «ellos no tienen una objeción fundamental para ordenar mujeres al sacerdocio». De todas maneras, todavía no han ordenado mujeres. En 1978, en la Conferencia de Lambeth, los obispos anglicanos reconocieron que algunas provincias ahora tienen unas mujeres cleros y acordaron respetar la disciplina el uno del otro en este aspecto. (Debe decirse que once mujeres obispos de diferentes áreas de la Comunión Anglicana asistieron a esta conferencia.) Las primeras mujeres sacerdotisas de la iglesia en Inglaterra fueron ordenadas en la catedral de Bristol, en marzo de 1994, pero para el 2000 todavía había mil congregaciones en las Iglesia de Inglaterra que rechazaban la autoridad de la mujer como sacerdotisa.[49] Todavía hay una gran división, que es en parte teológica y en parte ecuménica, acerca del impacto de la ordenación de mujeres en las relaciones anglicanas con las Iglesias Católicas Romanas y las Ortodoxas. Algunas parroquias que rehúsan reconocer la ordenación de mujeres, han aceptado la opción de estar bajo el cuidado de un «obispo volante» en lugar de someterse a su propio obispo de la diócesis. Él sirve a las congregaciones que lo solicitan, o, además o como alternativa, al obispo de la diócesis. Este es un cambio radical de la tradición anglicana que siempre reconocía la autoridad de un solo obispo dentro de cada diócesis.

Algunos cristianos, ansiosos de pensar y actuar de acuerdo a la Biblia, de inmediato dirán que la ordenación de mujeres no se admite. No solo los apóstoles y ancianos del Nuevo Testamento eran todos hombres, sino que además la instrucción especifica de que «guarden las mujeres silencio en la iglesia, pues no les está permitido hablar» y «No permito que la mujer enseñe al hombre y ejerza autoridad sobre él» (1 Corintios 14:34; 1 Timoteo 2:12) determinan el asunto.

Sin embargo, esto solo presenta un lado del argumento. Por el otro lado, a primera vista existe un fuerte argumento bíblico en cuanto al liderazgo activo femenino en la iglesia, incluyendo el ministerio de la enseñanza. En el Antiguo Testamento encontramos profetisas como también profetas, quienes fueron llamadas y enviadas por Dios para comunicar su palabra, mujeres como Hulda, en el tiempo del Rey Josías. Antes de ella, Miriam, la hermana de Moisés, fue descrita como «profetisa», mientras que Débora fue más, porque también fue «jueza» de Israel durante varios años, resolviendo conflictos y guiándolos en batalla contra los cananeos (1 Reyes 22:11ss, cf. con 2 Crónicas 34:19ss; Éxodo 15:20; Jueces 4 y 5). Es cierto que Jesús, en el Nuevo Testamento, no tenía mujeres apóstoles, sin embargo, después de la resurrección él se reveló por primera vez a las mujeres y les encargó las buenas noticias de su victoria (Juan 20:10ss; Mateo 28:8ss). Además, Hechos y las Epístolas contienen muchas referencias de mujeres oradoras y de mujeres obreras. Felipe, el evangelista, tenía cuatro hijas solteras que tenían el don de la profecía y Pablo habla de mujeres que oraban y profetizaban en la Iglesia de Corinto. Parece que en varias ocasiones él se quedó con Aquila y Priscila («mis compañeros de trabajo en Cristo Jesús»), y Priscila, junto con su esposo, era activa en la obra de Cristo y dos veces la nombraron antes que a su esposo. Ellos dos invitaron a Apolos a su casa y «le explicaron con mayor precisión el camino de Dios» (Hechos 21:8-9; 1 Corintios 11:5; cf. Joel 2:28; Hechos 2:17; Hechos 18:26; Romanos 16:3).

También parece que Pablo tenía mujeres que lo ayudaban, al igual que Jesús. Llama la atención la cantidad de mujeres que él nombra en sus cartas: Evodia y Síntique en Filipos, él las describe como «colaboradores míos» (una palabra que también le aplica a hombres como Timoteo y Tito), quienes habían «colaborado con él». En Romanos 16 él se refiere con aprecio a ocho mujeres. Comienza por recomendar «a nuestra hermana Febe, diaconisa de la iglesia de Cencreas», quien «ha ayudado a muchas personas» incluyendo a Pablo. Luego le manda saludos (entre otras) a María, a Trifena, a Trifosa y a Pérsida, de quienes dijo que todas «se esfuerzan trabajando por el Señor» o han «trabajado muchísimo en el Señor» (Filipenses 4:2ss; Romanos 16:1ss). En el versículo 7 él manda saludos a «Andrónico y a Junías» y las describe como «destacados entre los apóstoles». Se ve claro (y los padres de la iglesia lo aceptaron) que Junías (Junía) era una mujer.[50] ¿Fue ella una apóstol? Es posible que fuera una «apóstol de las iglesias» (2 Corintios 8:23), es decir una misionera, pero puesto que no sabemos más acerca de ella es poco probable que perteneciera a ese grupo pequeño y autoritativo conocido como «apóstoles de Cristo». De la misma manera, el sentido de lo que Pablo dijo pudo haber sido que los apóstoles la conocían bien.

Es cierto que los ejemplos bíblicos en el párrafo anterior fueron de mujeres cuyos ministerios eran «carismáticos» y no «institucionales» (es decir, que Dios las nombró directamente como profetisas, y que no fue la iglesia quien las nombrara como ancianas) o informales y privadas (como Priscila enseñando a Apolos en su casa) en lugar de oficial y público (como enseñando el domingo durante el servicio de adoración). No obstante, si Dios no tuvo impedimentos para llamar a las mujeres a desempeñar el rol de la enseñanza, la iglesia debe proveer evidencias que muestren por qué no se deben nombrar a las mujeres para cargos semejantes.

Sin embargo, hay otro argumento a favor de la mujer en el ministerio (incluyendo la enseñanza y el liderazgo) que es más general que estas referencias específicas. Para que se cumpliera la profecía, un día en Pentecostés, Dios derramó su Espíritu sobre «toda la gente», incluyendo «hijos e hijas» y sus «siervos hombres y mujeres». Si el Espíritu fue dado a los creyentes de ambos sexos, entonces también los dones. No hay evidencia en lo más mínimo que los dones en general fueron dados solamente a los hombres, aunque parece que esto es el caso con el apostolado. Por el contrario, los dones del Espíritu se distribuyeron a todos para el bien común, haciendo posible lo que con frecuencia se llama «el ministerio de cada miembro del cuerpo de Cristo»

(Hechos 2:17ss; 1 Corintios 12:44ss). Entonces, debemos llegar a la conclusión de que Cristo no solo da dones (incluso el don de la enseñanza) a las mujeres, sino que además, junto con sus dones, él llama a las mujeres a desarrollar y utilizar los dones para su servicio y para servir a otros a fin de que el cuerpo sea edificado.

Hasta aquí está claro. Pero regresemos al mandamiento doble de que la mujer permanezca en silencio durante una asamblea pública. ¿Cómo manejamos este texto? Pablo, en 1 Corintios 14, está preocupado por la edificación de la iglesia (vv. 3-5, 26) y cómo llevar a cabo la adoración pública de manera «apropiada y con orden» (v. 40). Entonces, quizás su mandato de silencio está dirigido a las mujeres que hacen más ruido en la congregación y no a todas las mujeres. Es cierto que no era absoluto, ya que se asume que algunas mujeres oraban y profetizaban en público (1 Corintios 11:5). Si no hay intérprete, el que habla en lenguas debía «[guardar] silencio en la iglesia» (1 Corintios 14:28), y un profeta debía ceder la palabra si alguien recibía una revelación (v. 30), a las mujeres que hablaban demasiado, Pablo también les decía «guarden las mujeres silencio en la iglesia» y si querían preguntar algo, que se lo pregunten en casa a sus esposos (v. 34ss). Este es el principio que parecía gobernar el comportamiento en la iglesia «porque Dios no es un Dios de desorden sino de paz» (v. 33). Es imposible que Pablo prohibiera por completo que las mujeres hablaran en la iglesia, ya que en los versículos previos él se refiere a ellas como profetizas (v. 5) pero aquí permite a cada uno contribuir con «un himno, una enseñanza, una revelación, un mensaje en lenguas o una interpretación» (v. 26), sin restringirlo explícitamente a los hombres.

¿Qué diremos acerca de 1 Timoteo 2:11-15?[51] El intento de limitar estos versículos a específicos movimientos feministas herejes no ha tenido mucha aceptación. El apóstol está dando instrucciones acerca de la adoración en público y acerca de los roles respectivos de hombres (v. 8) y de mujeres en ella (v. 9ss). Su instrucción suena general: «La mujer aprenda en silencio, con toda sujeción. Porque no permito a la mujer enseñar, ni ejercer dominio sobre el hombre, sino estar en silencio» (RVR 60). Lo que me impresiona acerca de estas oraciones (y acerca de 1 Corintios 14:34), y lo que los comentaristas no han considerado bien, es que Pablo expresa dos antítesis, la primera entre «aprenda en silencio» o «esté callada» y «enseñar», y la segunda entre «con toda sujeción» y «ni ejercer dominio». La última es el punto importante, confirma las enseñanzas constantes de Pablo acerca de la sumisión de la mujer y el liderazgo del hombre y está firmemente arraigada en el relato bíblico de la creación. («Porque Adán fue formado primero, después Eva»). Pero en otras instrucciones (la orden de permanecer en silencio y la prohibición de enseñar), se basa en el hecho de que Eva fue «engañada», no Adán, parece dar una expresión de autoridad, el síndrome de sumisión, en lugar de una adición a esto. No parece que haya nada inherente en nuestra distinción sexual que haga universalmente inapropiado que las mujeres enseñen a los hombres. Entonces, ¿es posible (me pregunto) que, a pesar de que la orden de «sumisión» es permanente y válida universalmente por basarse en la creación, la orden de «silencio», como la de cubrir la cabeza en 1 Corintios 11, sea una aplicación cultural del primer siglo? Además, ¿es posible que la orden de silencio no constituya una prohibición absoluta para que la mujer enseñe al hombre, sino una que le prohíbe a las mujeres toda clase de enseñanza que intente invertir los roles sexuales y ejercer dominio sobre los hombres?

Mi respuesta tentativa a mi pregunta es sí. Yo creo que hay situaciones donde es apropiado que la mujer enseñe, y le enseñe a los hombres, con la estipulación que al hacerlo ella no está usurpando en forma inapropiada la autoridad de ellos. Para esto necesita cumplir con tres condiciones, relacionadas con el contenido, el contexto y el estilo de enseñanza.

El contenido de la enseñanza de la mujer

En primer lugar, Jesús escogió, nombró e inspiró a sus discípulos como los maestros infalibles de su iglesia. Todos fueron hombres, es posible porque su enseñanza fundamental requiere un alto grado de autoridad. Sin embargo, hoy la situación es completamente diferente. El canon de las Escrituras se hizo hace muchos años y no hay apóstoles de Cristo vivientes que se puedan comparar con los Doce Apóstoles ni con Pablo. En su lugar, la función primordial de la enseñanza cristiana es «guardar el depósito» de la doctrina apostólica en el Nuevo Testamento y exponerla. Por eso los que enseñan no afirman autoridad para ellos mismos, sino que reconocen que ellos y sus enseñanzas están bajo la autoridad de las Escrituras. Si así es el caso, las mujeres pueden enseñar. Además, si la referencia a que Eva fue engañada (1 Timoteo 2:14) intenta decir que la mujer es vulnerable a ser engañada, entonces la determinación que debemos enseñar solo de la Biblia es una manera adecuada de prevenir el engaño.

El contexto de la enseñanza de la mujer

En segundo lugar, está el contexto de la enseñanza, que debe ser un ministerio de equipo en la iglesia local. Así sea en forma directa o indirecta, Pablo nombró a los «ancianos» de cada iglesia (por ejemplo, Hechos 14:23; 20:17; Filipenses 1:1; Tito 1:5). Muchas iglesias locales en nuestros días están arrepentidas del modelo no bíblico de un hombre ministrando y se están volviendo al patrón saludable del Nuevo Testamento de ministerio pastoral en equipo. Los miembros de un equipo pueden unir sus dones, y debe haber una mujer o mujeres. Algunos van más lejos. De acuerdo a lo que ellos creen ser la enseñanza bíblica sobre el liderazgo masculino, todavía piensan que (por lo menos en la situación ideal) el jefe del equipo debe ser un hombre. Otros tienen en cuenta el contexto amplio de las Escrituras acerca de hombres y mujeres en posiciones de liderazgo y destacan el valor del liderazgo en equipo sin insistir en la necesidad de un solo jefe masculino. El debate continúa. El concepto de equipo también debe encargarse de los problemas de disciplina eclesiástica. La disciplina incluye autoridad, es correcto decir esto, y una mujer no la debe ejercer. Pero tampoco la debe ejercer un hombre solo. La disciplina (especialmente en caso extremo de excomunión) idealmente la debe administrar toda la congregación y antes que por último el equipo de líderes o los ancianos tomen juntos una decisión (Mateo 18:17; 1 Corintios 5:4-5; Hebreos 13:17).

El estilo de enseñanza de la mujer

El estilo es la tercera condición de la enseñanza aceptable por la mujer. El que enseña la Biblia no debe ser un fanfarrón, así sea hombre o mujer. La humildad de la persona que enseña la Palabra se debe ver en su sumisión ante la autoridad de las Escrituras y en su espíritu de modestia personal. Jesús previno a sus apóstoles contra la imitación del autoritarismo vanaglorioso de los fariseos y el despotismo de jefes seculares hambrientos de poder (Mateo 23:1ss; Marcos 10:42ss). El apóstol Pedro, sensible a la tentación del orgullo, que enfrenta todo dirigente cristiano, advirtió a los ancianos de la iglesia que usaran humildad en lugar de señorear sobre las personas bajo su cuidado pastoral y así dar ejemplo de Cristo al rebaño (1 Pedro 5:1ss).

Entonces, parece que la Biblia permite que las mujeres le enseñen a los hombres con las estipulaciones de que el contenido de su enseñanza sea bíblico, que su contexto sea el ministerio en equipo y que su estilo sea humilde (aunque también estos son importantes para los hombres). En tal situación, ellas estarían ejerciendo su don sin afirmar que están en la posición de autoridad final que no les pertenece. ¿Quiere decir esto que se pueden y deben ordenar a las mujeres como ancianas y consagrarlas como obispos? Es difícil dar una respuesta directa a esta pregunta debido a las capas de debates confusos que la envuelven. Pero si la ordenación pública reconoce el llamado de Dios y los dones, y autoriza a la persona ordenada a ejercer la clase de ministerio descrito antes, no hay una razón previa para no ordenar o consagrar a una mujer.

El hecho de que en años recientes la Comunidad Anglicana haya nombrado algunas mujeres como rectoras y vicarias y que en el tiempo en que se escribió este libro, hayan nombrado obispo a catorce mujeres (ocho diocesanas y seis sufragáneas), no ha cambiado mi manera de pensar acerca del arreglo ideal. Ya que esto es un hecho, ¿cómo debemos responder? Debemos evitar los dos extremos. No debemos someternos a la presión cultural, ni debemos rendirnos y retirarnos de la iglesia. Entonces, ¿qué hacer? Debemos continuar con el diálogo, rehusando aceptar que el problema esté solucionado. Mientras tanto, debemos animar a las mujeres ordenadas para que ejerzan su ministerio voluntariamente de manera que reconozcan el liderazgo masculino, como en situaciones de equipo, por ejemplo.

¿El principio de liderazgo masculino se aplica tanto en el mundo como en la iglesia? Aunque esta pregunta no se contesta directamente en las Escrituras, algo se debe decir al respecto. Para comenzar, la creación ha dotado ricamente a muchas mujeres y se deben animar (al igual que a los hombres) a desarrollar el potencial que Dios les dio sin impedirles que suban a la cima de su profesión, así sea en las leyes, educación, política, medicina, negocios, industria o cualquier otra profesión. Pero las Escrituras nos advierten que debemos evitar aislarnos, de acuerdo con el proverbio francés *qui s'éleve s'isole* (el que se eleva a sí mismo, se aísla a sí mismo). Las mujeres en el liderazgo son sabias para aceptar el grado de responsabilidad, como también los hombres. La constitución restringe a la reina, el gabinete restringe al primer ministro, la junta de directores restringe al jefe máximo de una compañía y el cuerpo de profesionales restringe al profesional. Aquí también es saludable el concepto de equipo.

El llamado al liderazgo de siervo

Los que comienzan con la visión católica del sacerdote como un cuadro de Cristo (quien fue un hombre), representándonos a Dios y Dios a nosotros, llega a la conclusión de que es imposible para la mujer cumplir con este rol.[52]

Los que comienzan con el punto de vista Reformado ven al anciano como una figura dominante, responsable de enseñar y disciplinar a la iglesia, y concluyen que sería inapropiado para la mujer cumplir tal rol inherentemente autoritario.

Sin embargo, supongamos que el liderazgo en la iglesia según el Nuevo Testamento no sea sacerdotal en el sentido católico sino pastoral, ni tampoco presbiteral en el sentido rígido de la tradición reformada, sino más fluido, modesto y variado, ofreciendo diferentes clases y grados de ministerio. Supongamos que comenzamos con las enseñanzas de Jesucristo acerca del siervo-líder. Cierto, los pastores están «sobre» la congregación del Señor, y la gente debe «obedecer» a sus líderes (1 Tesalonicenses 5:12; Hebreos 13:17). Pero este no fue el énfasis principal de Jesús. Él describió dos comunidades, la secular y la divina, cada una con un estilo de liderazgo distinto. En el mundo los «jefes de las naciones oprimen a los súbditos, y los altos oficiales abusan de su autoridad». Pero al momento, él añade: «entre ustedes no debe ser así». «Al contrario, el que quiera hacerse grande entre ustedes deberá ser su servidor», porque él mismo no vino para que le sirvan, sino para servir (Marcos 10:42-45). Jesús introdujo en el mundo un nuevo estilo de liderazgo.

Entonces, si nuestra visión fundamental del liderazgo de la iglesia no es el sacerdote de la tradición católica, ni el anciano de la tradición reformada, ni el prelado de la tradición medieval, sino el siervo que Jesús describió, ¿por qué descalificar a las mujeres? Si la esencia del cuidado pastoral es amor y su estilo es humildad, entonces no se está quebrantando ningún principio bíblico porque las mujeres sean bienvenidas para participar en esto. El problema fundamental no es «ordenación» ni «sacerdocio», sino el grado de autoridad que corresponde al anciano. Quizás sea difícil para nosotros imaginar ancianos (y rectores y obispos) cuyo estilo de vida completa ejemplifique el servicio humilde del reino de Dios, porque la historia de la iglesia ilustra la tendencia constante de ejercer autoridad, y conocemos el orgullo de nuestros propios corazones. Pero la realidad es que debemos buscar un ministerio que lo caracterice la humildad y no la autoridad. Para los hombres esto significa expresar su liderazgo bajo el llamado de Dios como un servicio sacrificado. Para la mujer esto significa someterse a este liderazgo sin intentar desecharlo o usurparlo. Así que los hombres seguirán siendo hombres y las mujeres seguirán siendo mujeres, y se evitará una confusión no bíblica.

Nuestra lucha cristiana, en medio de y en verdad en contra del secularismo contemporáneo, es testificar los dos principios bíblicos de la igualdad entre los sexos y el liderazgo masculino, en la iglesia, en la sociedad y también en el hogar, mientras continuamos el debate acerca de cómo podemos hacer esto de una manera más apropiada. El Dr. J.L. Packer ha expresado muy bien está tensión. Él escribe: «las Escrituras me siguen convenciendo de que la relación hombre-mujer no es reversible [...] Esta es parte de la realidad en la creación, un hecho que fue dado y que nada lo cambia. Es cierto que la redención no cambia esto, porque la gracia restaura la naturaleza, no la niega». Entonces, necesitamos «una reciprocidad teológica, una igualdad espiritual, una libertad para el ministerio, una sumisión y un respeto mutuo entre hombres y mujeres dentro de este marco que no es reversible [...] es importante que el movimiento de no imponer restricciones sobre las mujeres que no imponen las Escrituras no se confunda con las distintas meta de acabar con la diferencia entre los sexos como Dios los creó y de quitar la responsabilidad masculina en las relaciones interpersonales entre hombres y mujeres».[53]

Lo que está prohibido a la mujer no es el liderazgo sino dominar sobre el hombre (1 Timoteo 2:12), porque esto no solo socava la complementariedad creada de los roles sexuales sino que a la vez es incompatible con la humildad fundamental del reino de Dios. El punto central no es qué *cargos* están abiertos para las mujeres (anciano, rector, obispo), sino si su *estilo* de liderazgo es coherente con las enseñanzas de Jesús acerca del servicio. Se debe abolir la imagen del prelado.

Voy a concluir en una forma simple. Si Dios ha dado a la mujer dones espirituales (lo cual él hace) y anima que se usen los dones para el bien común (lo cual él hace), entonces la iglesia debe reconocer los dones y llamados de Dios, debe proveer esferas apropiadas de servicio disponible para las mujeres y debe «ordenarlas» (es decir, comisionar y autorizar) para que ejerzan el ministerio que Dios les ha dado, por lo menos, en situaciones de equipo. Nuestra doctrina cristiana de la creación y la redención nos dice que Dios quiere que su pueblo tenga la plenitud, y no la frustración, a través de los dones y que la iglesia se enriquezca por su servicio.

NOTAS

1. Greer, Germaine, *La mujer Eunuco*, Editorial Kairos, 2005, pp. 12, 18, 22. En su libro más reciente, *Sexo y destino*, Plaza & Janes, Barcelona, 1985, Germaine Greer retiene su habilidad de sorprender y pasmar mediante sus opiniones inusuales, pero es más positiva con la familia humana. En verdad, ella halaga las relaciones entre padres e hijos en Asia y África, en contraste a la tendencia de la familia nuclear occidental que (en su opinión) desprecia e ignora a los hijos.
2. Millett, Kate, *La política sexual*, Cátedra, Madrid, 1995.
3. Gilligan, Carol, *In a Different Voice: Psychological Theory and Women's Development* [En una voz diferente: La teoría psicológica y el desarrollo de las mujeres], Harvard Univ. Press, Cambridge, MA, 1982.
4. McCorduck, Pamela y Nancy Ramsey, *The Futures of Women: Scenarios for the 21st Century* [Los futuros de las mujeres: Escenarios para el siglo XXI], Warner Books, Nueva York, 1997.
5. Richards, Janet Radcliffe, *The Sceptical Feminist* [La feminista escéptica], Penguin, Harmondsworth, 1982, pp. 13-14, 16.
6. Storkey, Elaine, *What's Right with Feminism* [¿Qué hay de bueno en el feminismo?], SPCK/Tirad Way Books, Londres, 1985. Ver también Mary Stewart van Leeuwen, *Gender and Grace* [El género y la gracia], InterVarsity Press, Downer's Grove, 1990.
7. Storkey, *What's Right with Feminism*, p. 178.
8. Ibid.
9. *The Role of Women* [El papel de las mujeres] es un simposio recomendable que presenta los asuntos con justicia, Shirley Lees (ed.), InterVarsity Press, Leicester, 1984, en el cual ocho cristianos prominentes debaten sus posiciones. El equivalente de Norte América es Bonnidell Clouse and Robert G. Clouse, *Women in Ministry: Four Views* [Mujeres en el ministerio: Cuatro puntos de vista], InterVarsity Press, Downers Grove, 1989.
10. Gandhi, Mahatma, *Autobiografía de Gandhi*, Arknao Books, 2002, p. 155 [del inglés].
11. *El Corán*, traducido por Juan Vernet, Clásicos Debolsillo, Barcelona, pp. 360ss.
12. De Coccola, Raymond, *Ayorama*, 1955, Paper Jacks, Ontario, 1973, p. 212.
13. Lucas 10:38ss; Juan 20:10ss John Wenham, en su libro Easter Enigma [El enigma de la pascua], Paternóster, Carlisle, Penn., 1984, pp. 22-33, presenta el caso plausible que «María de Betania» en verdad fue María Magdalena.
14. Yoder, *The Politics of Jesus*, p. 177, nota 23.
15. Friedan, Betty, *La mística femenina*, 1963, p. 68. En su Segundo libro, *La segunda fase*, Editorial Plaza & Janés, Barcelona, 1983, Betty Friedan declara que la primera etapa de la batalla feminista ya terminó. La mujeres han sido

liberadas de los estereotipos y han logrado igualdad con los hombres. La segunda etapa tratará la polarización entre hombres y mujeres e involucrará una reestructuración de la sociedad, en especial la familia. La mística femenina ya está derrotada, ahora es necesario renunciar a la mística feminista que niega la necesidad de un ambiente familiar cariñoso.

16 Church, Leslie F. (ed.), *Matthew Henry's Commentary* [El comentario bíblico de Matthew Henry, Clie, 1999], 1708, Marshall, Morgan & Scott, Londres, 1960, p. 7.
17 Richards, *The Sceptical Feminist*, p. 65.
18 Gray, *Los hombres son de Marte, las mujeres son de Venus*, Grijalbo, 2001, pp. 15-18.
19 Ibid., p. 31.
20 Ibid., p. 43.
21 Ibid., pp. 10, 286.
22 Ver, por ejemplo, Anthony Clare, *On Men, Masculinity in crisis* [Acerca de los hombres, la masculinidad en crisis], Chatto & Windus, Londres, 2000; Roy McCloughry, *Hearing Men's Voices, Men in search of their soul* [Escuchar las voces de los hombres, hombres en búsqueda de sus almas], Hodder & Stoughton, Londres, 1999.
23 Van Leeuwen, Mary Stewart, *Fathers and Son: The Search for a New Masculinity* [Padres e hijo: En busca de la nueva masculinidad], InterVarsity Press, Leicester, 2002, p. 247.
24 Ibid.
25 Pawson, David, *Leadership Is Male, A challenge to Christian feminism* [El liderazgo es masculino, Un desafío al feminismo cristiano], Highland Books, Godalming, 1988, pp. 17-18, 57-58.
26 Jewett, Paul, *El hombre como varón y hembra*, Editorial Caribe, Nashville, TN, 1975.
27 Ibid., p. 86.
28 Ibid., p. 112.
29 Ibid., p. 134.
30 Ibid., p. 138.
31 Hull, Gretchen Gaebelein, *Equal to Serve: Women and Men in the Church and Home* [Servir por igual: Mujeres y hombres en la iglesia y en el hogar], Revell, Grand Rapids, 1975.
32 Ibid., p. 229.
33 Ibid., p. 210.
34 Ibid., pp. 73-74.
35 Ibid., pp. 55-56, 128, 210, 240, 244.
36 Acerca de esto, ver también William J. Webb, *Slaves, Women and Homosexuals: Exploring the Hermeneutics of Cultural Analysis* [Esclavos, mujeres y homo-

sexuales: Explorar la hermenéutica del análisis cultural], InterVarsity Press, Downers Grove, 2001. Al intentar desarrollar herramientas coherentes de la hermenéutica para analizar estos tres asuntos, William Webb concluye que los textos acerca de los homosexuales trascienden la cultura y que los textos acerca de mujeres y esclavos son culturales y, por eso, hay maneras coherentes de separar estos asuntos diferentes.

37 Hurley, James B., *Man and Woman in Biblical Perspective, A study in role relationships and authority* [Perspectiva bíblica del hombre y la mujer, Un estudio de los roles en las relaciones y la autoridad], InterVarsity Press, Leicester, 1981, pp. 206-214.

38 James B. Hurley da un trato completo al uso de «velos». Él señala que el Antiguo Testamento no contiene una ley acerca de llevar un velo, y que la costumbre entre los hebreos y los grecorromanos fue para la mujer no llevar un velo. En ambas culturas también fue normal para las mujeres llevar su pelo recogido: el pelo suelto era una señal de duelo o separación de la comunidad (por ejemplo, por ser leprosa, votos o la sospecha de ser adúltera). Por eso, el Dr. Hurley dice que el «cubrir» y «descubrir» que Pablo menciona se refiere a recoger y soltar el pelo. La nota al margen de la versión NVI también adopta esta interpretación (Ibid., pp. 45-47. 66-68, 162-71, 178-79, 254-71).

39 Kroeger, Richard y Catherine Clark Kroeger, *I Suffer Not a Woman: Rethinking 1 Timothy 2:11-15 in the Light of Ancient Evidence* [No permito a una mujer: Volver a pensar acerca de 1 Timoteo 2:11-15 a la luz de la evidencia antigua], Baker Academic, Grand Rapids, 1998. Ver mi crítica apreciativa de este libro en *The Message of 1 Timothy and Titus* [El mensaje de 1 Timoteo y Tito], InterVarsity Press, Leicester, 1996, pp. 76-77.

40 *The Reformed Journal* [El boletín reformado], vol. 28, no. 6, junio de 1978.

41 «May Women Teach? Heresy in the Pastoral Epistles» [¿Pueden las mujeres enseñar? La herejía en las epístolas pastorales] en *The Reformed Journal*, vol. 30, no. 10, octubre de 1980. Ver también Catherine Clark Kroeger, «1 Timothy 2:12 – A Classicist's View» [1 Timoteo 2:12 – El punto de vista de un clásico] en Alvera Mickelson (ed.), *Women, Authority and the Bible* [Las mujeres, la autoridad y la Biblia], 1986, Marshall Pickering, Londres, 1987, pp. 225-44.

42 Mickelson (ed.), *Women, Authority and the Bible*, pp. 229-32. Ver también C.C. Kroeger, «Ancient Heresies and a Strange Greek Verb» [Herejías antiguas y un extraño verbo en griego] en The Reformed Journal, vol. 29, no. 3, marzo de 1979.

42 «Does *kephalē* (head) mean 'source' or 'authority over' in Greek literature? A survey of 2,336 examples» [¿Significa la palabra griega *kephalē* (cabeza) «fuente» o «autoridad sobre» en la literatura griega? Una reseña de 2.336 ejemplos], publicado por primera vez en 1977, publicado de nuevo en *Trinity Journal* [La revista Trinidad], no. 6, 1985.

44 Ver por ejemplo, Berkeley and Alvera Mickelson, «What does *kephalē* mean in the New Testament?» [¿Qué significa *kephalē* en el Nuevo Testamento?] en Mickelson (ed.), *Women, Quthroity and the Bible*, pp. 97-110; y en especial Philip Barton Payne en su respuesta a su exposición, Ibid., pp. 118-32. Ver también Gilbert Bilezikian, *Beyond Sex Roles* [Más allá de los papeles de los géneros], Baker, Grand Rapids, 1985; y C.C. Kroeger, «The Classical Concept of Head as 'Source'» [El concepto clásico de cabeza como «fuente»], apéndice III of Hull, *Equal to Serve*, aunque en estas obras ningún autor demuestra que conoce la reseña del Dr. Grudem. Sin embargo, el Dr. Bilezikian desafió directamente la idea del Dr. Grudem en una reunión reciente de la Sociedad Teológica Evangélica en Atlanta, en noviembre de 1986. Ver también el artículo de Grudem «The Meaning of *kephalē* (Head): A Response to Recent Studies» [El significado de *kephalē* (cabeza): una respuesta a estudios recientes], publicado como Apéndice I en John Piper y Wayne Grudem, *Recovering Biblical Manhood and Womanhood* [Recuperar la masculinidad y la feminidad bíblica], Crossway Books, Wheaton, 1991, pp. 425-68.

45 El 16 de enero de 1987.

46 Stephen B. Clark prefiere esta palabra en su reseña magisterial, *Man and Woman in Christ: An Examination of the Roles of Men and Women in the Light of Scripture and the Social Sciences* [Hombre y mujer en Cristo: Una exploración de los roles de los hombres y las mujeres a la luz de las Escrituras y las ciencias sociales], Servant Books, Ann Arbor, 1980, pp. 23-45. A pesar de sus distinciones entre subordinación «coercitiva», «mercenaria» y «voluntaria», todavía me siento incómodo y he escrito más acerca de «autoridad» y «sumisión» (1 Timoteo 2:11-15) en *The Message of 1 Timothy and Titus*, pp. 73-88.

47 Para una exposición más completa de Efesios 5:21-33 y sus implicaciones para el matrimonio, ver Message of Ephesians [El mensaje de Efesios] en la serie «*The Bible Speaks Today*» [La Biblia habla hoy], InterVarsity Press, Leicester, 1979, pp. 213-36.

48 Piper and Grudem, *Recovering Biblical Manhood and Womanhood*, pp. 36-45.

49 Bates, Stephen, «Church of England Takes Cautious Steps towards Female Bishops: England's Anglican branch has resisted the trend toward women bishops accepted in the US, Canada, and New Zealand» [La iglesia anglicana toma pasos cuidadosos en cuanto a tener obispos femeninos: La rama anglicana de Inglaterra ha resistido la tendencia de los obispos femeninos aceptados en Estados Unidos, Canadá, y Nueva Zelanda], *Guardian Unlimited*, el 10 de julio de 2000.

50 Ver, por ejemplo, C.E.B. Cranfield, *Commentary on Romans* [Comentario sobre Romanos], T&T Clark, Edinburgh, 1979, vol. II, p. 788.

51 Ver mi exposición más completa de estos versículos cruciales en *The Message of 1 Timothy and Titus*, pp. 73-88.

52 Para una defensa completa de la doctrina católica del sacerdocio, ver Manfred Hauke, *Women in the Priesthood? A Systematic Analysis in the in the Light of the Order of Creation and Redemption* [¿Mujeres en el sacerdocio? Un análisis sistemático a la luz del orden de la creación y la redención], publicado primero en Alemán 1986; traducido al inglés, Ignatius, San Francisco, 1988.

53 Mickelson (ed.), *Women, Authority and the Bible*, p. 299.

Matrimonio, cohabitación y divorcio

En todas las sociedades el matrimonio se reconoce y regula como una institución humana. Pero esto no es un invento de la humanidad. La enseñanza cristiana acerca de este tema comienza por afirmar que el matrimonio fue idea de Dios, no nuestra. Como dice el prefacio del libro (de 1662) *Common Prayer Marriage Service* [Oración común en el servicio del matrimonio], «el mismo Dios lo instituyó en el tiempo de la inocencia del hombre»; la presencia de Cristo «lo adornó y embelleció» cuando asistió a las bodas de Caná y es un símbolo de «la unión mística entre Cristo y su iglesia». De este modo Dios le dio forma al matrimonio, lo apoyó y lo ennobleció. Es cierto que él ha llamado a algunas personas a privarse y permanecer solteras en esta vida (Mateo 19:11ss; 1 Corintios 7:7), y también es cierto que en el próximo mundo, después de la resurrección, se abolirá (Marcos 12:25). Sin embargo, mientras dure esta creación, el matrimonio se debe tener «en alta estima»; y aquellos que «prohíben el matrimonio» son falsos maestros que espíritus engañosos han extraviado (Hebreos 13:4; 1 Timoteo 4:1ss). Sobretodo, se debe considerar como un precioso regalo de Dios para toda la humanidad, por ser una «orden desde la creación», antes de la caída.

El propósito del matrimonio[1]

La teología clásica ha seguido la revelación bíblica al identificar tres razones importantes por las cuales Dios ordenó el matrimonio. Por lo general están enumeradas en el mismo orden que aparecen en Génesis 1 y 2, aunque este orden no necesariamente significa un orden de importancia. Primero, el hombre y la mujer tenían el mandato de ser «fructíferos y multiplíquense» (Génesis 1:28). Así que la procreación de los hijos normalmente encabeza la lista, junto con la crianza en amor y disciplina de la familia. Segundo, Dios dijo, «No es bueno que el hombre esté solo. Voy a hacerle una ayuda adecuada» (Génesis 2:18). De manera que la intención de Dios para el matrimonio (volviendo a citar el Libro de Oración Común) fue «el compañerismo mutuo, la ayuda y el consuelo que el uno necesita del otro tanto en la prosperidad como en la adversidad». Tercero, la intención del matrimonio es tener un compromiso recíproco del amor dadivoso que encuentra su expresión natural de la unión sexual, o llegar a ser «una sola carne» (Génesis 2:24, RVR 60).

Estas tres necesidades se han aumentado desde la caída. La disciplina amorosa en la vida familiar se ha vuelto más necesaria debido a la pecaminosidad de los niños, el apoyo mutuo debido a las tristezas en un mundo corrupto y la unión sexual debido a la tentación de la inmoralidad. Sin embargo, estos tres propósitos existían desde antes de la caída y se deben ver como parte de la provisión del amor de Dios al instituir el matrimonio.

Mientras más alto es nuestro concepto del propósito original de Dios para el matrimonio y la familia, más devastadora es la experiencia del divorcio. El rompimiento de un matrimonio siempre es una tragedia. Contradice la voluntad de Dios, frustra su propósito, produce en el esposo y en la esposa un dolor agudo de alienación, desilusión, recriminación y culpa y precipita en cualquier niño una crisis de desconcierto, inseguridad y con frecuencia ira.[2]

La mejor definición de matrimonio que aparece en la Biblia está en Génesis 2:24, la cual el mismo Jesús manifestó que es la Palabra de Dios, cuando le preguntaron si el divorcio era permitido (Mateo 19:4-5). Inmediatamente después de crear a Eva, llevarla a Adán, y que la Adán la reconociera (con una exclamación de poesía amorosa) como la esposa que Dios le daba, el narrador comenta: «Por eso el hombre deja a su padre y a su madre, y se une a su mujer, y los dos se funden en un solo ser».

Por esto deducimos que el matrimonio existe en la escena de Dios cuando el hombre deja a sus familiares, con la intención no solo de independizarse de ellos sino también de «unirse» con su esposa y comenzar a ser una sola carne con ella. «Salirse» y «unirse» van juntos y esto debe suceder en ese mismo orden. Esto denota que se reemplaza una relación humana (hijo-padre) por otra (esposo-esposa). Hay algunas semejanzas en estas relaciones interpersonales porque ambas son complejas y tienen varios elementos. Estas son: física (en un caso la concepción, el nacimiento y la alimentación, y en el otro el acto sexual), emocional («crecimiento» el proceso de desarrollo desde la dependencia de la niñez hasta la madurez en una nueva relación), y social (el niño hereda una unidad familiar que ya existe, los padres crean una nueva). Sin embargo, también hay una diferencia esencial entre ellas, la expresión bíblica «una carne» indica con claridad que la unidad física, emocional y social del esposo y la esposa es más profunda y misteriosa que la relación entre hijos y padres.

Así que Génesis 2:24 implica que la unión matrimonial es una relación exclusiva entre hombre-mujer («el hombre [...] su mujer») que se reconoce públicamente en alguna actividad social («deja a su padre y a su madre»), permanente («se une a su mujer») y se consume por la unión sexual («los dos se funden en un solo ser»). Una definición bíblica de matrimonio podría ser como sigue: «El matrimonio es un pacto heterosexual exclusivo entre un hombre y una mujer, que Dios ordenó y selló, precedido por una salida pública del hogar paterno, consumado en la unión sexual, y dando por resultado una cooperación permanente y de apoyo mutuo que por lo general se ve coronada con el regalo de los hijos».

Cambio de actitudes

No obstante, la cantidad de divorcios sigue siendo alta. En el 2001, en los Estados Unidos, la tasa de matrimonio por cada mil personas fue de 8,4 en comparación con la tasa de divorcio de 4,0.[3] A fines del siglo XX se aplazó más el casarse, la duración de los matrimonios fue menor que los de principio de siglo y aumentó la posibilidad de divorcio. Uno de cada dos matrimonios, por primera vez, ahora terminan en divorcio.[4]

En el 2002, en Inglaterra y en Gales, hubo 254.400 matrimonios, 59% de los cuales eran matrimonios de primera vez para ambos cónyuges. 18% de estos nuevos cónyuges eran casados por segunda vez.[5] Hubo 160 mil divorcios, la mayor cantidad de divorcios desde 1997, aunque fue todavía menor que en 1993 cuando ascendió a 180 mil divorcios. La disminución en la tasa de divorcios se atribuye a que la gente se casa menos, y al hecho que se están casando más tarde en su vida. En el 2002, el 8,4% de la población adulta estaba divorciada, lo cual representa trece personas de cada mil casadas.[6]

El divorcio se puede correlacionar con muchos factores que incluyen: entradas de dinero, educación, aspecto religioso, pero en estas razones se debe incluir que las mujeres se sostienen económicamente y no dependen de su esposo; el estrés de la presión del trabajo en los matrimonios en que ambos trabajan; la presión debido al desempleo y a la ansiedad financiera; y la actitud liberal hacia el divorcio en la sociedad incluyendo la disponibilidad de «divorcios sin culpa». Pero, no hay duda alguna que el rechazo de la fe cristiana en el Occidente es la mayor razón, junto con la pérdida del compromiso de una comprensión cristiana acerca de la santidad y permanencia del matrimonio, y el creciente ataque no cristiano sobre los conceptos tradicionales del sexo, el matrimonio y la familia. Una indicación clara de la secularización en este aspecto es el hecho que en 1850 solo el 4% de los matrimonios en Inglaterra se realizaron en la oficina del registro civil (en lugar de en la iglesia, la capilla o la sinagoga), en el 2002, el 66% de los matrimonios eran ceremonias civiles. Este fue un gran aumento si se compara con 1991, cuando menos de la mitad de todos los matrimonios se realizaron en una ceremonia civil.[7]

No solo es el punto de vista cristiano del matrimonio como un compromiso o pacto a largo plazo que ahora es una idea minoritaria en el Occidente, sino que la iglesia también está en peligro de rendirse al mundo. Además, entre los cristianos, los matrimonios ya no son estables como lo eran antes, y el divorcio se está convirtiendo en un hecho común. Hasta hay líderes cristianos que se divorcian de su cónyuge y se casan de nuevo, manteniendo su posición de liderazgo cristiano. La mente cristiana está mostrando señales de capitular ante el secularismo. La cosmovisión que domina el mundo parece ser una de individualismo egoísta.[8]

Mi interés en este capítulo se limita a la comprensión cristiana del matrimonio basado en las Escrituras, junto con los problemas personales y pastorales que surgen de este. Pero lo más importante para el cristiano son los asuntos bíblicos. Ni siquiera el trauma doloroso de un matrimonio fracasado es una excusa para evitarlo. ¿Cuál es la voluntad revelada de Dios con relación al matrimonio y la posibilidad de divorciarse y volverse a casar? ¿Cómo podemos elaborar nuestras normas y prácticas de acuerdo a los principios bíblicos? No hay respuestas fáciles. La iglesia, en particular, siente la tensión entre la responsabilidad profética de testificar las normas que Dios reveló y su responsabilidad pastoral de mostrarle compasión a los que no han sido capaces de mantener sus normas. John Williams tiene razón cuando nos hace recordar que «el mismo Dios que dijo a través de Malaquías "Yo aborrezco el divorcio" (2:16) también dijo a través de Óseas (cuya esposa había sido abiertamente inmoral) "Yo corregiré su rebeldía y los amaré de pura gracia, porque mi ira contra ellos se ha calmado" (14:4)».[9]

Cohabitación

Luego de la definición de matrimonio que se dio antes, estamos en posición para evaluar la cohabitación que es la práctica de vivir juntos como esposo y esposa sin estar casados. Este es un estilo de vida que se ha hecho muy popular. El informe de un comité de la Iglesia en Inglaterra con el título *Something to Celebrate* [Algo para celebrar] y con el subtítulo «Valorar la familia en la iglesia y en la sociedad» incluye una sección de diez páginas con este tópico.[10] Es una gran pena que los medios de comunicación dieran amplia publicidad a la declaración que la iglesia debe «abandonar la frase "viviendo en pecado"», y que dejaran de apreciar las razones para la recomendación, es decir, que los asuntos son complejos y no se pueden expresar en forma adecuada con una frase corta y despectiva. El comité de la Iglesia merecía un mejor trato y de acuerdo con mi punto de vista era correcto escuchar a los que no quieren condenar la unión libre sin debatirlo con una mente abierta, incluso con simpatía.

Tal vez las personas deciden cohabitar porque consideran que es la mejor de las razones. Por ejemplo, no quieren repetir los errores de sus padres casados, sucumbir en el materialismo de una ceremonia costosa o limitar su relación a una licencia de matrimonio. Es realmente cierto que si un hombre y una mujer se encuentran en una isla desértica, pueden entrar en un matrimonio válido desde la perspectiva de Dios, aunque ninguno de los rituales de un matrimonio tradicional esté disponible. Lo que constituye un matrimonio delante de Dios no es un documento legal ni un servicio en la iglesia, ni una recepción elaborada, ni tampoco una fiesta de regalos, sino un pacto mutuo que promete fidelidad para toda la vida y la consumación en la unión sexual.

A la luz de esto, la cohabitación de algunos casi se pudiera considerar como un matrimonio con otro nombre, ya que la esencia del matrimonio (un pacto con compromiso) está ahí. No obstante, por lo general faltan dos elementos del matrimonio. El primero es la promesa de un compromiso para toda la vida. Mucha de la cohabitación es un acuerdo abierto e indefinido, es una clase de matrimonio a prueba, en el que se reemplaza el compromiso permanente por un experimento temporal. Esto no se puede llamar matrimonio; por otra parte, su naturaleza provisional está destinada a desestabilizar la relación.

La cohabitación es inestable

Primero, el tiempo de cohabitación tiende a ser de corta duración. De acuerdo a un informe publicado en los Estados Unidos, en el 2002 las uniones libres eran menos estables que los matrimonios. La probabilidad de que un primer matrimonio termine en separación o divorcio dentro de los primeros cinco años es de un 20%, pero la probabilidad de que se rompa la cohabitación en los primeros cinco años es de un 49%. Después de diez años la probabilidad de que un primer matrimonio termine es de un 33%, en comparación con un 66% en la unión libre.[11]

Segundo, para todas las mujeres la probabilidad de que la primera unión libre termine en matrimonio es de un 58% después de tres años de vivir juntos y de un 70% después de cinco años de vivir juntos.[12] Sin embargo, estas cantidades pueden variar si se incluyen el status del trabajo, el nivel de educación y el grupo étnico. En el Reino Unido, alrededor de tres parejas de cada cinco que cohabitan terminan casándose.

Tercero, la declaración de que un período de prueba hará más estable un matrimonio posterior no tiene el apoyo de los hechos. «Las parejas casadas en la década de 1980, que antes cohabitaron, fueron un 50% más propensas a divorciarse durante los primeros cinco años que las parejas que no cohabitaron previamente».[13]

Cuarto, es más probable que uno de los miembros de la pareja que está cohabitando, en especial el hombre, tenga más de una relación sexual.[14] Ninguna relación se puede comparar con la del matrimonio en la cual se incluye la intención de ser fiel uno al otro durante toda la vida. Jesús dijo: «Lo que Dios ha unido, que no lo separe el hombre» (Mateo 19:6).

Quinto, la cohabitación está relacionada a una serie de indicadores disfuncionales cuando se compara con el matrimonio. Un estudio que se hizo en Estados Unidos muestra que hay mucha más probabilidad de alcoholismo, depresión y en general enfermedades mentales, entre los que cohabitan que entre los que tienen un matrimonio intacto.[15]

La cohabitación es informal

El segundo elemento que se pierde en la cohabitación es el contexto público en el que se lleva a cabo el matrimonio. Hemos visto que la definición bíblica del matrimonio (Génesis 2:24) incluye dejar a los familiares. En la cultura de esos días la salida de la casa no se hacía privadamente, mucho menos de manera clandestina, sino pública. En nuestros días no se puede aplicar a una salida casual del hogar, como cuando los estudiantes solteros se van para la universidad. Este es un cambio público y simboliza pasar de la dependencia a la independencia, de lo viejo a lo nuevo y de la casa de los padres de uno a establecerse en su propia casa. Una relación pública como esta (un hombre y una mujer viviendo juntos como una pareja) necesita tener un comienzo público. Por supuesto, esto sería imposible en una isla deshabitada, pero en una sociedad la familia y los amigos tienen el derecho de saber qué tipo de relación existe, de modo que ellos puedan ajustarse a eso. También es natural que deseen tener la oportunidad de despedirse, celebrar y prometer apoyo en el futuro. No es justo ni amable dejar la familia sin saber qué ha pasado.

Sin embargo, no son solo los padres ni tampoco es solo el círculo más amplio de familiares y amistades los que tienen el derecho de conocer acerca de la nueva relación, sino también la sociedad como un todo. Desde luego, la intimidad sexual es esencialmente privada, pero no la relación en la cual se está llevando a cabo. Sin embargo, los que cohabitan no hacen está distinción, y cometen el error de considerar todas sus relaciones como un asunto completamente privado. Pero el matrimonio es público, tanto la celebración con lo cual se inicia como la relación a la cual lleva. Aunque no es esencial que la ley reconozca el matrimonio por sí mismo (los matrimonios llevados a cabo en islas deshabitadas están registrados en el cielo pero no en la tierra), es una promulgación legal con ciertas ventajas. Es difícil que un pacto solemne se reconozca como «obligatorio» sin sanciones de parte de la ley. Además, una pareja que se compromete uno al otro necesita la protección que le da la ley a ambos. El contexto público del matrimonio es importante como un testimonio a la comunidad de que el hombre y la mujer se comprometen, que entienden y están de acuerdo con la definición y con el propósito del matrimonio. Cada uno da su aceptación voluntaria ante los ojos del público. Ellos no han sido forzados, son responsables el uno al otro, y toda la comunidad es testigo de esto.

En el caso de cohabitar, la relación es ambigua y el grado de compromiso entre ambos tal vez no sea igual. Ninguno ha hecho un compromiso público que produzca seguridad.[16] En tiempos pasados la unión sexual fue un símbolo de lealtad permanente, pública y exclusiva. El sexo estaba lejos de ser casual y si un hombre embarazaba a una mujer, la comunidad local consideraba que ellos estaban casados. Christopher Ash insiste «las personas que cohabitan o aceptan la obligación de fidelidad o su relación es inmoral; ellos no pueden ser al mismo tiempo morales sin comprometerse a ser fieles».[17] Él continua:

> Cuando un hombre y una mujer desean vivir moralmente juntos se deben, uno al otro, toda una vida de fidelidad, este es el único contexto moral de las relaciones sexuales. Dios los llamó a ser fieles, ya sea que lo reconozcan o no. El que abandona la cohabitación no está exento de la condenación de Dios simplemente por no haber prometido nunca quedarse. Los votos en público no representan un grado más alto de compromiso encomendable que las parejas especialmente virtuosas hacen voluntariamente para de este modo llevar su relación a un nivel ético superior. Los votos públicos admiten y reconocen la obligación moral que Dios ya ha puesto sobre ellos debido a su relación existente.[18]

La cohabitación es inadecuada

A la vista de Dios un servicio en la iglesia no es más esencial para un matrimonio que la formalidad secular correspondiente. En una isla deshabitada no hay una iglesia ni una oficina de registro. No obstante, ya que los votos para toda la vida son solemnes y si es posible se deben hacer en público, el servicio en la iglesia es más apropiado, especialmente para los creyentes cristianos, porque coloca la promesa en la presencia de Dios y su pueblo. El matrimonio no es un «sacramento» en el sentido que lo es el bautismo, sin embargo, ambos incluyen un compromiso público que se debe hacer en la presencia de testigos escogidos.

Para resumir, debemos ser capaces de estar de acuerdo en que a los ojos de Dios una pareja está válidamente casada en una isla deshabitada si se hacen votos el uno al otro para toda la vida, aunque no haya representantes de la familia, de la ley ni de la iglesia que sirvan de testigos. Pero en el mundo real en que vivimos, el compromiso de la pareja debe ser público como también permanente, y el rol de la familia, la ley y la iglesia hace la diferencia entre el matrimonio y la cohabitación.

Por lo tanto, según mi punto de vista, *Something to Celebrate* no fue sabio al aceptar un método «de ambos» recomendándole a los cristianos «retener la centralidad del matrimonio y al mismo tiempo aceptar que la cohabitación es, para muchas personas, un paso en el camino hacia un compromiso más completo».[19] En su deseo loable de simpatizar y no juzgar, los autores del informe ignoraron la distinción entre matrimonio y cohabitar. Es más preciso y de más ayuda hablar de cohabitar como una relación inferior al matrimonio en lugar de un puente que lleva al matrimonio. Nuestra visita imaginaria a una isla deshabitada nos ayudó a aclarar la esencia teológica del matrimonio delante de Dios. Pero nuestra responsabilidad es quedarnos en el mundo real sin comprometer la definición bíblica del matrimonio incluyendo su naturaleza pública y permanente.

Entonces, podemos afirmar lo que el Dr. George Carey, en ese entonces Arzobispo de Canterbury, dijo en la Conferencia General durante el debate sobre *Something to Celebrate*: «Cohabitar no es, y no puede ser igual al matrimonio en todos los particulares excepto por el nombre. El matrimonio es público y formal, mientras que [...] la relación en la unión libre [...] permanece privada y provisional [...] El matrimonio, no la cohabitación, es la institución que está en el corazón de una buena sociedad, y no seamos renuentes para decirlo así. No digo esto para condenar, lo digo como una invitación a algo mejor [...] »[20]

La enseñanza del Antiguo Testamento

En Deuteronomio 24:1-4, en el Antiguo Testamento, la enseñanza acerca del matrimonio y el divorcio es de particular importancia porque es la única cita del Antiguo Testamento que se refiere a razones o procedimientos para el divorcio.

> Si un hombre se casa con una mujer, pero luego deja de quererla por haber encontrado en ella algo indecoroso, solo podrá despedirla si le entrega un certificado de divorcio. Una vez que ella salga de la casa, podrá casarse con otro hombre. Si ocurre que el segundo esposo le toma aversión, y también le extiende un certificado de divorcio y la despide de su casa, o si el segundo esposo muere, el primer esposo no podrá casarse con ella de nuevo, pues habrá quedado impura. Eso sería abominable a los ojos del Señor. No perviertas la tierra que el SEÑOR tu Dios te da como herencia.

Es necesario aclarar estos tres puntos particulares acerca de esta legislación.

Volverse a casar con la primera esposa

Primero, ¿cuál es el propósito de este pasaje? No requiere, ni recomienda, ni siquiera sanciona el divorcio. Su interés primordial no es con respecto al divorcio ni siquiera con respecto a certificados de divorcio. Su objetivo es prohibirle a un hombre volverse a casar con su primera esposa, ya que sería «abominable a los ojos del Señor». Se cree que la intención de esta regla era proteger a la mujer de un primer esposo caprichoso y quizás cruel. De todas maneras, los primeros tres versículos son la cláusula condicional de la oración; la consecuencia no comienza hasta el versículo 4. La ley no está aprobando el divorcio; lo que dice es que si el hombre se divorcia de su esposa, y si le da a ella un certificado de divorcio después del cual ella vuelve a casarse, ellos no se pueden casar otra vez si el segundo esposo le toma aversión, se divorcia o se muere.

El divorcio debido a la indecencia

Segundo, aunque el divorcio no se promueve, si sucede, es porque el esposo encuentra «algo indecoroso» o «alguna cosa indecente» (RVR 60) en su esposa. Esto no se refiere a adulterio de parte de ella, porque esto se castigaba con la muerte, no con el divorcio (Deuteronomio 22:20ss; cf. Levítico 20:10). Entonces, ¿qué es esto? Durante el primer siglo a.C., los partidos rivales de los fariseos encabezados por el rabí Shammai y el rabí Hillel debatieron esto. Shammai era estricto y entendió que «alguna cosa indecente» (la raíz hebrea alude a «desnudez» o «exposición») como una ofensa sexual de alguna clase que es indefinido, es menos que adulterio o promiscuidad. Rabí Hillel, por el contrario, era menos estricto. Él escogió la frase que dice que la esposa «comenzó a no ser complaciente» a su primer esposo (v. 1) o que «no le gustó» a su segundo esposo (v. 3), y lo interpretó como la más trivial ofensa, por ejemplo, si echó a perder la comida que estaba preparando para él, si peleaba mucho, o si él se encontró con una mujer más bonita que ella y perdió interés en ella.[21] De acuerdo con Hillel, «cualquier cosa que le molestara o le fastidiara al esposo era una causa legítima para el divorcio».[22]

La libertad de la mujer para volverse a casar

Tercero, si se permitía el divorcio, era evidente que se permitía el volverse a casar. El texto presupone que una vez que la mujer se divorciaba, estaba libre para volverse a casar, aunque ella fuera la culpable de haber hecho «algo indecoroso». De hecho, hasta donde sabemos, las culturas del mundo antiguo entendían que el divorcio incluía el permiso para volverse a casar. El Dr. James B. Hurley resume las leyes del matrimonio y el divorcio del Código de Hammurabi, quien fue rey de Babilonia al comienzo del siglo XVIII a. C., cuando Abraham salió de Ur, y también las leyes más estrictas de los asirios en el tiempo cuando Israel salió de Egipto.[23] El Dr. Gordon Wenham añade información de un papiro del siglo V a.C., en Elefantine, un pueblo de guarnición judía al sur de Egipto, y también de Filón, Josefo, y del mundo grecorromano.[24] Todas estas culturas dan evidencia del divorcio que inicia el esposo, y en algunos casos también la esposa, con la libertad de volverse a casar. Por lo general, a la mujer divorciada se le devolvía su dote, y además recibía algo de dinero. Si el divorcio era poco frecuente en la antigüedad, era porque terminar un matrimonio y arreglar el segundo era bastante costoso.

Las enseñanzas de Jesús

Las instrucciones de nuestro Señor acerca del matrimonio y el divorcio se dieron en respuesta a las preguntas de los fariseos. Marcos dice que sus preguntas eran para «ponerlo a prueba» (Marcos 10:2), y Mateo dice cuál era la pregunta «¿Está permitido que un hombre se divorcie de su esposa por cualquier motivo?» (Mateo 19:3). Quizás detrás de su pregunta estaba el escándalo público de Herodías, quien abandonó a su esposo Felipe para casarse con el Rey Herodes Antipas. Juan el Bautista valientemente denunció su unión diciéndole que «La ley te prohíbe» (Marcos 6:17ss), y como consecuencia de esto, lo encarcelaron. ¿Hablaría Jesús en la misma forma, especialmente cuando, parece probable, que él estuvo en ese momento en la jurisdicción de Herodes (Marcos 10:1)? Realmente los fariseos querían involucrarlo en el debate entre Shammai y Hillel, ya mencionado. Por esta razón, el énfasis en sus preguntas fue acerca de las «razones» o «causas» que justificaran el divorcio.

> Algunos fariseos se le acercaron y, para ponerlo a prueba, le preguntaron: —¿Está permitido que un hombre se divorcie de su esposa por cualquier motivo?
>
> ¿No han leído —replicó Jesús— que en el principio el Creador "los hizo hombre y mujer", y dijo: "Por eso dejará el hombre a su padre y a su madre, y se unirá a su esposa, y los dos llegarán a ser un solo cuerpo"? Así que ya no son dos, sino uno solo. Por tanto, lo que Dios ha unido, que no lo separe el hombre.
>
> Le replicaron: —¿Por qué, entonces, mandó Moisés que un hombre le diera a su esposa un certificado de divorcio y la despidiera?
>
> Moisés les permitió divorciarse de su esposa por lo obs-

tinados que son —respondió Jesús—. Pero no fue así desde el principio. Les digo que, excepto en caso de infidelidad conyugal, el que se divorcia de su esposa, y se casa con otra, comete adulterio.

Si tal es la situación entre esposo y esposa —comentaron los discípulos—, es mejor no casarse.

No todos pueden comprender este asunto —respondió Jesús—, sino sólo aquellos a quienes se les ha concedido entenderlo. Pues algunos son eunucos porque nacieron así; a otros los hicieron así los hombres; y otros se han hecho así por causa del reino de los cielos. El que pueda aceptar esto, que lo acepte.

Mateo 19:3-12

Está claro que Jesús se distanció de la permisibilidad del rabí Hillel. Él ya había hecho el Sermón del Monte. Sus enseñanzas sobre el divorcio en este pasaje fueron una de las seis antítesis, introducidas por la frase «han oído que se dijo [...] Pero yo les digo [...]» A lo que él se oponía en esta antítesis no era a las Escrituras («fue escrito») sino a la tradición («ha sido dicho»), no a la revelación de Dios sino a la interpretación perversa de los escribas. El objetivo de su distorsión era para reducir las demandas de la ley y hacerla más cómodas para ellos. En la antítesis del divorcio la cita de los escribas fue «Se ha dicho: "El que repudia a su esposa debe darle un certificado de divorcio"» esto parece una mala interpretación deliberada del pasaje de Deuteronomio 24. Da la impresión de que el divorcio estaba permitido, incluso por razones triviales (como enseñaba Hillel), proveyendo tan solo un certificado. Jesús rechazó por completo esto. ¿Qué enseñó él?

El matrimonio permanente

Primero, Jesús apoyó el matrimonio permanente. Es importante que él no le dio una respuesta directa a la pregunta de los fariseos acerca del divorcio. En lugar de eso, les habló del matrimonio. Él los llevó de nuevo a Génesis 1 y 2 y les preguntó si no habían leído esos capítulos. Él llamó su atención a los dos factores que la sexualidad humana fue una creación divina y el matrimonio humano fue una ordenanza divina. Él se apoyó en dos textos (Génesis 1:27 y 2:24) e hizo a Dios el autor de ambos, el mismo creador quien «en el principio [...] "los hizo hombre y mujer"» también dijo (en el texto bíblico), «Por eso dejará el hombre a su padre y a su madre, y se unirá a su esposa, y los dos llegarán a ser un solo cuerpo». «Así que», Jesús siguió, añadiendo su propia explicación, «ya no son dos, sino uno solo». Y «Por tanto», él dijo, añadiendo a su propia prohibición, «lo que Dios ha unido [literalmente enyugado], que no lo separe el hombre».

La enseñanza no es ambigua. La unión en el matrimonio es más que un contrato humano: Es un yugo divino. La forma en la cual Dios pone este yugo sobre la pareja casada no es para crear una clase de unión mística, sino una declaración de su propósito en su Palabra. Romper una unión matrimonial, aun la llamada «muerte» de la relación interpersonal, no puede ser una razón para la disolución del matrimonio. La base de la unión no es una experiencia humana fluctuante de («lo amo, no lo amo» «la amo, no la amo»), sino la voluntad divina y la Palabra (ellos «llegarán a ser un solo cuerpo»).

La concesión del divorcio

Segundo, Jesús declaró que la provisión Mosaica del divorcio es una concesión a la pecaminosidad humana. Los fariseos respondieron a su referencia de Génesis haciéndole una segunda pregunta: «¿Por qué, entonces, mandó Moisés que un hombre le diera a su esposa un certificado de divorcio y la despidiera?» A esto Jesús contestó, «Moisés les permitió divorciarse de su esposa por lo obstinados que son [...] Pero no fue así desde el principio». Lo que ellos llamaron «mandamiento» Jesús lo llamó «permiso», y un permiso reluctante por la terquedad humana en vez de la intención divina.[25]

Ya que Jesús se refirió a la provisión Mosaica como una concesión al pecado humano, lo que también tenía la intención de limitar los efectos malignos, no es posible tomarlo como una indicación de que Dios aprueba el divorcio. Sin duda, era una concesión divina, porque según Jesús, todo lo que Moisés dijo, lo dijo Dios. Sin embargo, la concesión divina del divorcio era contraria a la institución divina del matrimonio desde «el principio». El error de los «rabíes» fue ignorar la distinción entre la voluntad de Dios (Génesis 1 y 2) y su provisión legal para la naturaleza pecaminosa humana (Deuteronomio 24). «La conducta humana que se queda corta ante el mandamiento absoluto de Dios es pecado y cae bajo el juicio divino. Las provisiones que la misericordia de Dios diseñó para la limitación de las consecuencias del pecado del hombre no se debe interpretar como la aprobación divina para pecar».[26]

Volverse a casar es adulterio

Tercero, Jesús llamó a volverse a casar después del divorcio «adulterio». Luego de unir sus enseñanzas de los Evangelios Sinópticos y dejar de lado la cláusula que dice excepto, podemos resumirlo como sigue: el hombre que se divorcia de su esposa, y después se vuelve a casar, comete adulterio (Mateo 19:9; Marcos

10:11; Lucas 16:18) y, debido a que se asume que su esposa divorciada también se casará, motiva que ella también cometa adulterio (Mateo 5:32). Una mujer que se divorcia de su esposo y se vuelve a casar también comete adulterio (Marcos 10:12). Más lejos aún, un hombre (se presume que la mujer también) que se case con una divorciada comete adulterio (Mateo 5:32; Lucas 16:18). Estas son declaraciones difíciles. Exponen con candor las consecuencias lógicas del pecado. Si ocurre el divorcio y el volverse a casar, lo cual no tiene el permiso de Dios, entonces cualquier nuevo matrimonio que siga es adulterio.

Divorcio por inmoralidad

Jesús permitió el divorcio y volverse a casar en el caso de inmoralidad (*porneia*). Es bien conocido que Mateo 5:32 y 19:9 tienen una «cláusula con una excepción», cuyo propósito es eximir una clase de divorcio y de segundas nupcias de la categoría llamada «adulterio». Hay mucha controversia en cuanto a esta cláusula. No creo que yo pueda hacer más que indicar las tres conclusiones a las cuales he llegado acerca de esto.

Es una expresión auténtica

Primero, la cláusula que establece la excepción se debe aceptar como una expresión auténtica de Jesús. Porque esto no ocurre en el paralelo que hay en Marcos y Lucas, muchos estudiosos de la Palabra han estado listos a descartar esto. Algunos sugieren que fue una interpretación temprana de un escribano y que no es parte del texto original de Mateo. Pero en los manuscritos no hay evidencia de que esto fuera una añadidura; ni siquiera en la lectura alternativa del Códice del Vaticano, en la que aparece al margen de la versión de la Biblia *Revised Standard*, donde no se omite esta cláusula. Otros estudiosos de la Palabra atribuyen la cláusula a Mateo mismo, y/o a la iglesia en la cual él estaba escribiendo, pero niegan que Jesús lo haya dicho alguna vez. Sin embargo, su omisión en Marcos y Lucas en sí misma no es suficiente para rechazarla como invención editorial o interpretación del primer evangelista. Es bastante posible suponer que Mateo lo incluyó para sus lectores judíos que estaban muy preocupados acerca de las razones por las que se permitía el divorcio, mientras que Marcos y Lucas están escribiendo a los lectores gentiles, que no tenían la misma preocupación. Su silencio no se debe necesariamente a su ignorancia: también es posible que ellos no le dieran importancia a esta cláusula. En las culturas paganas el adulterio es la base para el divorcio. Fue igual para los dos grupos judíos de Hillet y Shammai, a pesar de su desacuerdo sobre otros puntos. Eso no se debatió.

Es necesaria una definición adecuada

La palabra *porneia* significa inmoralidad sexual. Para decidir cómo traducir *porneia*, necesitamos evitar ir a los dos extremos de flexible o rigidez.

Varios puntos de vista «rígidos» se han mantenido, los cuales identifican *porneia* como un pecado sexual en particular: puede ser «fornicación» en el sentido de inmoralidad sexual antes del matrimonio, o durante el matrimonio con relaciones prohibidas, o adulterio después del matrimonio. La razón principal para rechazar estas traducciones es que, aunque *porneia* podría significar todas estas, no se entendería que se refiere a una de ellas de no haber algo específico en el texto que tenga ese significado. Realmente *Porneia* era una palabra genérica para referirse a la infidelidad sexual o «infidelidad en el matrimonio», e incluía «toda clase de acto sexual prohibido por la ley» (Arndt-Gingrich).

El punto de vista «flexible» es que *porneia* incluye ofensas que se pueden considerar sexuales en un amplio sentido sicológico en lugar de solo aspectos físicos de modo que incluya hasta la incompatibilidad básica en el temperamento. Quizás sea posible usar otros argumentos para la legitimidad del divorcio, pero no es posible hacerlo desde el significado de *porneia*. *Porneia* significa inmoralidad sexual física; la razón por lo cual Jesús hizo que esto fuera el único motivo para el divorcio debe ser que esto viola el principio de «una sola carne» que es fundamental para el matrimonio como fue divinamente ordenado y bíblicamente definido.

Se permite hacerlo pero no se anima

El divorcio por inmoralidad se permite pero no es obligatorio. Jesús no enseñó que el cónyuge inocente debe divorciarse del cónyuge infiel, y mucho menos se disuelve un matrimonio solo por causa de la infidelidad sexual. Él ni siquiera animó o recomendó el divorcio por infidelidad. Por el contrario, todo su énfasis consistió en que el matrimonio permanezca como el propósito de Dios y sobre la inadmisibilidad del divorcio y de volverse a casar. Su razón para añadir la cláusula de la excepción fue aclarar que la única situación para volverse a casar después del divorcio, que no sea equivalente al adulterio, es si el cónyuge inocente a quien su cónyuge le fue infiel, porque en este caso la infidelidad ya la cometió el cónyuge culpable. El propósito de Jesús definitivamente no era animar el divorcio por esta razón, sino más bien prohibirlo por todas las demás razones. Como John Murray escribió: «Es esta única excepción lo que da prominencia a la ilegitimidad de las otras razones. La preocupación por la excepción no debe permitir oscurecer la fuerza de la negación de todas las demás».[27]

Después del largo estudio sobre el significado de la cláusula de excepción y el motivo permisible para el divorcio, es importante regresar a donde comenzamos. Aunque Jesús sabía la realidad de la caída y la dureza del corazón humano, él le recordó a sus contemporáneos las normas de la creación y el propósito invariable de Dios. Él destacó la reconciliación no la separación, el matrimonio no el divorcio. Nunca debemos alejarnos tanto que no podamos escuchar su clamor memorable: «lo que Dios ha unido, que no lo separe el hombre».

La enseñanza de Pablo

La enseñanza de Pablo que tenemos que considerar se encuentra en 1 Corintios 7:10-16, y tiene que ver en especial con lo que se llama el «privilegio paulino»:

> A los casados les doy la siguiente orden (no yo sino el Señor): que la mujer no se separe de su esposo. Sin embargo, si se separa, que no se vuelva a casar; de lo contrario, que se reconcilie con su esposo. Así mismo, que el hombre no se divorcie de su esposa.
>
> A los demás les digo yo (no es mandamiento del Señor): Si algún hermano tiene una esposa que no es creyente, y ella consiente en vivir con él, que no se divorcie de ella. Y si una mujer tiene un esposo que no es creyente, y él consiente en vivir con ella, que no se divorcie de él. Porque el esposo no creyente ha sido santificado por la unión con su esposa, y la esposa no creyente ha sido santificada por la unión con

su esposo creyente. Si así no fuera, sus hijos serían impuros, mientras que, de hecho, son santos.

Sin embargo, si el cónyuge no creyente decide separarse, no se lo impidan. En tales circunstancias, el cónyuge creyente queda sin obligación; Dios nos ha llamado a vivir en paz. ¿Cómo sabes tú, mujer, si acaso salvarás a tu esposo? ¿O cómo sabes tú, hombre, si acaso salvarás a tu esposa?

Pablo enseña con autoridad

Primero, necesitamos observar que Pablo está dando una instrucción apostólica con autoridad. La antítesis que él hace entre el versículo 10: «les doy la siguiente orden (no yo sino el Señor)» y el versículo 12: «A los demás les digo yo (no es mandamiento del Señor)» han sido de mucha confusión. Es un error imaginar que las enseñanzas de Cristo y las de él se opongan la una de la otra, con la implicación que las enseñanzas de Jesús tienen autoridad, y las de él no. No, su contraste no está entre la enseñanza divina, infalible (la de Cristo) y la enseñanza humana y falible (la de Pablo), sino entre dos formas de enseñanza divina e infalible, la una del Señor y la otra apostólica (la de él). No hay duda alguna de que esto es correcto, ya que Pablo continúa el uso de la autoridad apostólica *ego* «yo» en este capítulo, en el versículo 17 («Ésta es la norma que establezco en todas las iglesias»), en el versículo 25 («no tengo ningún mandato del Señor, pero doy mi opinión como quien por la misericordia del Señor es digno de confianza») y en el versículo 40 («creo que yo también tengo el Espíritu de Dios»). Más adelante de modo similar, él pone su autoridad encima de la de los profetas y declara que sus instrucciones son mandamientos del Señor: «Si alguno se cree profeta o espiritual, reconozca que esto que les escribo es mandato del Señor» (14:37).

Pablo confirma las enseñanzas de Jesús

Segundo, Pablo hace eco y confirma las prohibiciones de Jesús acerca del divorcio. En los versículos 10 y 11, como en sus enseñanzas en Romanos 7:1-3, y como en las enseñanzas de Jesús que se registran en Marcos y Lucas, la prohibición del divorcio se expresa en términos absolutos. «Que la mujer no se separe de su esposo [...] . que el hombre no se divorcie de su esposa». Esto es porque él está expresando el principio general. No es necesario imaginar que él no sabía nada de la excepción del Señor respecto al caso del adulterio.

En el versículo 11 él añade un paréntesis importante diciendo que si una mujer se «separa» de su esposo, «que no se vuelva a casar; de lo contrario, que se reconcilie con su esposo». Ahora bien, el verbo que Pablo usa para separarse (*chôrizô*) puede referirse al divorcio y ambos se usaron en contratos de matrimonio en papiro y por algunos padres de la iglesia primitiva (Arndt-Gingrich). Pero el contexto sugiere que Pablo no se refiere al divorcio. Más bien parece estar tratando con una situación en la cual el esposo no ha sido infiel y la esposa no tiene la libertad de divorciarse de él. Algunas otras razones (que Pablo no menciona) la presiona a «separarse» de él. Así que Pablo destaca que en este caso ella no está en libertad de volverse a casar. Su llamado cristiano es permanecer sola o reconciliarse con el esposo, pero no volverse a casar.

El caso del abandono

Tercero, Pablo permite el divorcio después que un cónyuge no creyente abandone al cónyuge creyente. En 1 de Corintios, él dirige tres párrafos sucesivos «a los solteros y a las viudas» (vv. 8-9), «a los casados» (vv. 10-11) y «a los demás» (vv. 12-16). El contexto revela que para «los demás» él tiene en su mente un grupo en particular de matrimonios mezclados. No le da libertad al cristiano a casarse con un no cristiano, la mujer cristiana «queda libre para casarse con quien quiera, con tal de que sea en el Señor» (v. 39). Esto también se aplica para el hombre cristiano (2 Corintios 6:14ss). Pablo más bien se está refiriendo a la situación cuando dos no creyentes están casados, y después uno se entrega al Señor. Es evidente que los corintios le enviaron preguntas acerca de esto. ¿Es el matrimonio impuro? ¿El cónyuge cristiano debe divorciarse del no cristiano? ¿Cuál es el estatus de los niños? La respuesta de Pablo es clara.

Si el cónyuge no creyente «consiente en vivir con» el creyente, entonces el creyente no se divorcie. Las razones dadas es que el cónyuge no creyente «ha sido santificado» por medio del cónyuge creyente, al igual que los hijos. Está claro que la «santificación» en mente no es una trasformación del carácter a la semejanza de Cristo. Como lo expresa John Murray: «La santificación de lo que Pablo dice [...] debe ser la santificación de privilegios, unión y relaciones interpersonales».[28]

Pero si, por otra parte, el cónyuge no creyente no quiere quedarse y decide irse, entonces «no se lo impidan. En tales circunstancias, el cónyuge creyente queda sin obligación». Las razones dadas es que Dios nos ha llamado a vivir en paz, y que el creyente no puede garantizar que va a ganar al no creyente para Cristo al insistirle en perpetuar una unión que el no creyente no desea continuar.[29]

Es importante entender la situación que el apóstol trata y así no sacar conclusiones erróneas de sus enseñanzas. Él afirma que, si el no creyente se niega a quedarse, el creyente «queda sin obligación», es decir, no está obligado/a a permanecer con él o ella, realmente no está obligado ni siquiera al matrimonio mismo.[30] Es necesario aclarar varios puntos negativos acerca de la libertad que se le da aquí al cónyuge creyente.

No se debe a la conversión del creyente

La libertad del creyente no se debe a su propia conversión, sino más bien al cónyuge no creyente y el desinterés de permanecer casado. A veces los cristianos ruegan por lo que ellos llaman «el realismo del evangelio», afirmando que debido a que la conversión hace todas las cosas nuevas, un matrimonio hecho antes de la conversión no es necesariamente vigente y en su lugar se puede hacer un nuevo comienzo. Sin embargo, este es un razonamiento peligroso. En la conversión, ¿se cancelan todos los contratos preconversión, incluyendo las deudas? No. Las enseñanzas de Pablo no apoyan tal punto de vista. Él más bien lo contradice. Su enseñanza no es que después de la conversión el cónyuge creyente se contamina con el no creyente y, por lo tanto, el creyente debe liberarse de la relación. Es lo opuesto, el cónyuge no creyente ha sido «santificado» por el creyente, y este, por lo tanto, no debe buscar el escape. Más adelante, en los versículos 17-24, Pablo apremia a los cristianos a permanecer en la condición que estaban cuando Dios lo llamó, y dice que podemos hacerlo porque ahora estamos allí «con Dios».

Esto no es un resultado de la iniciativa del creyente

En el procedimiento del divorcio la libertad del creyente no es un resultado de su propia iniciativa, sino solo una aceptación renuente del «abandono» o indisposición del cónyuge a quedarse. No debe ser iniciativa del creyente. Por el contrario, si el cónyuge no creyente está dispuesto a permanecer «que no se divorcie de él» «que no se divorcie de ella» (vv. 12, 13). Lo más lejos que Pablo llega es que si el no creyente insiste en irse «no se lo impidan» (v. 15). Quizás esta es la forma de armonizar la aparente incoherencia en las oraciones (a) que Jesús permite solo el divorcio en cierta condición y (b) Pablo añade otra. La primera es un caso de divorcio; la segunda es aceptación del abandono.

Se basa en el dolor del rechazo

La libertad del creyente no se debe al «abandono» de cualquier clase, ni tampoco a la incredulidad (por ejemplo, el punto de vista de la iglesia Católica Romana es que el matrimonio no es válido si un cónyuge no está bautizado), sino solo a la falta de disposición específica del inconverso basándose en la religión respecto a continuar viviendo con su cónyuge ahora creyente. Sin embargo, el «Privilegio Paulino», no provee bases para el divorcio en general por abandono; esta no es una opción cristiana.

Al resumir lo que las Escrituras enseñan en los pasajes bíblicos hasta aquí considerados, podemos hacer las siguientes tres afirmaciones.

- Al comienzo, Dios creó al ser humano hombre y mujer, y él mismo instituyó el matrimonio. Su intención era y es que la sexualidad humana encuentre cumplimiento en el matrimonio, y que el matrimonio sea una unión exclusiva, amorosa y para toda la vida. Este es su propósito.
- En ningún lugar el divorcio es un mandato, y en las Escrituras nunca se anima a hacerlo. Por el contrario, aunque bíblicamente se justifique, es una separación triste y pecaminosa de la norma divina.
- El divorcio y el volverse a casar están permitidos (no es un mandato) bajo dos condiciones. Primera, una persona inocente puede divorciarse de su cónyuge si es culpable de inmoralidad sexual seria. Segunda, el creyente puede aceptar el abandono de su cónyuge no creyente, si rehúsa

vivir con él o ella. Sin embargo, en ambos casos, se da el permiso en términos negativos y renuentes. Volverse a casar no es adulterio solo si una persona se divorcia de su cónyuge basándose en la infidelidad matrimonial. El creyente «no está obligado» solo si el no creyente insiste en abandonarlo.

Un rompimiento irrecuperable

Como aclaré anteriormente, el Dr. David Atkinson criticó mi posición en su libro *To Have and To Hold* [Tener y retener], (1979). Él lo llamó «legislativo» y expresó su inquietud en los siguientes términos: «La dificultad con este punto de vista es que en la práctica pastoral esto lleve a una clase de análisis casuística que puede convertirse en un legalismo negativo. Este se concentra en el adulterio físico pero descuida otras "infidelidades", y esto puede significar que la bendición de la iglesia para un segundo matrimonio solo esté reservada para los que son suficientemente afortunados (!) para hacer que su cónyuge cometa adulterio contra ellos. Esto motiva la pregunta ¿qué rompe el vínculo matrimonial?»[31]

Realmente, los problemas prácticos que nos acosan cuando insistimos en la «ofensa matrimonial» como la única causa legítima para el divorcio, nos han motivado a buscar una alternativa más flexible. En el Reino Unido, la Iglesia Anglicana, en el informe *Putting Asunder* [Separar] (1966), recomendó el concepto «rompimiento irrecuperable» como una alternativa, y en 1969 el Decreto Modificado del Divorcio se basó en esto. Sin embargo, esto requiere que el rompimiento irrecuperable se pruebe con una de las cinco evidencias, tres de las cuales son culpas (adulterio, abandono y comportamiento irrazonable) y las otras dos indican el hecho de la separación (dos años si la pareja acepta divorciarse, y cinco años si no acepta). Entonces, la Comisión de la Iglesia en Inglaterra que fue precedida por el Profesor Howard Root, presentó su informe en *Marriage, Divorce and the Church* [El matrimonio, el divorcio y la iglesia] (1971), investigó más allá el concepto que algunos matrimonios «mueren» aunque los cónyuges estén vivos. Unos años más tarde la Comisión que presidió el obispo Kenneth Skelton de Lichfield y que informó en *Marriage and the Church's Task* [El matrimonio y la tarea de la iglesia] (1978), siguió una línea similar.

Desde el 1 de marzo de 2001, las causas para divorciarse son tales que los cónyuges que deseen divorciarse necesitan satisfacer uno de los criterios de la jurisdicción que se ha estandarizado a través de la Comunidad Europea. Los fundamentos para el divorcio son que en el matrimonio haya un rompimiento irrecuperable y que la persona que está aplicando para el divorcio (el solicitante) pruebe uno de cinco hechos.

- El cónyuge cometió adulterio y no es razonable que el solicitante siga viviendo junto al adúltero.
- El cónyuge ha exhibido un comportamiento irrazonable y no es razonable que el solicitante siga viviendo junto al cónyuge.
- El cónyuge ha abandonado al solicitante durante un periodo de dos años.
- El solicitante y el cónyuge han vivido separados durante más de dos años y ambos están de acuerdo en divorciarse.
- El solicitante y el cónyuge han vivido separados durante más de cinco años, aunque el cónyuge esté o no esté de acuerdo con el divorcio.[32]

Sin embargo, en la práctica, a menudo es posible evitar que se cumplan estos criterios si las parejas acuerdan citar un comportamiento irrazonable para conseguir un divorcio rápido. Los divorcios «rápidos» están disponibles por vía Internet. Tal práctica le quita valor a la seriedad del divorcio, como también al periodo de reflexión y la posibilidad de reconciliación que se le debe a un matrimonio en dificultades.

El Decreto de la Familia, en 1996, propuso facilitar el rompimiento irrecuperable sin la necesidad de cumplir con ninguno de los cinco criterios de la lista. Esto comenzó a tener efecto en 1998. La Asamblea General debatió los problemas y aprobó las propuestas, pero aunque una parte del decreto de la familia de 1996 está vigente, el gobierno del Reino Unido anunció en el 2000 que muchas de las propuestas se aplazarían durante varios años.

Uno puede entender el deseo de evitar la necesidad de establecer culpabilidad. Pero no parece que los argumentos en contra se consideraron adecuadamente. El concepto de «rompimiento irrecuperable» tiene consecuencias indeseadas. (1) Este hace el divorcio muy fácil; virtualmente abre la puerta al divorcio en demanda. (2) Esto representa el matrimonio en términos de autorrealización personal, en vez de darse a sí mismo. Si no ocurre lo que esperábamos, entonces, en lugar de tratar de resolver los conflictos, decidimos que para nosotros no funciona. (3) Este da la impresión que el matrimonio se rompe por sí mismo. Hace que el matrimonio sea la víctima propiciatoria y exonera a los cónyuges. Pero si la esencia del matrimonio es un compromiso de amor y fidelidad, entonces solo una falla en esto lo amenazará. Al adoptar la opción secular de un rompimiento sin culpa, el Dr. Alan Storkey escribió que las iglesias se han contradicho, «afirmando [...] un punto de vista del matrimonio, mientras que aceptan una dinámica diferente detrás de la reforma del divorcio».[33] (4) Esto es una expresión de pesimismo secular. Si dos personas son «incompatibles» y un rompimiento es «irrecuperable» ¿en qué se ha convertido la gracia de Dios y el evangelio de reconciliación?

Entonces, aquí, hay dos formas diferentes de abordar la pregunta fastidiosa del divorcio «con culpa» (la culpabilidad humana) y «sin culpa» (el rompimiento irrecuperable). ¿Tenemos que escoger entre ellas? ¿O hay una tercera forma que abarca lo mejor de los dos conceptos? Tal vez la respuesta recaiga en la noción bíblica de «pacto» y «fidelidad en el pacto». Esto se puede describir como una tercera forma en el sentido que el fundamento para el divorcio no es un rompimiento en donde nadie acepta responsabilidad, ni una falta particular individual que se ha probado, sino una violación con culpa del pacto en el matrimonio.

Realmente es evidente que las Escrituras consideran el matrimonio como un pacto, aunque es entre dos seres humanos, como el «pacto con Dios» (literalmente, Proverbios 2:17) instituido y atestiguado por él. Hace varios años recibí una carta de Roger Beckwith, rector de Latimer House, Oxford, resumiendo lo que él percibió ser los cinco términos para el pacto en el matrimonio: (1) amor (como en cada pacto), pero el amor en el matrimonio involucra obligaciones específicas; (2) viviendo juntos en un hogar y como una familia; (3) fidelidad al lecho matrimonial; (4) provisión del esposo para la esposa; y (5) sumisión de la esposa al esposo.

En su libro *To Have and To Hold,* con el subtítulo «El pacto en el matrimonio y la disciplina del divorcio», David Atkinson desarrolla aun más la idea del pacto. Él define un pacto como «un acuerdo entre las dos partes que se basa en la promesa que incluye estos cuatro elementos: primero, un compromiso de fidelidad hecho el uno con el otro (o entre ellos); segundo, la aceptación del compromiso por la otra persona; tercero, el conocimiento y la aceptación pública del compromiso; y cuarto, el fundamento de la relación interpersonal basada en la expresión de tal compromiso».[34] No es difícil aplicar la definición de «pacto» en el matrimonio, especialmente porque el matrimonio humano se usa en las Escrituras como un modelo del pacto de Dios con su pueblo, y el pacto de Dios como modelo del matrimonio humano.[35] David Atkinson cita el desarrollo de esta analogía del pacto de Dios y el matrimonio humano por el Profesor G.R. Dunstan, ambos tienen (1) una iniciativa de amor, que invita a una respuesta, y la creación de una relación interpersonal, (2) un juramento de consentimiento, de cuidar la unión contra los altibajos de emociones, (3) la obligación a la fidelidad, (4) la promesa de bendición para el que es fiel a las obligaciones de su pacto, y (5) el sacrificio, hacer una vida en muerte especialmente, en este caso, muerte a la vieja independencia y egocentrismo.[36]

David Atkison sigue con el argumento que «la estructura del pacto en el matrimonio da peso al punto de vista [...] que el matrimonio no es un estatus metafísico que no se puede destruir; más bien es un compromiso moral que se debe honrar».[37] Sin embargo, un pacto se puede romper. «Los pactos no se rompen "por sí solos"», pero, «se rompen, el divorcio expresa pecado como también una tragedia». Así que, «desde una perspectiva bíblica moral, no podemos rebajar la categoría de la "ofensa matrimonial" al concepto menos preciso y menos personal de "rompimiento irrecuperable"».[38] En lugar de eso, «el modelo de pacto para el matrimonio coloca el asunto del divorcio en el área de la responsabilidad moral».[39] Su conclusión es que «cualquier acción que constituya infidelidad al pacto del matrimonio de modo tan persistente y sin arrepentimiento que la reconciliación se haga imposible, puede ser suficiente para romper el lazo del matrimonio y así aliviar al otro cónyuge de su pacto prometido».[40]

En el modelo del pacto del matrimonio hay mucho que es apremiante. Para comenzar, es un tema completamente bíblico.

También hace énfasis en la solemnidad de hacer el pacto y romper el pacto, en el primer caso hace énfasis en el amor, compromiso, reconocimiento público, fidelidad exclusiva y sacrificio, y en el último, el pecado lleva a la ruptura de la relación de amor. Sin embargo, confieso que mi problema es cómo fundir los conceptos de lealtad al pacto y la ofensa matrimonial. Entiendo que las razones para no querer crear permisos para el divorcio se basa en dos ofensas. Pero si las Escrituras consideran que el pacto del matrimonio se puede romper en varias formas, ¿cómo se puede explicar la ofensa simple que menciona nuestro Señor en la excepción de la cláusula? Es cierto que el pacto de la relación interpersonal concebido en el matrimonio (la unión «una sola carne») es más profundo que en otros pactos, sea un tratado entre gobiernos, un acuerdo en los negocios, o incluso un pacto entre amigos. Por esta razón, me parece que el único acto que puede romper el pacto del matrimonio es una violación (por infidelidad sexual) de esta relación fundamental.

El pacto del matrimonio de Dios con «Jerusalén» (personificando a su pueblo), descrito a lo largo de Ezequiel 16, es oportuno para este tema. Dios le dice: «Me comprometí e hice alianza contigo, y fuiste mía» (v. 8). Pero Jerusalén «se prostituyó», o más bien (porque ella pagó para tener relaciones sexuales en vez de recibir pago) fue una esposa culpable de adulterio promiscuo (vv. 15-34). Por lo tanto, Dios dice que la sentenciará a ella «Te juzgaré como a una adúltera» (v. 38). No obstante, aunque su comportamiento fue peor incluso que su «hermana menor […] Sodoma» (vv. 46-52), y aunque ella había despreciado el juramento de Dios «quebrantado la alianza» (v. 59), Dios dijo, «yo sí me acordaré de la alianza que hice contigo en los días de tu infancia, y estableceré contigo una alianza eterna» (v. 60), trayendo perdón y penitencia.

Me parece que necesitamos permitir estas perspectivas del pacto de Dios para darle forma a nuestra comprensión del pacto en el matrimonio. El pacto del matrimonio no es un contrato humano ordinario en el cual, si una parte renuncia, es posible que la otra renuncie. Es mucho más semejante al pacto de Dios con su pueblo. En esta analogía (que desarrollan las Escrituras) solo el fundamento de infidelidad sexual rompe el pacto. Y este ni siquiera lleva necesaria o automáticamente al divorcio; más bien es una ocasión para la reconciliación y el perdón.

Realidades personales y pastorales

Este ha sido un capítulo largo. El tema provocará que algunos lectores lo consideren seco y académico, o sin sentimientos para el que sufre profundamente el quebrantamiento de su matrimonio, o tal vez lo consideren aislado de las realidades contemporáneas del mundo Occidental, o las tres juntas. Puedo entender las reacciones de ustedes. Sin embargo, era necesario hacer un estudio profundo del material bíblico porque este libro es acerca del desarrollo de la mente cristiana ante los problemas actuales. Los discípulos serios de Jesús saben que la acción cristiana es imposible sin el pensamiento cristiano y resisten la tentación de tomar atajos. Al mismo tiempo, el proceso de «decidirse» significa tomar una decisión que tiene consecuencias prácticas. Entonces, ¿cuáles serán estas? Debido a la gran seriedad con que las Escrituras ven el matrimonio y el divorcio, yo termino con cuatro necesidades pastorales urgentes:

Primero, hay necesidad de una enseñanza bíblica profunda acerca del matrimonio y la reconciliación. Los pastores deben dar instrucciones positivas acerca de estos dos temas. En sermones, en la Escuela Dominical y en clases de confirmación, tenemos que exponerle a la congregación a la cual servimos la divina intención y la norma de fidelidad exclusiva y comprometida para toda la vida en el matrimonio. También necesitamos dar una enseñanza clara y práctica acerca del deber y la manera de perdonar, porque la reconciliación es el corazón del cristianismo. Ahora bien, desde hace algunos años he seguido una regla simple, que si alguna persona me hace una pregunta acerca del divorcio, yo rehúso contestarla antes de hablar primero acerca de otros dos temas que son el matrimonio y la reconciliación. Esta es una forma simple de seguir a Jesús en sus prioridades. Cuando los fariseos le preguntaron cuáles eran las justificaciones para divorciarse, él se refirió a la institución original del matrimonio. Si nos permitimos empezar a preocuparnos por el divorcio y por sus justificaciones, en lugar del matrimonio y su esencia, caeremos en el fariseísmo. El propósito de Dios es el matrimonio y no el divorcio, y su evangelio son las buenas nuevas de reconciliación. Necesitamos ver las Escrituras como un todo y no aislar el tema del divorcio.

Segundo, es necesario prepararse para el matrimonio. Las parejas que se han preparado para el matrimonio por lo general tienen metas más altas para el futuro y están listos, incluso ansiosos, para recibir ayuda. Sin embargo, a veces los pastores están tan ocupados que solo entrevistan a la pareja y entonces, en la entrevista, frecuentemente le dan prioridad a los asuntos legales y sociales antes que a las dimensiones espirituales y morales del matrimonio. Algunos pastores hacen arreglos para que grupos de parejas que están comprometidas tomen cursos o los animan a asistir a conferencias apropiadas durante un fin de semana. Otros les dan a la pareja un libro o una breve lista de libros recomendados.[41] Quizás, lo mejor de todo, es emplear los servicios de parejas de creyentes maduros en la congregación, que estén dispuestos a pasar varias noches con la pareja que está comprometida, reunirse con ellos después del matrimonio, seguir comunicándose con ellos durante los primeros días de ajuste.

Tercero, existe la necesidad del ministerio de reconciliación. En el Reino Unido, durante la década de 1980, se desarrolló, tanto en el tribunal como fuera del tribunal, el servicio de conciliación y se ha visto un creciente deseo de incorporar el intento de reconciliación en las etapas iniciales del procedimiento legal para así evitar un ambiente de conflicto. También existen organizaciones voluntarias como RELATE,[42] *Marriage Care* [Cuidar el matrimonio] (que antes fue un Concilio Católico para la Consulta Familiar),[43] *Care for the Family* [Cuidar de la familia],[44] *Marriage Resource* [Investigación del matrimonio] (grupos de apoyo para el matrimonio, que patrocina *National Marriage Week* [La semana nacional del matrimonio]).[45] Me gustaría que las iglesias estuvieran más activamente involucradas, especialmente en el ámbito local. Se espera que los cristianos estén en los negocios de reconciliación. Muchas más personas estarían buscando ayuda, y la buscarían al comienzo, cuando es más necesaria, si supieran dónde pueden encontrar simpatía, comprensión y consejo. A veces será necesario tener a un experto en terapia familiar, pero en otras ocasiones un oído que escuche es suficiente.

Cuarto, se necesita un ministerio pastoral para los divorciados. El matrimonio es una «ordenanza desde la creación», por lo tanto, el propósito de Dios para esto no varía; siguen siendo las mismas para el mundo como para la iglesia. A menudo el mundo no cristiano no puede ni tampoco quiere cumplirlas debido a la dureza de su corazón, y entonces es probable que el mundo no cristiano tenga leyes propias acerca del divorcio. Sin embargo, es correcto tener altas expectativas en la nueva comunidad de Jesús. Con frecuencia él le repitió a sus seguidores que no siguieran el camino del mundo. Les dijo: «Pero entre ustedes no debe ser así» (Marcos 10:43). Entonces, en el matrimonio, el llamado de la iglesia no es conformarse al mundo, sino testificar el propósito de permanencia de Dios.

No obstante, «la dureza del corazón» no solo se limita al mundo no cristiano. Como sucedió con el pueblo de Dios en el Antiguo Testamento, y también con el pueblo del nuevo pacto, se necesitan algunas concesiones para la debilidad humana y el fracaso. ¿Qué arreglos institucionales debe hacer la iglesia? El Profesor Oliver O'Donovan escribe: «El asunto principal es cómo encontrar algunos acuerdos que le den una forma adecuada tanto a la creencia de permanecer en el matrimonio como a la creencia de perdonar al pecador penitente».[46] Esto expresa la ambivalencia de permitir el volverse a casar en la iglesia (destacando el evangelio de la redención), mientras se añade algo de disciplina (reconociendo las normas de Dios para el matrimonio), o el rehusar volver a casarse con una persona en la iglesia (enfatizando la norma), mientras se añaden algunas expresiones de aceptación (el evangelio de reconciliación). Yo estoy de acuerdo con la primera. Antes de permitir cualquier servicio para el matrimonio de una persona divorciada, la iglesia necesita afirmar la revelación de Dios en dos formas. Primero, debe asegurarse que el segundo matrimonio cumple las normas bíblicas, y en segundo lugar, que la pareja acepte la intención divina de permanecer casada.

La norma que ha sostenido la Iglesia de Inglaterra durante varias décadas ha sido rechazar el casar en la iglesia a cualquier persona cuyo cónyuge previo todavía esté vivo, mientras que al mismo tiempo se busca ofrecer un ministerio pastoral de compasión y cuidado de los divorciados. Sin embargo, el 14 de noviembre de 2002, después de más de veinte años de debate, la Conferencia General de la Iglesia en Inglaterra le dio la bendición al matrimonio de personas divorciadas en circunstancias extraordinarias. Esta decisión creó problemas para clérigos locales, quienes sintieron que sobre sus hombros se les había colocado la carga de decidir entre las parejas cuya situación les permitía volverse a casar y las que no se les permitía. Se les dijo que la primera consideración sería si el matrimonio causaba comentarios públicos hostiles, escándalo, la consagración de infidelidad, o destruía la credibilidad de la iglesia. Ningún pastor tendría que dirigir el servicio de matrimonio, sin embargo, se sabe que se han casado a algunas parejas por segunda vez y que en algunas iglesias la pareja recibió una bendición después de casarse en una ceremonia civil. En Inglaterra se celebran cerca de 7.500 matrimonios al año en la iglesia, 11% de este total incluye por lo menos a un cónyuge divorciado. Los que se oponen a esta decisión consideraron que tal presión posiblemente signifique que los clérigos comiencen a tener mayor demanda de personas que quieren volverse a casar y eventualmente se les dirá «sí» a todos los que lo soliciten. También se consideró que era bastante importante continuar promoviendo el matrimonio como algo permanente, público y una relación interpersonal exclusiva, mientras que al mismo tiempo se enfatizó el perdón de Dios y la posibilidad de comenzar de nuevo. Jesús y el apóstol Pablo permitieron el divorcio y el volverse a casar bajo ciertas circunstancias, y este permiso de la necesidad de un nuevo comienzo es lo que el Profesor O'Donovan ha llamado «visibilidad institucional».[47] El tiempo mostrará si esta posición mantiene la fidelidad necesaria a la enseñanza de las Escrituras y a la vez provee la sensibilidad pastoral correcta.

En este caso, el servicio de la iglesia no puede con integridad ser idéntico a una ceremonia normal para el matrimonio. Algunas expresiones de arrepentimiento se deben incluir, en forma privada, al comienzo (como lo que sugirió el informe de Root en los párrafos 143-47), o en el mismo servicio público. De cualquier forma se debe reconocer que cada divorcio, incluso con permiso bíblico, es una declinación de la norma divina. Esto no es pararse a juzgar la gente con orgullo o paternalismo, sino admitir que tanto ellos como nosotros somos pecadores.

En todo esto continuamos con la tensión entre la ley y la gracia, el testimonio y la compasión, el ministerio profético y el ministerio pastoral. Por un lado, necesitamos el valor para resistir los vientos prevalecientes de la permisibilidad y prepararnos para sostener el matrimonio y oponernos al divorcio. El estado continuará redactando sus leyes del divorcio, pero la iglesia tiene que testificar las enseñanzas de su Señor divino y necesita ejercitar su propia disciplina. Por el otro lado, debemos participar sintiendo una profunda compasión por los sufrimientos de quienes han fracasado en sus matrimonios, y en especial por aquellos a quienes no les podemos aconsejar un escape mediante el divorcio. En algunas ocasiones sentimos la libertad de aconsejar la legitimidad de la separación sin el divorcio, o incluso el divorcio pero sin pensar en volverse a casar, tomando 1 Corintios 7:11 como nuestra justificación. Pero no tenemos libertad para ir más allá del permiso de nuestro Señor. Él conocía la voluntad de su Padre y se interesaba por el bienestar de sus discípulos. La sabiduría, la justicia y la compasión se encuentran al seguirle a él.

NOTAS

1 Los que quieren explorar la teología bíblica del propósito del matrimonio encontrarán que el libro por Christopher Ash, *Marriage: Sex in the Service of God* [El matrimonio: El sexo en el servicio de Dios], InterVarsity Press, Leicester, 2003, capítulos 6-10 trata este asunto con bastante detalle.

2 Ver Judson J. Swihart y Steven L. Brigham, *Helping Children of Divorce* [Ayudar a los hijos de una pareja que se divorcia], InterVarsity Press, Downers Grove, 1982.

3 www.census.gov/prod/2003pubs/02statab/vitstat.pdf. Es difícil colocar cifras exactas en cuanto a la cantidad de divorcios puesto que varios estados no reportan las cifras. La cantidad de matrimonios en los Estados Unidos, en

el 2001, fue 2.327.000.

4. El aumento en la tasa de divorcios en las décadas de 1970 y 1980 llegó al tope en la década de 1990. Ver Rose M. Kreider y Jasón M. Fields, *Number, timing and duration of marriages and divorces, 1996* [La cantidad, cronología y duración de los matrimonios y divorcios en 1996], *Household Economic studies* [Estudios económicos de hogares], febrero del 2001, www.census.gov/prod/202pubs/p70-80.pdf.

5. Estadísticas nacionales, *Marriages in 2002: England and Wales* [Matrimonios en el 2002: Inglaterra y Gales], www.statistics.gov.uk.

6. *UK Statistics on Families* [Las estadísticas acerca de las familias en el Reino Unido], *Mother's Union* [Unión de madres], marzo de 2004.

7. No todos los matrimonios civiles actuales ocurren en las oficinas de registración ya que muchos lugares tienen una licencia para hacer matrimonios.

8. Para una meditación poética sobre el amor dentro del matrimonio y su llamado a negar el ego, ver Mike Mason, *The Mystery of Marriage* [El misterio del matrimonio], Triangle, SPCK, Londres, 1997. Él escribe, «El amor es un terremoto que reubica el centro del universo» (p. 26).

9. Williams John, *For Every Cause? A Biblical Study of Divorce* [¿Para cualquier causa? Un estudio bíblico del divorcio], Paternóster, Carlisle, Penn., 1981, p. 12.

10. Dawson, Rosemary, *Something to Celebrate* [Algo para celebrar], Church House Publishing, Londres, 1995.

11. Bramlett, Matthew D. y William D. Mosher, «Cohabitation, Marriage, Divorce and Remarriage in the United States» [Cohabitación, matrimonio, divorcio y segundo matrimonio en Estados Unidos] en *National Survey of Family Growth* [Reseña nacional del crecimiento de la familia], serie 23 no. 22, julio del 2002, www.cdc.gov/nchs/.

12. Ibid., p. 12.

13. Waite, L., y M. Gallagher, *The Case for Marriage: Why Married People Are Happier, Healthier, and Better Off Financially* [El caso para el matrimonio: Por qué las personas casadas están más contentas, más sanas y en mejores condiciones económicas], Doubleday, Nueva York, 2000, p. 46, citado en www.civitas.org.uk/hwu/cohabitation.php#4. Ver también Elaine Storkey, *The Search for Intimacy* [La búsqueda de la intimidad], Hodder & Stoughton, Londres, 1995, p. 173.

14. Wellings, K., J. Field, A. Johnson y J. Wadsworth, «Sexual Behavior in Britain [Comportamiento sexual en Inglaterra] en *The National Survey of Sexual Attitudes and Lifestyles* [La reseña nacional de actitudes y estilos de vida sexuales], Penguin, Londres, 1994, p. 116; Steinhaiser, J., «No marriage, no apologies» [No al matrimonio, no a las disculpas], *New York Times*, el 6 de julio de 1995.

15 Sobre el alcoholismo, ver, Lee Robbins y Darle Regier, *Psychiatric Desorders in America: the Epidemiologic Catchment Area Study* [Disfunciones psiquiátricas en Estados Unidos: El estudio del área de abastecimiento epidemiológico], Free Press, Nueva York, 1991, p. 64. Sobre la depresión ver Ibid., p. 64. Sobre enfermedades mentales en general, ver Ibid., p. 334.
16 Ash, *Marriage: Sex in the Service of God*, p. 222.
17 Ibid., p. 224.
18 Ibid., p. 224.
19 *Something to Celebrate*, pp. 115-16.
20 Londres, 30 de noviembre de 1995.
21 Los detalles están en el tratado Gittin en el Talmud babilónico. Ver también Eclesiásticus 25:26.
22 Lane, William L., *The gospel of Mark* [El Evangelio según Marcos], *New International Commentary Series* [Nueva Serie Internacional de Comentarios], Eerdmans, Grand Rapids, Marshall, Morgan & Scott, Londres, 1974, p. 353.
23 Hurley, *Man and Woman in Biblical Perspective* [El hombre y la mujer en la perspectiva bíblica], pp. 22-28.
24 «The Biblical View of Marriage and Divorce» [El punto de vista bíblico del matrimonio y del divorcio], tres artículos publicados en *Third Way* [Tercer camino], octubre y noviembre de 1977, vol. 1, no. 20-22.
25 Es cierto que en Marcos 10:3ss, Jesús dice «mandar», pero parece que estuvo refiriéndose a la ley mosaica en general o en especial al asunto de expedir el decreto de divorcio.
26 Cranfgield, C.E.B., *The Gospel According to Mark* [El Evangelio según Marcos], *Cambridge Greek Testament Commentary* [Comentario sobre el Testamento Griego de Cambridge], Cambridge Univ. Press, Cambridge, 1959, pp. 319-20.
27 Murray, John, *Divorce* [Divorcio], Comité sobre la educación cristiana de la iglesia presbiteriana ortodoxa, 1953, p. 21. Es justo añadir que no todos han aceptado la posición moderada desarrollada en estas páginas, aunque se basa en una exégesis cuidadosa. Algunos entienden que Jesús es menos estricto y otros más estricto que la sugerencia mía. La posición menos estricta la expresó Ken Crisín, un abogado de Australia en *Divorce: The Forgivable Sin?* [El divorcio: ¿Un pecado perdonable?], Hodder & Stoughton, Londres, 1989. Enojado con los dirigentes de la Iglesia que son «duros e insensibles», interpreta porneia tan ampliamente que incluye todo tipo de comportamiento malo que puede socavar un matrimonio. La posición más estricta la presentaron William A. Heth y Gordon J. Wenham en *Jesus and Divorce* [Jesús y el divorcio], Hodder & Stoughton, Londres, 1984. Ellos argumentan, según las Escrituras y la historia de la iglesia, que Jesús prohibió terminantemente el divorcio y volverse a casar. Andrew Cornes, en *Divorce and Remarriage* [El

divorcio y volverse a casar], Hodder & Stoughton, Londres, 1993, toma una posición igual de estricta. Él dice que Jesús permitió el divorcio en el caso de una ofensa sexual seria y que Pablo permitió que un cristiano acepte el abandono del cónyuge no-cristiano. Pero él afirma que Jesús nunca permitió volverse a casar. Esto «no es porque se ha divorciado, sino porque está todavía casado. Es porque Dios le ha enyugado con su pareja original. Es porque en los ojos de Dios ellos se hicieron en el matrimonio uno y no son ya más dos» (pp. 307-8). Andrew Cornes combina erudición bíblica y experiencia pastoral, coraje y compasión, aunque yo no estoy convencido de que volverse a casar se deba prohibir totalmente. Su libro provocará alguna reconsideración furiosa; pero es indispensable para los que realmente quieren desarrollar una mente cristiana sobre estos temas. No he podido leer el libro académico por David Instone-Brewer, *Divorce and Remarriage in the Bible* [El divorcio y el volverse a casar en la Biblia], Eerdmans, Grand Rapids, 2002, pero está muy bien recomendado por muchos eruditos en los debates como una contribución significativa.

28 Murray, *Divorce*, p. 65.

29 Las versiones RSV y NIV traducen «¿Cómo sabe [...] si se salvará su cónyuge?», entendiendo que la pregunta expresa duda, incluso resignación. Es posible, sin embargo, que el apóstol más bien esté expresando esperanza. La versión en inglés GNB traduce, «¿Cómo puede usted estar seguro [...] de no haber salvado a su cónyuge?». La NEB es todavía más fuerte, «Considérelo así: como una esposa, usted puede ser la salvación de su cónyuge». F.F. Bruce ha dicho que «un matrimonio mezclado tiene un potencial misionero» (*New Century Bible* [Biblia del siglo nuevo], 1971, p. 70). Por eso, la pareja cristiana debe hacer lo máximo para conservar el matrimonio.

30 En *The Teaching of the New Testament on Divorce* [La enseñanza del Nuevo Testamento sobre el divorcio], Williams & Norgate, Londres, 1921, R.H. Charles afirma que si ya en 1 Corintios 7:39 el opuesto a «ligado» es «libre», entonces en el versículo 9 «al esposo o esposa creyente se le concede el derecho de volverse a casar si el esposo o esposa no creyente lo abandonó» (p. 58).

31 Atkinson, David, *To Have and to Hold, The marriage covenant and the discipline of divorce* [Para tener y retener, el pacto en el matrimonio y la disciplina del divorcio], Collins, Londres, 1979, p. 28.

32 La razón por la que en los Estados Unidos se permite un divorcio varía de un estado a otro. Por lo general se acepta el rompimiento irrecuperable y otras razones que incluyen una borrachera habitual, la impotencia, la enfermedad mental, la crueldad intolerable o el adulterio.

33 Storkey, Alan, *Marriage and Its Modern Crisis* [El matrimonio y su crisis moderna], Hodder & Stoughton, Londres, 1996, p. 197.

34 Atkinson, *To Have and to Hold*, p. 70.

35 Ibid., p. 71.
36 Ibid., pp. 75-76.
37 Ibid., p. 91.
38 Ibid., p. 151.
39 Ibid., p. 152.
40 Ibid., p. 154.
41 Yo recomiendo en especial un libro por el Obispo Michael y Sra. Myrtle Baughen, *Your Marriage* [Tu matrimonio], Hodder & Stoughton, Londres, 1994; la edición estadounidense tiene el título *Christian Marriage* [El matrimonio cristiano], Baker, Grand Rapids, 1994.
42 www.relate.org.uk/.
43 www.plymouth-diocese.org.uk/organisations/marr_care.htm.
44 www.care-for-the-family.org.uk.
45 www.marriageresource.org.uk.
46 O'Donovan, Oliver, *Marriage and Permanence, Grove Booklet on Ethics no. 26* [El matrimonio y la permanencia, Libros Grove sobre la ética no. 26], Grove Books, Cambridge, 1978, p. 21.
47 Ibid., p. 20.

El aborto y la eutanasia

Hay que admitir que el debate sobre el aborto y la eutanasia es complejo. Ellos tienen aspectos médicos, legales, teológicos, éticos, sociales y personales. Son temas con alto contenido emocional, porque tocan el misterio de la sexualidad humana y la reproducción, la vida y la muerte. Estos dos temas con frecuencia incluyen dilemas dolorosos y, debido a su complejidad, los cristianos no tienen la opción de evitar la decisión personal o discusión pública acerca de esos tópicos.

Las doctrinas de Dios y de la humanidad

Lo que involucran los debates acerca del aborto y la eutanasia son nada menos que nuestras doctrinas cristianas acerca de Dios y la humanidad. Todo el pueblo cristiano cree que el Dios Todopoderoso es el único que da la vida, la sostiene y la puede quitar. Por un lado, «él es quien da a todos la vida, el aliento y todas las cosas», y «en él vivimos, nos movemos y existimos». Por el otro lado, como le dijo el salmista a Dios, «si les quitas el aliento, mueren y vuelven al polvo». Realmente, cuando cualquier persona muere, la fe cristiana lucha para decir con Job «El Señor ha dado; el Señor ha quitado. ¡Bendito sea el nombre del Señor!» (Hechos 17:25, 28; Salmos 104:29; Job 1:21). Entonces, para el cristiano, dar o quitar la vida son privilegios divinos. No podemos interpretar «no matarás» como una prohibición absoluta, ya que la misma ley que prohíbe matar sanciona la muerte en algunas situaciones (por ejemplo, los pecados capitales y la guerra santa), sin embargo, quitar la vida humana es una prerrogativa divina que se le permite a los seres humanos solo si hay un mandato divino específico. Sin esto, quitarle la vida a un ser humano es el extremo de la arrogancia.

Los problemas del aborto y la eutanasia conciernen nuestra doctrina de la humanidad como también nuestra doctrina de Dios. Por poco desarrollado que esté un embrión y por mucho que sea el impedimento mental que tenga un anciano, todos están de acuerdo en que están vivos y que la vida que tienen es humana. Así que la decisión de quitarle la vida a un ser humano implica la decisión de devaluar una forma particular de la vida humana.

Si los debates en cuanto al aborto y a la eutanasia retan tanto la soberanía de Dios como la dignidad humana, entonces ningún cristiano con conciencia puede evadirlos. Principalmente veremos el aborto y la discusión que rodea este tema y al final del capítulo consideraremos la eutanasia y algunos de los problemas que esto suscita.

La revolución en actitudes públicas

Últimamente ha surgido una revolución en las actitudes públicas acerca de estos temas. El público en general asumió que los médicos, ya sea que estén subscritos o no al antiguo Juramento de

Hipócrates (siglo v a.C.), están de acuerdo con los fundamentos del juramento.

Llevaré adelante el tratamiento que, de acuerdo con mi poder y discernimiento, considero que beneficiará a los pacientes, y me abstendré de todo lo que sea perjudicial y dañino. A nadie daré una droga letal aunque me la pida, ni daré consejo con este fin. De la misma manera, no administraré a la mujer supositorios para provocar un aborto.

La Declaración de Ginebra (1948) actualizó el juramento, ya que algunas otras cláusulas son decididamente anticuadas, pero se cuidó de incluir la promesa, «mantendré el máximo respeto por la vida humana desde el momento de la concepción».

Pero las expectativas que uno tiene acerca de la situación en el Occidente, heredero de muchos siglos de tradición cristiana, son naturalmente más altas. En Inglaterra, el aborto fue ilegal hasta la ley del año 1929 acerca de la Vida del Infante (Preservación), la cual dice que no se castigará ninguna acción «cuando se ha hecho de buena fe para salvar la vida de la madre». La ley del aborto, en 1967, de David Steel le pareció a muchos una cautelosa extensión de esto. A dos médicos licenciados se les pidió expresar su opinión, «formada de buena fe», en cuanto a si continuar el embarazo incluye (1) arriesgar la vida de la mujer embarazada, o (2) y (3) arriesgar dañarla a ella o dañar la salud física o mental de los hijos que «es peor que si se realiza el aborto», o (4) «arriesgar sustancialmente al bebé, porque si naciera, sufriría una anormalidad física o mental tal que quedaría severamente incapacitado».

Cualquiera que haya sido la intención de la Asociación para la Reforma de la Ley del Aborto (que redactó la Ley), parece lógico que los patrones parlamentarios no previeron las consecuencias catastróficas. Antes de que el Acta se convirtiera en ley, en los hospitales del NHS [Servicio Nacional de Salud] en

Inglaterra y Gales, la cantidad de abortos legales ha aumentado lentamente todos los años hasta llegar a 6.100 en 1966.[1] Pero, en 1968 la cantidad ascendió 24 mil, en 1973 llegó a 167 mil y en 1983 sobrepasó los 184 mil. En el año 2000 se llevaron a cabo 185.376 abortos.[2] Desde 1967 hasta el año 2002, se realizaron más de 5 millones de abortos legales en Inglaterra. Más del 98% de los abortos se realizaron por razones «sociales» y menos de un aborto entre mil se realiza debido a un riesgo a la vida de la madre. Se estima que en 1968 la cantidad total de abortos legales e ilegales a través del mundo fue de 30 a 35 millones.[3] En la actualidad, el cálculo aproximado asciende a 55 millones de abortos que se realizan al año,[4] lo cual significa que se practica más de un aborto por segundo.

Esto es sin sumar los muchos abortos tempranos que no se informan. En Inglaterra, «la pastilla para la mañana siguiente» (la que frecuentemente induce un aborto temprano a través de la prevención de la implantación del embrión fertilizado) está a la disposición desde el 2001 «sin receta» en las farmacias y en la escuela mediante la enfermera. La realidad de la presente situación en el Reino Unido es que el aborto está disponible para cualquier mujer que lo requiera. En el presente, aproximadamente uno de cada cinco embarazos termina en aborto, y más de una mujer, de cada cuatro con edad de procrear, ha tenido un aborto.

La situación en los Estados Unidos es igual de problemática. En 1970, una mujer de Tejas llamada Norma McCorvey (que usó el seudónimo Jane Roe [Fulana de tal]) quedó embarazada y decidió luchar contra las leyes de su estado que prohibían el aborto. Presentó una demanda contra Henry Wade, el fiscal del distrito de Dallas. En enero de 1973, en el notorio caso de *Roe vs Wade*, el Tribunal supremo declaró por siete votos, contra dos, que la ley de Tejas era inconstitucional.[5] Este fallo prohibió los reglamentos en cuanto al aborto durante los primeros tres meses de embarazo, y durante el segundo y tercer trimestre lo reguló solo con relación al estado físico o mental de la madre. Implícitamente, esto permitió el aborto en cualquier etapa del embarazo. En 1969, la cantidad de abortos legales en los Estados Unidos fue menos de 20 mil. En 1975 fue más de 1 millón y en 1980 fue más de 1.500.000. A través de la década de 1980, la cantidad de abortos anuales se mantuvo más o menos en esta cantidad. Esto significa que durante ese período, por cada mil nacimientos (naturales o inducidos), había 300 abortos.

Es notable que, en 1995, Norma McCorvey se convirtiera en cristiana y su verdadera historia se hizo pública. Norma nunca tuvo un aborto, su hijo fue adoptado. En los Estados Unidos ella llegó a ser una voz en contra del aborto y le pidió al Tribunal Supremo que volviera a escuchar su caso.

Mientras tanto, el debate en toda la nación ha crecido con bastantes confrontaciones. El aborto siempre es uno de los tópicos en las elecciones de los Estados Unidos, y tanto los grupos pro-vida como los grupos pro-libre elección hacen sus marchas anuales en Washington.

Cualquier sociedad que tolere el aborto en esta escala ha dejado de ser civilizada. Una de las grandes señales de decadencia en el Imperio Romano fue la práctica de «exponer» los hijos no deseados, es decir abandonarlos y dejarlos morir.[6] ¿Podemos decir que la sociedad occidental es menos decadente porque los bebés no deseados se incineran en los hospitales en lugar de dejarlos en un basurero? Realmente, el aborto moderno es peor que en la antigüedad porque se ha comercializado y se ha convertido, por lo menos para algunos médicos y clínicas, en una práctica extremadamente lucrativa. Sin embargo, la reverencia por la vida humana es una característica indispensable de una sociedad humana y civilizada.

El problema clave[7]

Los que hacen campaña a favor de una política permisiva para el aborto y los que promueven una política rigurosa del aborto, comienzan sus argumentos desde posiciones opuestas.

Los que están a favor del aborto destacan los derechos de la madre, en especial su derecho a escoger; los que se oponen al aborto destacan el derecho del bebé que no ha nacido, en especial su derecho a vivir. Los primeros ven el aborto como un método anticonceptivo retroactivo, y los otros consideran que el aborto no es menos que un infanticidio prenatal. Los que apoyan el aborto apelan a la compasión (también lo consideran el derecho de la mujer). Citan situaciones donde la madre o el resto de la familia sufrirían una tensión intolerable si ella diera a luz. Los que se oponen al aborto defienden el derecho del bebé que no ha nacido y que no es capaz de defenderse por sí mismo.

Sin embargo, los que se oponen al aborto no carecen de compasión. Ellos reconocen el infortunio, y hasta la tragedia, que a menudo trae un bebé no planeado. El estrés psicológico, el infortunio económico y el impacto en otros niños por un embarazo no deseado pueden ser devastadores. Quizás el papá del bebé es violento y cruel, quizás es alcohólico o psicópata. Quizás la madre es una señorita que está estudiando y si sigue con el embarazo, este interferirá con sus estudios y su carrera. O quizás su embarazo se debe al adulterio o incesto o violación; estas tragedias en sí son grandes, sin añadir el hecho de un hijo no planeado o no deseado. O quizás ella contrajo rubéola durante el embarazo y teme que su bebé sea incapacitado.

Sin embargo, cada vez hay más evidencias de los efectos dañinos del aborto en las mujeres, incluyendo un alto índice de depresión, de hacerse daño a ellas mismas, de hospitalización siquiátrica y suicidio, como también un incremento de partos prematuros en los embarazos subsecuentes.[8]

Necesitamos preguntarnos cuáles son los principios que están involucrados. Nuestra compasión necesita directrices tanto teológicas como morales. Si se expresa a expensas de la verdad o la justicia, deja de ser una compasión genuina.

Entonces, el problema clave resulta ser teológico y moral. Concierne la naturaleza del feto (*fetus* en latín significa «descendiente») ¿Cómo debemos pensar acerca del embrión en el vientre de la madre? Nuestra evaluación de lo que es el feto determinará nuestra actitud hacia el aborto.

El feto como un objeto inanimado

La primera opción que mantienen algunos (y que rechazan los cristianos como totalmente falsa y absolutamente detestable) es la que el feto es una masa gelatinosa o una burbuja de tejido, o tejidos que crecen en el vientre de la madre, lo cual se puede extraer y destruir como un diente, un tumor o una amígdala. Por ejemplo, K. Hindell y Madelaine Simms (de la campaña a favor de elección) han escrito que «según la medicina y la ley, el embrión o el feto es una parte del cuerpo de la mujer, y todavía no es humana».[9] Personas como estas insisten en que el feto pertenece a la mujer que lo lleva, y que la decisión para hacer o no hacer el aborto recae solo en la mujer. Ya que es su cuerpo, es también su decisión. Nadie más (y en especial ningún hombre, según dicen las feministas) tiene voz en este asunto.

Después de una demostración masiva en Hyde Park, Londres, que en junio de 1983 organizó la Sociedad para la Protección de los niños no nacidos, estábamos caminando a 10 Downing Street para presentar la petición al primer ministro, cuando un grupo de mujeres jóvenes comenzó a gritar:

Ni la iglesia, ni el estado,
Que la mujer decida su destinado.

Yo fui a hablar con ellas para decirles que nuestra marcha no trataba del destino de la mujer, sino el del bebé que no había nacido. Su única respuesta fue gritarme obscenidades y aseverarme, lo que es muy obvio, que ni en un millón de años yo sería capaz dar a luz un bebé. No estoy diciendo que ellas estaban completamente equivocadas.

Reconozco que el aborto es más un problema de la mujer que del hombre. Ella es la que está embarazada, tal vez sin su consentimiento, es quien lleva el embarazo y quien tendrá que cuidar al bebé después de nacido. Es muy fácil para el hombre olvidar estos factores. Nosotros también debemos ser «pro-libre elección» en el sentido de reconocer que la mujer tiene el derecho a decidir si tiene el bebé o no. Pero el momento para ella ejercitar su derecho y hacer su decisión (suponiendo aún que no fuera forzada) es antes de la concepción y no después. Una vez que ella concibe, el bebé tiene derechos independientes tanto antes como después del nacimiento.

Humanización e implantación

Una segunda opción se enfoca en el momento decisivo de la «humanización» del embrión en algún momento entre la concepción y el nacimiento. Algunos optan por la implantación cuando el embrión, seis días después de la fertilización, desciende por las trompas de Falopio y se adhiere a las paredes del útero. Es verdad que la implantación es indispensable para el desarrollo del feto, y que el mayor número de abortos espontáneos (que por lo general se debe a anormalidades fetales) ocurren antes de este momento. Sin embargo, la implantación solo cambia el ambiente del feto y no su constitución. Muchas personas, de generaciones anteriores, creían que el embrión adquiría el alma (o por lo menos daba evidencia de esto) cuando la madre sentía el movimiento del feto durante el segundo trimestre del embarazo, pero sabemos que el bebé comienza a moverse antes que la madre lo sienta.

Viabilidad y sobrevivencia

Una tercera opción es la «viabilidad», el tiempo cuando el feto, si nace prematuro, puede sobrevivir. Pero los avances en la tecnología médica están constantemente adelantando este momento. En 1967, en Inglaterra, cuando pasó el Acta del aborto, se consideraron que veintiocho semanas era el límite de viabilidad. Ahora es común que sobrevivan bebés nacidos con veintitrés y hasta veintidós semanas. En la próxima década, gracias a la nueva tecnología, posiblemente se logre sobrevivir desde etapas más tempranas. ¿Por qué la condición moral del feto debe depender del estado de la tecnología médica?

Nacimiento y bienvenida

La cuarta opción es considerar que el momento del nacimiento es el momento crítico. Esta fue la posición que Rex Gardner adoptó en su libro *Abortion: The Personal Dilemma* [Aborto: El dilema personal] (1972). Él escribió: «Mi punto de vista es que amamos más al feto según este se desarrolla, sin embargo, debemos considerar que la primera respiración después de nacido es el momento en que Dios no solo le da la vida, sino que también le ofrece Vida».

Él citó Génesis 2:7 como una evidencia bíblica; cuando Dios sopló en la nariz del hombre «el hálito de vida». También apeló a las experiencias humanas comunes: «el primer grito del bebé es motivo de un suspiro de alivio audible en toda la sala de parto».[10] Es cierto que las Escrituras con frecuencia hablan de «nueva vida» que comienza «desde el nuevo nacimiento». Sin embargo, esto no resuelve el debate ya que las Escrituras también hablan de Dios «engendrándonos» y de la «semilla» implantada que lleva al nuevo nacimiento (ver, por ejemplo, Santiago 1:18; 1 Pedro 1:23-25; 1 Juan 3:9). Además, la comprensión científica moderna es que no hay una diferencia fundamental entre el bebé que no ha nacido y el bebé recién nacido: ambos dependen de su mamá aunque sea en formas diferentes.

Concepción y humanidad

Creo que la quinta opción debe ser la de todos los cristianos, que aunque utilicen diferentes fórmulas y lleguen a variadas deducciones, consideran que la concepción es el momento decisivo en que el ser humano comienza. Esta es la posición oficial de la Iglesia Católica Romana. El Papa Pío XII, por ejemplo, en su discurso a la Sociedad Católica Italiana de Parteras en 1951, dijo: «El bebé que todavía no ha nacido es un hombre (es decir, un ser humano) al mismo grado y por las mismas razones que su mamá».[11] Del mismo modo, muchos protestantes también afirman que no hay un punto entre la concepción y la muerte en donde uno pueda decir, «después de ese punto yo era persona, pero antes no lo era». Esto es cierto aunque algunos tendrán un problema con la frase: «al mismo grado». Es cierto que el óvulo fertilizado tiene vida y que la vida que posee es vida humana. Realmente, muchos profesionales no cristianos en el campo de la medicina reconocen este hecho. La Primera Conferencia Internacional del Aborto se reunió en Washington, DC, en 1967, y declaró: «No podemos encontrar un momento entre la unión del espermatozoide y el óvulo y el nacimiento del infante en el que se pueda afirmar que no hay vida humana».[12]

Ahora hay una nueva opción que deliberadamente evita tomar decisiones acerca de la precisa identidad del feto. El Profesor Ronald Dworkin apoya esta opción en su importante libro *Life's Dominion* [Dominio de la vida].[13] Él dice que hay tantos acuerdos como desacuerdos entre la posición liberal y la conservadora. Ambos creen en el valor intrínseco de la vida humana, pero difieren en la comprensión de ese valor. Los conservadores tienden a considerar el feto desde el momento de la concepción como «una persona con derechos e intereses propios», aunque los liberales afirman «la santidad de la vida, lo interpretan de una manera más impersonal».[14]

Sin embargo, el Profesor Dworkin parece tener dificultades cuando explica el «valor» de la vida humana. La vida humana, al igual que una gran pintura, tiene un valor intrínseco. Se mide su valor de acuerdo al grado de «inversión» que contribuyó a su creación (tanto natural como humano) y por el grado de «pérdida» involucrado en su destrucción. Por ejemplo, ¿se debe permitir que nazca un feto seriamente deformado o se debe abortar? De cualquier forma habrá serias «frustraciones en la vida». Abortar significa destruir la vida. El nacimiento «al triste desperdicio de una creación biológica humana deformada, añadirá la triste pérdida de la inversión emocional y personal que otros depositaron en esa vida y en especial la inversión que el mismo bebé hace antes de su inevitable muerte prematura aquí en la tierra».[15] ¿Cuál sería la mayor «inversión»? ¿Qué decisión generaría la mayor «pérdida»?

Aunque se aprecia el énfasis del Profesor Dworkin en el «valor» del feto, los cristianos sentirán inquietud por la manera en que él desarrolla su tesis. (1) Es demasiado optimista en su evaluación de la posición liberal. Ellos no parecen afirmar (aunque él dice que ellos lo hacen) el «valor», y mucho menos los «derechos», de la vida de un niño que no ha nacido. (2) Su personificación de la naturaleza (por ejemplo, «sin destruir lo que la naturaleza ha creado»[16]) es poco plausible. La mejor forma y la explicación bíblica del valor intrínseco del feto humano son reconocer a Dios como el Creador y a nosotros como los portadores de la imagen de Dios. No es una «inversión» sino una «creación» la que establece el valor innato del ser humano. (3) El vocabulario que el profesor Dworkin emplea, «inversión» y «pérdida», parece poco apropiado en relación con el ser humano. «Pérdida» sugiere la pérdida de un artículo de compraventa, y una «inversión» es un gasto hecho con la esperanza de obtener ganancias lucrativas. Pero la esencia del amor es dar sin esperar nada a cambio.

La base bíblica

Para mí, el fundamento más firme en las Escrituras para el quinto punto de vista se encuentra en el Salmo 139, donde el autor se maravilla de la omnisciencia y la omnipotencia de Dios, y en el curso de su meditación hace afirmaciones importantes acerca de nuestra existencia prenatal. Sin duda, el Salmo 139 no es un libro de texto acerca de la embriología. Este emplea imágenes poéticas y un lenguaje muy figurativo (por ejemplo, v. 15, «en lo más profundo de la tierra era yo entretejido»). No obstante, el salmista afirma tres verdades importantes.

La creación

La primera verdad tiene que ver con el origen del salmista. «Tú creaste mis entrañas; me formaste en el vientre de mi madre»

(v. 13). Se usan dos metáforas caseras para ilustrar la habilidad creativa de Dios: la del alfarero y la del tejedor. Dios es como el artesano hábil, quien lo «creó» (lo «formó» es una palabra mejor) como el alfarero da forma a la arcilla. Los mismos pensamientos se repiten en Job 10:8 donde Job afirma «Tú me hiciste con tus propias manos; tú me diste forma» la otra imagen es de un tejedor quien lo tejió (v. 13). En forma similar Job pregunta: «¿No fuiste tú [...] quien me vistió de carne y piel, quien me tejió con huesos y tendones?» (10:10-11). Por consecuencia, el salmista continúa: «¡Te alabo porque soy una creación admirable! ¡Tus obras son maravillosas, y esto lo sé muy bien!» (Salmo 139:14).

La Biblia no tiene la intención de dar una explicación científica acerca del desarrollo fetal; no obstante, el autor bíblico afirma (por medio de imágenes familiares en el Oriente Cercano) que el proceso de crecimiento del embrión no es casual ni automático, sino una obra divina de habilidad creativa.

La continuidad

El segundo énfasis del salmista es acerca de la continuidad. Ahora es un adulto pero da una mirada retrospectiva a su vida desde antes de nacer. Con el mismo pronombre «yo» se refiere a su persona tanto antes de nacer como después de nacida, porque está consciente de que en su vida prenatal y posnatal él era y es la misma persona. Él sondea su existencia personal en cuatro etapas. La primera (v. 1), «tú me examinas» (el pasado). La segunda (vv. 2-3), «Sabes cuándo me siento y cuándo me levanto [...] todos mis caminos te son familiares» (el presente). La tercera (v. 10), «tu mano me guiaría, ¡me sostendría tu mano derecha!» (el futuro). Y la cuarta (v. 13), «Tú creaste mis entrañas; me formaste en el vientre de mi madre» (etapa prenatal). En las cuatro etapas (antes del nacimiento, desde el nacimiento hasta el presente, el momento presente y el futuro) él se refiere a sí mismo como «yo». La persona que está pensando y escribiendo como un hombre adulto tiene la misma identidad personal que el feto en el vientre de su madre. Está consciente de que no hay ninguna discontinuidad entre su ser prenatal y su ser posnatal. Por el contrario, está consciente de ser la misma persona dentro y fuera del vientre de su madre, antes y después del nacimiento, embrión, bebé, joven y adulto.

La comunión

La tercera verdad que expresa el salmista la denominaré «comunión», porque está conciente de la comunión personal y particular Dios y él. Este es el mismo Dios que lo creó, que ahora lo sostiene, lo conoce, lo ama y lo sostendrá por siempre. Tal vez el Salmo 139 sea la afirmación personal más radical en el Antiguo Testamento acerca de la relación interpersonal de Dios con el individuo creyente. La relación «yo - tú» se expresa en casi todas las frases. El pronombre o el posesivo de la primera persona (yo/mi/mío) aparece cuarenta y seis veces en el salmo, y la segunda persona (tú/tuyo) treinta y dos veces. Más importante que la relación «yo - tú» es la consciencia de la relación (tú - mi), de que Dios lo conoce, lo rodea, lo tiene (vv. 1-6), y está consciente de que Dios fielmente permanece con él de acuerdo al pacto y nunca le abandona ni le deja (vv. 7-12).

Es posible que «comunión» no sea la mejor descripción de esta tercera verdad, porque la palabra implica una relación recíproca, mientras que el salmista está testificando de la relación que Dios ha establecido y sostiene. Entonces, quizás, la mejor palabra sea «pacto», realmente el pacto unilateral, o el pacto de «gracia» que Dios inició y que Dios mantiene. Dios, nuestro Creador, nos ama y se relacionó con nosotros antes que pudiéramos responder en forma consciente a la relación con él. Entonces, lo que nos hace personas, no es que conozcamos a Dios, sino que él nos conoce a nosotros; no que amemos a Dios, sino que él nos ama. Así que cada uno de nosotros ya era una persona en el vientre de nuestra madre porque él ya nos conocía y nos amaba.

Estas tres palabras (creación, continuidad, comunión o pacto) son las que nos dan una perspectiva bíblica esencial para nuestro estudio del tema. El feto no es una cosa que está creciendo en el cuerpo de la madre, ni es un ser humano en potencia, sino que ya es una vida humana y, aunque todavía no está maduro, tiene el potencial para crecer hasta la plenitud de la humanidad individual que ella o él ya posee.

Otros pasajes bíblicos expresan el mismo sentir de la continuidad de la persona debido a la gracia divina. Varias veces en la Literatura Sapiencial del Antiguo Testamento se expresa la convicción que Dios «me formó en el vientre» (Job 31:15; Salmo 119:73) aunque no sabemos cómo (Eclesiastés 11:5). Podemos decir a Dios que «tú me sacaste del vientre» y por lo tanto has sido mi Dios desde el «vientre materno» de donde «me hiciste nacer» (Salmo 22:9-10; 71:16). Los profetas hablaron de la misma creencia como hizo Jeremías («Antes de formarte en el vientre, ya te había elegido» 1:5) o como «el siervo del SEÑOR» (a quien el SEÑOR formó y llamó antes de que naciera, Isaías 49:1,5), o por analogía de la nación de Israel (Isaías 46:3-4). El Nuevo Testamento no puede negar por analogía las implicaciones de continuidad personal que encontramos cuando afirma que Dios nos «escogió» en Cristo y nos «dio» su gracia en Cristo «antes del comienzo del tiempo» (por ejemplo, Efesios 1:4; 2 Timoteo 1:9). Así que el argumento sería este, si no existíamos antes del comienzo del tiempo excepto en la mente de Dios, entonces no tendríamos existencia personal en el vientre, aunque Dios dijo que nos «conocía» en ambos casos. Sin embargo, la analogía no es exacta y las situaciones son diferentes. En los pasajes relacionados con la elección, el énfasis es en la salvación por gracia, no por obras, y por lo tanto en que Dios nos escogió desde antes que existiéramos o pudiéramos hacer buenas obras. En los pasajes que se relacionan con el llamado (el llamado a los profetas como Jeremías o los apóstoles como Pablo, cf. Gálatas 1:16), el énfasis no solo está en la gracia de Dios que nos escogió, sino en que él nos «formó» o «creó» para un servicio en particular. Esta formación no fue «antes de la creación del mundo», ni aun «antes de la concepción», sino «antes del nacimiento», antes de una completa «formación», cuando estaban en el proceso de ser «formados» en el vientre. La continuidad personal antes y después del nacimiento es integral para esta enseñanza.

Solo hay un pasaje en el Antiguo Testamento que algunos intérpretes consideran que devalúa el feto humano, Éxodo 21:22-25.[17] Esta situación no se debate. Dos hombres están peleando y accidentalmente golpean a una mujer embarazada que por consecuencia pierde el bebé o «da a luz su bebé en forma prematura». La penalidad depende de la seriedad de los daños. Si la herida no es grave, se debe imponer una multa; si la herida es grave, la retribución será «vida por vida», etc. Algunos afirman que la primera categoría (heridas que no son graves) significa la muerte del bebé, mientras que la segunda se refiere a heridas graves a la madre, y que, por lo tanto, la imposición de la multa indica que el feto tiene menos valor que la madre. Sin embargo, esta es una interpretación innecesaria. Parece más probable que la escala de la multa dependía del grado de la herida, ya fuera a la madre o al bebé, en tal caso la mamá y el bebé tienen el mismo valor.

Volvamos al Nuevo Testamento, a menudo se ha señalado que cuando María y Elisabet se encontraron, estaban embarazadas y el bebé de Elisabet (Juan el Bautista) «saltó en su vientre» saludando al bebé de María (Jesús). A menudo se ha señalado que Lucas usó la misma palabra, *brefos* para el bebé que no ha nacido (Lucas 1:41, 44) como más tarde para el bebé recién nacido (Lucas 2:12, 16) y para los niños que la gente trajo a Jesús para que los bendijera (Lucas 18:15).

Toda esta continuidad implicada está de acuerdo con la tradición cristiana en el Credo Apostólico, que afirma que Jesucristo fue «concebido por el Espíritu Santo, nacido de la Virgen María, sufrió bajo Poncio Pilato, fue crucificado, muerto, sepultado […] y que al tercer día resucitó de nuevo». Jesucristo, en quien creemos, es la misma persona en todos estos eventos, desde el comienzo hasta el final, desde la concepción hasta la resurrección.

La ciencia médica moderna parece afirmar esta enseñanza bíblica. En la década de 1960 se comenzó a revelar el código de la genética. Ahora sabemos que en el momento en que el óvulo se fertiliza por la penetración de la espermatozoide y los veintitrés pares de cromosomas se completan, el cigoto tiene un genotipo único y distinto de ambos padres; ya está determinado el sexo del bebé, el tamaño y la forma, el color de la piel, del cabello y los ojos, el temperamento y la inteligencia. Cada ser humano comienza como una célula sencilla fertilizada, aunque un adulto tiene treinta millones de millones de células. Entre estos dos puntos (fusión y madurez) se necesitan cuarenta y cinco generaciones de divisiones de células y cuarenta y una de ellas ocurren antes del nacimiento.

Las fotografías médicas prenatales han mostrado todavía más lo maravilloso que es el desarrollo del feto. Estoy pensando en el dibujo maravilloso del fotógrafo sueco Lennar Nilsson en su libro *A Child is Born* [Un niño ha nacido].[18] El corazón comienza a palpitar a la tercera semana y media. A las cuatro semanas, aunque el feto mide medio centímetro, se distinguen la cabeza y el cuerpo, como también los rudimentos de los ojos, los oídos y la boca. A la sexta o séptima semana se detecta la función del cerebro, y a las ocho semanas (cuando se hacen la mayoría de los abortos) todos los miembros están apareciendo, incluyendo los dedos de las manos, las huellas de los dedos y los dedos de los pies. A la novena o décima semana el bebé puede usar sus manos para agarrar, su boca para tragar y hasta puede chuparse el dedo pulgar. A las trece semanas, cuando termina el primer trimestre, el embrión está completamente organizado y un bebé miniatura yace en el vientre de la mamá; el bebé puede cambiar de posición, responder al dolor, ruido y luz; e incluso puede experimentar un ataque de hipo. Desde entonces, el bebé aumenta su tamaño y fuerza. Al final del quinto mes y comienzo del sexto (antes del segundo trimestre está completo, y el embarazo todavía no alcanza a los dos tercios de su duración normal), el bebé tiene cabello, cejas, uñas y pezón, y puede llorar, agarrar, dar puñetazos y patadas (lo que a veces ocurre después de hacer el aborto por medio de la histerotomía, causándole estrés al equipo médico).

Las madres embarazadas sienten, por experiencia propia, que llevan un niño vivo. Cierto, a veces los padres le dan a sus pequeños apodos, especialmente si no saben el sexo. Pero también dicen con orgullo, «tenemos un bebé que está de camino». Durante el embarazo, una madre dijo que «sentía que era la madre de una persona, con ciertas responsabilidades maternas antes del nacimiento, y otras después del nacimiento». Otra mamá escribió, «Mis sentimientos saben que es una persona y que, por lo tanto, tiene sus derechos independientes delante de Dios».

Un debate contemporáneo cristiano

No sería honesto si dijera que todos los cristianos están de acuerdo en estos asuntos, incluso los cristianos que se someten a la autoridad de las Escrituras. Oliver O'Donovan, profesor de Moral y Teología Pastoral de la Universidad de Oxford, afirma que la pregunta «¿Quién es una persona?» no se puede contestar especulando. En su lugar, solo reconocemos a alguien como persona «con el previo compromiso moral de tratarlo a él o a ella como persona». Entonces, más tarde, lo o la conocemos como persona, a medida que él o ella revela quién es en las relaciones personales. No es que conferimos a alguien la condición de ser una persona debido a nuestra decisión de tratarlo así, sino que el estado de ser una persona se hace patente de este manera. Al mismo tiempo, antes de comprometernos a servir a una persona, es correcto buscar evidencias de que es apropiado hacerlo, ya sea por la apariencia (en el caso de un feto) o por el conocimiento científico de su genotipo único. Hay tres etapas. Primero, debe haber un reconocimiento que haga apropiado relacionarse con una persona como persona. Próximamente sigue el compromiso, cuidar a la persona como persona. Y tercero, viene el encuentro: «A los que tratamos como personas cuando todavía no han nacido y los conocemos como personas cuando son niños». Estas tres etapas reconocen el desarrollo gradual del encuentro personal, mientras que afirma la realidad de la condición humana desde el momento de la concepción.[19]

Otros se han opuesto a esta perspectiva, argumentando que en el desarrollo del feto hay un nivel crítico de complejidad, en particular en el desarrollo del cerebro, que se requiere antes de considerar al feto como una persona consciente. Entonces, ¿podemos referirnos a un óvulo fertilizado como un «ser humano en potencia»? Sí, en el sentido que este óvulo llegará a la madurez si el proceso de gestación es normal, pero no si esto nos lleva a atribuirle al óvulo las propiedades específicas de lo que resultará. El valor del lenguaje «potencial» es que destaca la importancia del comienzo de las expectativas y las obligaciones resultantes.

Es peligroso imaginar que todos los atributos y derechos del producto final ya pertenecen al comienzo. No pertenecen, aunque haya una línea directa de continuidad entre los dos.

Por el otro lado, el óvulo fertilizado es una «estructura física con el repertorio más rico y más misteriosamente extraño que conozca el ser humano» porque puede desarrollarse en «la personificación de un nuevo ser humano a la imagen de Dios, a quien Dios ama, y repleto de potencialidades que no solo son terrestres sino de importancia eterna». Por el otro lado, tratarlo como a «una persona con los derechos de una persona» es un ejemplo conspicuo de «negar que hay una diferencia entre dos puntos extremos solo porque no es posible establecer el punto exacto entre los dos extremos donde la diferencia se hace vigente».[20]

En resumen, algunos dicen que el feto tiene «la característica de ser una persona» desde el momento de la fusión, y que por lo tanto, debemos comprometernos a cuidarlo, aunque más tarde su característica de ser una persona se revele en las relaciones personales. Otros están de acuerdo en que desde el momento de la fusión el óvulo fecundado tiene vida biológica y un maravilloso repertorio de potencialidad, pero añaden que solo llegará a ser una persona que posee derechos y demanda cuidados cuando el cerebro desarrollado hace posible supervisarse a sí mismo.

El conflicto entre las dos posiciones parece ser inconciliable. Pero, ¿no es esto fundamentalmente la vieja tensión (con la cual nos ha familiarizado el Nuevo Testamento) entre el «ya» y el «todavía no»? Tertuliano expresó esto muy temprano a fines del segundo siglo: «Él también es un hombre que está a punto de serlo, ya tiene el fruto en la semilla».[21] En nuestros días, Paul Ramsey lo expresa así: «El ser humano empieza a existir como una mota muy pequeña que rebosa de información [...] su desarrollo subsiguiente prenatal y posnatal se puede describir como un proceso de llegar a ser lo que ya es desde el momento en que se concibe».[22] Lewis Smedes dice que el estatus del feto es como una «profunda ambigüedad ontológica, la ambigüedad de todavía no ser algo y al mismo tiempo tener los constituyentes de lo que será».[23] El lenguaje de la «potencialidad» con relación al embrión es lo que nos ha confundido. El Profesor Thomas F. Torrance aclaró esto al explicar que «la potencialidad concerniente no es convertirse en algo más, sino llegar a ser lo que en esencia ya es».[24]

Esto me hace volver al Salmo 139 y a la razón del sentido de continuidad del salmista, es decir, el amor firme de Dios. La iniciativa soberana de Dios de crear y amar es la comprensión bíblica de la gracia. Algunos cristianos rechazan atribuirle individualidad al nuevo embrión concebido porque todavía no tiene cerebro para sostener su propia supervisión o las relaciones interpersonales conscientes. Pero supongamos que la relación vital que le confiere individualidad al feto sea el compromiso consciente y amoroso de Dios hacia él o ella, en lugar del compromiso de él o ella hacia Dios. Tal relación unilateral se observa en los padres que aman a su hijo y se comprometen a cuidarlo y protegerlo mucho antes de que el hijo sea capaz de reaccionar. Y una iniciativa unilateral es lo que hace que la gracia sea gracia. Es, de hecho, la gracia de Dios que se confiere al bebé no nacido desde el momento de su concepción, el estado único que ya disfruta y el destino único que más tarde heredará. Es la gracia que mantiene unida esta dualidad de lo actual y lo potencial, del ya pero todavía no.

Técnicas y excepciones

¿Cómo nuestra evaluación de la singularidad del feto humano (sin considerar cómo decidamos definir esta singularidad) afectará nuestra forma de pensar y de actuar, especialmente con relación al aborto?

Para comenzar, esto cambiará nuestras actitudes. Ya que la vida del feto humano es una vida humana, con el potencial de convertirse en un ser humano maduro, debemos aprender a pensar que tanto la madre como el feto son dos seres humanos en diferentes etapas de desarrollo. Los médicos y las enfermeras tienen que considerar que ellos tienen dos pacientes, no uno, y que deben buscar el bienestar de ambos. Los abogados y los políticos necesitan pensar en forma similar. Como lo expresó la «Declaración de los derechos del niño» de la ONU (1959): el niño «necesita especial seguridad y cuidado, incluyendo la protección legal apropiada, tanto antes como después del nacimiento». A los cristianos les gustaría añadir «un cuidado adicional antes del nacimiento», porque la Biblia tiene mucho que decir acerca del interés de Dios por los indefensos, y la persona más indefensa de todas es el bebé que no ha nacido. Ellos no pueden hablar para defender su causa y son indefensos para proteger su propia vida. Así que, es nuestra responsabilidad hacer por ellos lo que no pueden hacer por ellos mismos.

Por lo tanto, todos los cristianos deben ser capaces de estar de acuerdo en que el feto humano es un principio inviolable. Lord Ramsey, cuando era arzobispo de Canterbury, dijo en una Asamblea de la Iglesia, en 1967: «Debemos afirmar como una norma general la inviolabilidad del feto [...] Debemos continuar viendo, como uno de los grandes dones del cristianismo para el mundo, la creencia de que el feto se debe reverenciar como el embrión de una vida capaz de llegar a reflejar la gloria de Dios [...]»

Es la combinación de lo que el feto ya es y lo que podría ser lo que hace la realidad del aborto tan horrendo. ¿Cómo es posible reconciliar la realidad del aborto con el concepto de lo abortado como un reflejo potencial de la gloria de Dios?

Necesitamos revisar nuestro vocabulario. Los eufemismos populares nos facilitan esconder la verdad de nosotros mismos. Lo que ocupa el vientre de la madre no es «un producto de la concepción» o una «materia gamética», sino un niño que no ha nacido. Hasta el «embarazo» nos dice que una mujer ha sido impregnada, cuando la verdad en el lenguaje antiguo dice que está «con niño». ¿Cómo podemos hablar de «terminar el embarazo» cuando lo que está terminando no es solo el embarazo de la mamá sino la vida del bebé? Y, ¿cómo podemos describir el promedio de abortos hoy como «terapéuticos» (una palabra que originalmente se usaba solo cuando la vida de la mamá estaba en juego), cuando el embarazo no es una enfermedad que necesita terapia, y lo que en nuestros días afecta el aborto no es una cura sino un asesinato? Y, ¿cómo puede la gente pensar que el aborto no es más que una clase de anticonceptivo cuando este no evita la concepción sino que destruye al concebido? Necesitamos tener la valentía de usar el lenguaje correcto. Inducir un aborto es feticidio, la destrucción deliberada de un bebé que no ha nacido, el derramamiento de sangre inocente.

No es de sorprenderse que a largo plazo el aborto pueda tener consecuencias emocionales para todos los involucrados. Aunque varias enfermedades psiquiátricas no son consecuencia del aborto, más y más consejeros consideran que muchas mujeres (y algunos hombres) sufren un trauma sicológico significativo, aunque oculto, por causa del aborto, un trauma que se puede manifestar años o décadas después de pasado el hecho.

Entonces, ¿nunca se justifica el aborto? Los teólogos y los médicos se necesitan mutuamente para contestar esta pregunta de una manera que sea tanto fiel como realista. Se necesitan más consultas interdisciplinaria. Los médicos están comprensiblemente impacientes con los teólogos porque no tienden a ser prácticos y hacen pronunciamientos que no tienen relación con los dolorosas dilemas clínicos. Los teólogos, por otro lado, no tienen paciencia con los médicos porque ellos tienden a ser pragmáticos, haciendo decisiones clínicas que no se basan en principios teológicos. El principio con el que debemos estar de acuerdo está bien expresado en el primer objetivo de la *Society for the Protection of Unborn Children* [Sociedad para la Protección de niños que no han nacido], que dice: «la vida humana no se debe terminar excepto en caso de emergencia urgente». El Profesor G.R. Dunstan probablemente tiene razón al decir que hay una ética de «feticidio justificado», por la analogía con el «homicidio justificado».[25] Pero si aceptamos la inviolabilidad general del feto humano, entonces cada excepción se tiene que justificar en una forma rigurosa y bien específica. Desde la Ley de Preservación de la Vida del Infante (1929), el aborto para salvar la vida de la madre ha sido legal en Inglaterra aunque la Iglesia Católica Romana no lo acepta. Sin embargo, con la disposición de la obstetricia moderna y la práctica pediátrica, casi nunca aparece la necesidad del aborto. Por lo general, es posible permitir que el embarazo continúe hasta la etapa de la gestación para la cual es posible la supervivencia del infante con un cuidado intensivo. De acuerdo con la tradición cristiana, se puede tomar la vida humana para proteger o preservar otra vida, por ejemplo, en el caso de auto-defensa; pero no tenemos la libertad de introducir la muerte a una situación en la cual no está presente, como un hecho o una amenaza.

¿Qué acerca del «riesgo sustancial» de que un niño nazca con «impedimentos serios», lo cual se trata en la cláusula cuatro de 1967 del Acta de Aborto? Una evaluación prenatal, usando muestras de sangre, ultrasonido y amniocéntesis (estudio del líquido amniótico), ahora puede revelar anormalidades en el feto desde una temprana etapa del embarazo, aunque algunas condiciones solo se pueden detectar después de veinte semanas.

Entonces, ¿es posible justificar moralmente el aborto? Muchos creen que sí. El Dr. Glanville Williams se expresó firmemente en cuanto este asunto: «permitir la reproducción de defectuosos es un terrible mal, mucho peor que el aborto».[26] Al considerar la tragedia de una madre cuando le nace «un monstruo viable o un niño idiota», él escribió: «la aniquilación eugenésica por parte de una madre, tiene paralelo con la perra que mata a su cachorro defectuoso y no se puede confiadamente dictaminar como inmoral».[27] ¿Cómo debe reaccionar la conciencia cristiana ante esta posibilidad? Ciertamente con horror.

Hay por lo menos tres razones por las cuales el aborto solo se debe reservar para casos excepcionales, tal como la anencefalía (el cerebro no se desarrolla) que no permite la posibilidad de sobrevivencia después del nacimiento. Pero esto no se debe extender a otras anormalidades aunque sean severas.

La santidad de la vida

En primer lugar, ahora es frecuente oír decir que el asunto no es la «santidad» de la vida sino la «calidad» de la vida, y que la vida de una persona con incapacidad severa no vale la pena vivirla. ¿Pero quién es el que decide esto? En 1983, en una reunión de los que se oponen al aborto, el argumento más conmovedor para mí fue el de Alison Davis, quien se describe a sí misma como «un adulto feliz con una espina bífida» y habló desde una silla de ruedas diciendo: «Yo no puedo pensar en ningún concepto más aterrador que decir que es mejor que ciertas personas mueren y que, por lo tanto, es mejor matarlas por su propio bien». Un médico, luego de escuchar que ella estaba agradecida de estar viva, «hizo la increíble observación de que nadie puede juzgar su propia calidad de vida, y que tal vez otras personas muy bien consideren que una vida como la mía es miserable». Por el contrario, insistió ella: «Muchas personas incapacitadas están contentas con la calidad de su vida». Después de todo, el amor es lo que le da calidad a la vida y lo que hace que la vida valga la pena vivirla, y nosotros —los prójimos— somos quienes decidimos si vamos a dar amor a los incapacitados o si lo vamos a retener. La calidad de su vida está en nuestras manos.

Respeto a la vida

En segundo lugar, una vez que aceptamos que se debe destruir al niño incapacitado antes del nacimiento, ¿por qué no lo hacemos también después de que nace? Realmente, la práctica del infanticidio médico ya comenzó. Por supuesto, los médicos no usan estas palabras, y algunos a veces tratan de persuadirse pensando que matar a niños de hambre no significa matarlos deliberadamente. El solemne hecho es que si la sociedad está dispuesta a matar a un niño no nacido por ser incapacitado, no hay una razón lógica por la cual no se mate al recién nacido con malformaciones congénitas, o a la víctima comatosa por un accidente de carro, al que tiene limitaciones mentales y al anciano. El incapacitado se convierte en desechable cuando se juzga que su vida «carece de valor» o que «no es productivo», y entonces hemos vuelto al horrible tercer Reich de Hitler.

Los cristianos preferirán estar de acuerdo con Jean Rostan, el biólogo francés que escribió, «por mi parte creo que no hay vida degradante, devastada, deteriorada o empobrecida que no merezca el respeto y que no valga defender con celo y convicción [...] Yo tengo la debilidad de creer que es una honra para nuestra sociedad desear el costoso lujo de mantener la vida de los miembros inútiles, incompetentes e incurables. Casi mediría el grado de civilización de una sociedad por la cantidad de esfuerzo y vigilancia que se imponga debido al puro respeto por la vida».[28]

Decisiones acerca de la vida

La tercera razón para no abortar fetos con malformaciones es que hacerlo así sería permitirles a los mortales falibles desempeñar el papel de Dios. No tenemos tal autoridad, y aquellos que la asumen inevitablemente cometerán graves errores. Maurice Baring contó el relato de un médico que le preguntó a otro:

—Me gustaría saber tu opinión acerca de la terminación de un embarazo. El papá tenía sífilis, la madre era tuberculosa. De los cuatro niños que nacieron el primero era ciego, el segundo murió, el tercero era sordomudo y el cuarto tenía tuberculosis. ¿Qué hubieras hecho?

—Yo hubiera terminado con el embarazo.

—Entonces, tú hubieras asesinado a Beethoven.[29]

En toda esta discusión debemos estar alertas en contra de la tendencia de racionalizar nuestro egoísmo. Temo que la verdadera razón por la cual decimos que una incapacidad severa sería una carga imposible de llevar para una criatura a la que se le permitiera vivir, es que para nosotros esa carga sería imposible de llevar. Pero los cristianos debemos recordar que el Dios de la Biblia expresó su protección especial por el vulnerable y por el débil.

Un llamado a la acción

Entonces, ¿qué debemos hacer? Primero, necesitamos arrepentirnos. Estoy de acuerdo con Raymond Johnston, el último director de CARE *Trust*, cuando escribió en un artículo del periódico: «Personalmente estoy convencido que la destrucción de los bebés que no han nacido en esta escala masiva y deliberada es la mayor ofensa que se ha perpetrado en Inglaterra, y esta sería la primera cosa por la cual nos reprocharían los profetas del Antiguo Testamento si volvieran a vivir». El Dr. Francis Schaeffer y el Dr. Everett Koop dedicaron el libro y la película *Whatever Happened to the Human Race?* [¿Qué le pasó a la raza humana?] «a los que padecieron el robo de la vida de los no nacidos, los débiles, enfermos, ancianos durante la época oscura de locura, egoísmo, lujuria y avaricia por la cual recordamos las últimas décadas del siglo XX». ¿Tenían razón de condenar a nuestra «ilustrada» civilización Occidental como la «época oscura»? Por lo menos, en este sentido, creo que tenían razón, y a mí me avergüenza profundamente que nosotros, los cristianos, no hayamos sido «la luz del mundo» que Jesús deseaba que fuéramos. También necesitamos arrepentirnos de nuestra tendencia a las campañas selectivas. Nos falta integridad si peleamos a favor de la vida del no nacido y cuidamos poco la vida del que ya nació, por ejemplo, de los niños abusados o desatendidos, las madres víctimas de violencia o abandono, los que viven en barrios pobres o los refugiados. Los cristianos están comprometidos con la vida humana, tanto para defender su santidad como para promover su calidad.

Segundo, necesitamos aceptar toda responsabilidad de los efectos de una política más estricta para el aborto, si lo podemos lograr. Promover esto sin estar preparados para responder al precio de las consecuencias, sería pura hipocresía. Nuestra intención no es crear un ambiente en el que los centros de aborto ilegal lleguen a ser comunes. En lugar de eso, debemos crear un ambiente social en el cual se promueven amplia y reconocidamente las alternativas positivas para el aborto. Toda mujer que lleve un embarazo no deseado merece cada posible apoyo personal, médico, social y financiero. Dios nos dice «Ayúdense unos a otros a llevar sus cargas, y así cumplirán la ley de Cristo» (Gálatas 6:2). Debemos asegurarnos de que aunque algunos padres no deseen (ni siquiera amen) a sus bebés, la sociedad en general y la iglesia en particular quiera a todos los bebés.

Doy gracias a Dios por las organizaciones que han sido pioneras en el apoyo del ministerio de las mujeres embarazadas, como *Birthright* [Derecho de Nacer] y *Heartbeat International* [Latido del Corazón Internacional] en los Estados Unidos y Canadá, y la red de Centros CARE, LIFE y SPUC *Unborn Children* [Sociedad para la protección del niño que no ha nacido] en Inglaterra.[30] En los Estados Unidos hay más de tres mil centros que ofrecen consejería y apoyo práctico para mujeres con la «crisis» de un embarazo y este movimiento ha crecido internacionalmente en más de quince países. De modos diferentes los centros, mayormente con personal voluntario, están ofreciendo servicios de cuidados, tales como consejería para mujeres con embarazo no deseado, ofrecen ayuda de emergencia para aquellas que están desesperadas, dando consejos para problemas prácticos, buscando comodidades para madres, antes y después del nacimiento del bebé, ayudándoles a conseguir empleo, dando ayuda financiera y consejería para quienes sufren emocionalmente por el trauma de abortos previos. Como Louise Summerhill, fundadora de *Birthright*, escribió: «Nosotros damos ayuda en lugar de abortos, creemos en formar un mundo mejor para recibir a los bebés en lugar de matarlos».[31]

Tercero, necesitamos apoyar una campaña positiva, educativa y social, sin dejar a las escuelas en el último lugar. Los cristianos no deben ser tímidos para enseñar concienzuda y constantemente la comprensión bíblica de la humanidad y el valor, realmente, lo sagrado de la vida humana. Tenemos que reconocer que todos los abortos se deben a los embarazos no deseados, y que todos los embarazos no deseados se deben a la falla de algún índole.

Con frecuencia es una falta sexual, donde falta el auto-control sexual (especialmente en el hombre, quien normalmente escapa de las consecuencias trágicas de sus acciones) o la falta del uso responsable de anticonceptivos. *The Church of England General Synod's Board for Social Responsability* [La Junta de la Asamblea General de la Iglesia en Inglaterra por la responsabilidad social] tiene el llamado para «un mayor esfuerzo en la educación social» (y también debemos añadir la educación moral), para «reducir la cantidad de embarazos no deseados», «para cambiar la manera de pensar que asocia el embarazo con la necesidad de un aborto», y hacer que el público «encuentre mejores soluciones».[32]

A menudo los embarazos no deseados también se deben a las privaciones sociales, como la pobreza, el desempleo y la sobrepoblación. Así que, por esta razón, también debemos trabajar para una mejor sociedad. Se debe luchar contra las fuerzas sociales del mal; que no se resolverán con más aborto.

En países menos desarrollados mucha gente tiene familias grandes con la intención de estar seguros de tener hijos que los cuiden en su vejez. Así que, paradójicamente, la respuesta para el control del rápido crecimiento de la población no está en la política liberal del aborto, sino en el mejoramiento social y médico que lleva a una reducción significativa en la mortalidad infantil, mejorías en la educación materna y la disponibilidad de anticonceptivos seguros, baratos y efectivos. Al final, las buenas nuevas de Jesús son más importantes que la acción educativa o social, por vitales que estas sean. Él vino a sanar el corazón roto y a apoyar al débil. Nos llama a tratar la vida humana con reverencia, ya sea la del no nacido, el infante, el incapacitado o el senil.

No pretendo juzgar personalmente a la mujer que recurrió al aborto ni al hombre cuyo egoísmo sexual es responsable por la mayoría de embarazos no deseados. Prefiero decirles que con Dios «hay perdón» (Salmo 130:4). Cristo murió por nuestros pecados y nos ofrece un nuevo comienzo. Él resucitó y vive, y por su Espíritu nos da un nuevo poder interior de autocontrol. Él también está construyendo una nueva comunidad que la caracteriza el amor, el gozo, la paz, la libertad y la justicia. Un nuevo comienzo. Un nuevo poder. Una nueva comunidad. Este es el evangelio de Cristo.

La eutanasia

El paralelo obvio entre el aborto y la eutanasia hace que sea apropiado hablar de estos en el mismo capítulo. Aunque al final el aborto nos relaciona con el comienzo de la vida humana y la eutanasia, ambas son decisiones a favor de la muerte. Ambas, por lo tanto, suscitan la misma pregunta urgente: ¿alguna vez será moralmente justificable terminar con la vida y precipitar la muerte?

El debate sobre la eutanasia nos lleva a los tiempos de los filósofos griegos. Pero una cantidad de factores se han combinado para traer a primera plana la preocupación pública de nuestros días: los avances de la tecnología médica que prolonga la vida y que es responsable de una población envejeciente, la epidemia del SIDA, algunos casos patéticos bien publicados que parecen pedir a gritos la eutanasia por razones compasivos y las campañas persuasivas de EXIT [salida] (previamente la Sociedad voluntaria de eutanasia) en el Reino Unido y la Sociedad Cicuta que es el equivalente en los Estados Unidos.

Una definición de eutanasia ampliamente aceptada es la siguiente: «Eutanasia es matar intencionalmente, por un acto u omisión, a una persona porque alguien considere que vive una vida que ya no vale la pena vivir».

En el lenguaje popular se le llama «matar por misericordia» y está dividida entre «la eutanasia voluntaria» («suicidio con ayuda», una muerte que ocurre por petición explícita del paciente) y «la eutanasia involuntaria» (una muerte que ocurre por la decisión de otra persona cuando el paciente no puede dar su consentimiento). Es importante aclarar que la eutanasia, así sea voluntaria o involuntaria, es dar muerte intencionalmente. Deliberadamente se introduce la muerte en una situación en la cual no existía previamente. Pero no es eutanasia retener o quitarle un tratamiento que no sirve a un paciente que se está muriendo. Tampoco constituye administrar medicamentos que quitan el dolor para un enfermo terminal aunque esto pudiera acelerar la muerte, cuando la motivación principal es aliviar el dolor. En estos dos casos la muerte ya es irreversible. Intervenir con un tratamiento adicional solo prolonga el proceso de morir. Aunque no siempre es posible precisar esta distinción, hay una diferencia fundamental entre causar la muerte de alguien (lo cual es eutanasia) y el permitir que él o ella muera (lo cual no lo es). Durante la enfermedad grave del Dr. Martyn Lloyd-Jones en el hospital, llegó un momento en el que él rehusó más tratamiento y se quejó a su médico: «¡Me estás impidiendo llegar a la gloria!»

Creo que hay tres elementos básicos en el debate acerca de la eutanasia a los cuales llamo: «valores» (¿qué valor tiene la vida humana?), «temor» (¿cuál es el principal temor que la eutanasia trata de aliviar?) y «autonomía» (¿qué derecho tenemos sobre nuestra propia vida?)

El asunto de los valores

Primero, está el asunto de los valores. Algunos escritores contemporáneos que no son cristianos niegan que la vida humana tenga un valor absoluto e intrínseco. Notables, entre ellos, está el Profesor Peter Singer quien escribió *Repensar la vida y la muerte:*

El derrumbe de nuestra ética tradicional.[33] Él es bien conocido por su rechazo a la «especieismo», o sea «la discriminación en contra o la explotación que practican los seres humanos de ciertas especies de animales, basándose en la supuesta superioridad del ser humano» (como lo define el diccionario Oxford English Dictionary). Al aceptar tanto la visión darviniana que «también somos animales» como también el punto de vista que dice que los animales superiores [monos, perros, etc.] son «personas», él afirma que se necesita «abandonar la distinción entre animales humanos y no humanos».[34] Puesto que, «ningún bebé recién nacido o un pescado es una persona»,[35] podemos imaginar las consecuencias lógicas de tal posición tanto para el aborto como para la eutanasia.

Sin embargo, hay otros académicos no cristianos que todavía mantienen (aparte de las bases bíblicas) que el ser humano tiene un valor único. Por ejemplo, con el aborto como también con la eutanasia, el Profesor Dworkin es capaz de afirmar «la importancia cósmica intrínseca de la vida humana en sí misma».[36] Hasta aquí hemos visto que en relación con el aborto, él formuló el valor de una persona en términos de la «inversión», tanto natural como humana, que se realizó en él o ella, agregando que la inversión natural en la vida humana es más importante que la inversión humana. Por lo tanto, se puede argumentar que la muerte frustraría la inversión natural y así «engaña la naturaleza».[37] Ahora, en relación con la eutanasia, el Profesor Dworkin desarrolla un punto de vista del «valor» humano que se basa en nuestro «mejor interés», distinguiéndolo de los «intereses que se derivan de la experiencia» (la causa de placer o dolor) y el interés «crítico» (lo que da significado a la vida). Solo después de hacer estas distinciones Dworkin es capaz de preguntar si la muerte sería el «mejor interés» para alguien. La conclusión de la vida realmente necesita estar de acuerdo con las convicciones y los compromisos que nos han motivado durante toda la vida, ya que «ninguno de nosotros quiere acabar con la vida de una manera incoherente».[38] Por el contrario, esto rebajaría nuestra dignidad, nuestro sentir de ser «alguien con intereses críticos».[39]

Estos conceptos de «inversión» y de «intereses críticos» son valientes intentos de construir una comprensión secular del valor del ser humano. Sin embargo, no son convincentes ni parecen ser demasiados abstractos para despertar el interés popular. La alternativa cristiana, la cual necesitamos defender y promover con una determinación cada vez más grande, es que tenemos un valor intrínseco porque Dios nos ha creado a su imagen. Los seres humanos son seres deiformes, hechos a la imagen de Dios y poseemos un grupo de cualidades únicas (racional, moral y social) que nos distinguen de los animales. En particular, está nuestra capacidad para las relaciones interpersonales de amor, ya que Dios es amor.

Pero esto plantea un problema. ¿No es el amor una relación interpersonal esencialmente recíproca? ¿Cómo podemos amar a una persona que no puede responder a nuestro amor; por ejemplo, una persona con lesión cerebral en un «estado vegetariano persistente» o incluso el feto que no ha nacido? ¿El no poder responder no los descalifica de ser respetados y tratados como seres humanos? No, aquí es donde viene la gracia, porque la gracia es amar al que no responde. La gracia es el amor que toma una iniciativa unilateral. La gracia es el amor de Dios libre, espontáneo, no solicitado, incluso no respondido, el cual encuentra sus orígenes en sí mismo, no en su objeto. Antes vimos el Salmo 139, en el que el salmista afirma que en cada etapa de su vida (como feto, bebé, joven y adulto) él es la misma persona con la misma identidad. Él también está consciente de su relación interpersonal especial con Dios, la cual Dios ha comenzado y la cual Dios sostiene. Él encuentra su humanidad y su dignidad no en el hecho que conoce y ama a Dios, sino en la verdad fundamental de que Dios lo conoce y lo ama, así sea que responda o no responda a Dios. El mismo amor divino unilateral une a la mamá con su bebé que no ha nacido, y a la gente joven con sus familiares ancianos frágiles y quizá con demencia. Reaccionar no es lo que nos hace personas humanas; es el amor, no solo cuando amamos, sino cuando somos amados.

El espectro del temor

Segundo, el espectro del temor frecuenta el debate sobre la eutanasia. Uno de los incentivos fuertes de estas campañas de la eutanasia es que (naturalmente) ellos tienen temor de lo que ven como la única alternativa, tener que soportar (o ver a sus seres amados soportar), los horrores de un prolongado, estresante, angustiante y miserable fin. En 1997 el Profesor John Wyatt, quien hace consultas prenatales en el Hospital de la Universidad, analizó este temor inarticulado en sus *Conferencias en el Cristianismo Contemporáneo* («Asuntos de la vida y la muerte»). Primero, es un temor de un dolor incontrolable e inaguantable. Segundo, es el temor de la humillación, el ser sometido a los efectos inhumanos de la tecnología médica moderna, «con tubos en cada orificio». Tercero, es el temor de la dependencia. Nosotros queremos «escribir nuestro propio guión y nuestra propia salida» y no sufrir la humillación de una total impotencia.

Además, si tenemos una comprensión equilibrada del lugar del temor en el debate de la eutanasia, necesitamos añadir un cuarto temor, el cual lo experimentan no los que defienden la eutanasia, sino los que se oponen a esta. Y es el temor a que su médico se convierta en su asesino. Es importante la cláusula del Juramento Hipocrático en donde dice: «usaré el tratamiento para ayudar a los enfermos de acuerdo a mi juicio y habilidad, pero nunca lo usaré para hacerles daño o perjudicarlos». Esta promesa general de sanar y de no herir se usan para las dos prohibiciones: para ayudar al suicidio y para el aborto. Los dos fueron muy comunes en la antigüedad: «A nadie daré una droga mortal aunque me la solicite [...] Nunca le administraré supositorios a una mujer para provocarle aborto». Aquí está claro que la vocación del médico es sanar.

La tradición Hipocrática hizo una distinción clara entre sanar y hacer daño. Margaret Mead, una antropóloga distinguida, comentó: «Por primera vez en la historia de la raza humana hay una completa separación entre matar y curar. A través del mundo primitivo el médico y la hechicera tendían a ser la misma persona. Él con el poder para matar tiene el poder para curar [...] pero para los griegos la distinción era clara. Una profesión se dedicaba completamente a la vida bajo todas las circunstancias, la vida de un esclavo, la vida del emperador, la vida del inmigrante, la vida del niño con un defecto».[40]

Por lo tanto, hay una anomalía fundamental cuando el sanador se convierte en el asesino en cualquiera de los extremos de la vida humana. Esto socava la relación entre el médico y el paciente, la cual se basa en la confianza, y no en el temor. Los médicos son siervos de la vida; no se deben convertir en agentes de la muerte.[41]

Al considerar el temor que rodea el proceso de morir, muchos ven la eutanasia como el único medio para escapar de este trauma triple (dolor, humillación y dependencia). Pero hay una alternativa, la cual los cristianos desean promover, que se llama el cuidado paliativo moderno. Uno de los cristianos pioneros fue Dame Cicely Saunders, fundador del Hospicio de San Cristóbal en el sur de Londres.[42] Otro fue el Dr. Robert Twycross, quien desde 1971 ha sido un médico dedicado todo el tiempo al hospicio.

Él dice que a estos pacientes, «no solo se les permite morir con dignidad, sino que se les permite vivir antes de morir». Parece que la mayoría de los médicos no conocen de este avance. Es interesante que el Concilio de Medicina General amonestara al Dr. Nigel Cox, quien en 1992 le dio una inyección mortal a su paciente Lilian Boyes, a quien había tenido bajo su cuidado durante mucho tiempo. Amonestaron al médico por desconocer la disponibilidad de los recursos médicos paliativos y se le ordenó tomar un curso en este campo. Los expertos en el cuidado paliativo dicen que las enfermedades terminales, en su gran mayoría, se pueden controlar por completo o el dolor se puede aliviar significativamente. Los cristianos pueden y deben estar más involucrados en brindar amor y apoyo a los pacientes con enfermedades terminales en la casa o en el hospicio más cercano.

El derecho a la autonomía

El tercer elemento involucrado en el debate de la eutanasia es la cuestión de la autonomía humana o de la autodeterminación. Los que están a favor de la eutanasia insisten, a menudo con un tono estridente, que todos los seres humanos (si es que son racionales y competentes) tienen el derecho de tomar su propia decisión y disponer de su propia vida, y que ninguna institución o individuo tiene la autoridad de negar este derecho.

Es una verdad bíblica fundamental que Dios nos ha hecho seres racionales y con voluntad propia. Es decir, tenemos la mente y la voluntad que Dios nos ha dado. Como consecuencia, es un aspecto esencial de nuestra identidad y madurez como seres humanos que vivamos porque así lo decidamos y no por coerción, y que respondemos a Dios por nuestras decisiones. Realmente, este es el significado de libertad. La libertad presupone poder escoger, y «la libertad es el requisito absoluto del respeto propio».[43] En términos generales, es bueno escoger, sin embargo, necesitamos hablar más de nuestra aseveración en relación con la libertad, la dependencia y la vida.

Nuestra libertad

La idea de libertad absoluta es una ilusión. Aun Dios, quien es perfecto en su libertad, no es libre para hacer cualquier cosa. Este no es el significado de su omnipotencia. Las Escrituras mencionan varias cosas que Dios «no puede» hacer (porque él no lo hará), en especial que no puede negarse o contradecirse a sí mismo (2 Timoteo 2:13). La libertad de Dios está limitada por su naturaleza. Él tiene la libertad de hacer cualquier cosa que guarde coherencia con su naturaleza. El mismo principio se aplica a los seres humanos. La libertad humana tiene límites. Encontramos nuestra libertad solo cuando vivimos de acuerdo a la naturaleza que Dios nos ha dado, y no al ser rebeldes en su contra. La idea de autonomía humana total es un mito.

Nuestra dependencia

La dependencia puede ser buena, aunque es lo opuesto de autonomía. Es muy significativo que Jesús escogiera a los niños como su modelo de humildad. La «humildad» de los niños no está en su carácter (lo que con frecuencia es egoísmo y terquedad) sino en su estado (de dependencia en sus padres). Nosotros, los seres humanos, necesitamos reconocer humildemente nuestra dependencia en Dios, no solo en cuanto a sostén de nuestra existencia física, sino también por nuestra salvación, la cual se debe a su gracia y no a nuestros logros. Proclamar nuestra autonomía en este aspecto, afirmando que podemos conocer y alcanzar a

Dios por nuestro propio esfuerzo, es la esencia del pecado, no de la madurez. La dependencia está lejos de ser el mal absoluto e indigno que algunos temen.

Nuestra gratitud

La vida es un regalo de Dios. «Señor, yo sé», dice Jeremías, «que el hombre no es dueño de su destino» (Jeremías 10:23). Él estaba en lo correcto; es de Dios. De acuerdo a la tradición bíblica, Dios es el creador, el dador, el sustentador y él que quita la vida. Él dijo en el Canto de Moisés: «No hay otro Dios fuera de mí. Yo doy la muerte y devuelvo la vida» (Deuteronomio 32:39; cf. con Génesis 39:2; 1 Samuel 2:6; Job 1:21). El rey de Israel estaba indignado cuando el rey de Siria le escribió acerca de la lepra de Naamán: «¿Y acaso soy Dios, capaz de dar vida o muerte?» (2 Reyes 5:7). Sobretodo, habiendo recibido este regalo de las manos de Dios, estamos encargados de cuidarla, y él nos invita a cooperar con él para preservarla. Esto incluye curarla, cuidarla, atender a quienes no se pueden atender por sí solos, y restaurar la salud de quienes están enfermos. Los seres humanos no son animales (con el permiso del Profesor Peter Singer y otros que rechazan el «especieismo»). Si es necesario, nosotros «matamos» o «ponemos a dormir» a nuestra mascota, pero no debemos usar este vocabulario con relación a los minusválidos o los seniles, a los no nacidos o quienes están muriendo. Los médicos no deben pensar ni comportarse como veterinarios.

«En la cultura contemporánea», escribió el Papa Juan Pablo II, «existe la actitud Prometeana que lleva a las personas a pensar que ellas pueden controlar la vida y la muerte tomando en sus manos las decisiones acerca de esta».[44] La palabra apropiada para esta frase no es autonomía sino *hubris* [arrogancia], presunción ante Dios. Aunque las líneas que señalan el límite entre la responsabilidad de Dios y la nuestra no siempre está definida, y aunque Dios nos dio el privilegio de asociarnos con él, los seres humanos no debemos violar su territorio ni asumir sus prerrogativas. Por el contrario, debemos dejar que Dios sea Dios en su majestad y poder único, y humillarnos delante de él en adoración.

Notas

1 El informe del comité sobre el funcionamiento de la Ley del aborto de 1967, vol. 1 HMSO 5579, abril de 1974, p. 11.
2 Oficina nacional de la estadística: Abortos en Inglaterra y Gales, el 28 de septiembre del 2001.
3 Citado de Daniel Callahan, *Abortion: Law, Choice and Morality* [El aborto: La ley, la elección y moralidad], p. 298 en Lewis B. Smedes, *Mere Morality* [La mera moralidad], Eerdmans, Grand Rapids, 1983, p. 267, nota 21.
4 Ver por ejemplo Richard Winter, *Choose Life, A Christian perspective on abortion and embryo experimentation* [Escoge la vida, Una perspectiva cristiana sobre el aborto y la experimentación con embriones], Marshall Pickering, Londres, 1988, p. 8.
5 Una descripción y explicación completa del caso Roe v. Wade se halla en Harold O.J. Brown, *Death Before Birth* [La muerte antes de nacer], Thomas Nelson, Nashville, 1977, pp. 73-96.
6 Para perspectivas y prácticas antiguas, ver Michael J. Gorman, *Abortion and the Early Church, Christian, Jewish and Pagan attitudes in the Greaco-Roman world* [El aborto y la iglesia primitiva, Las actitudes cristianas, judías y paganas en el mundo grecorromano], InterVarsity Press, Leicester, 1982.
7 Uno de los estudios más completos sobre este tema está en *Abortion: A Christian Understanding and Response* [El aborto: Una manera cristiana para entenderlo y responder ante el], Baker, Grand Rapids, 1987. Es un simposio estadounidense editado por James K. Hoffmeier. Quince de los autores son miembros de la facultad de Wheaton College. Ver también Nigel M. De S. Cameron, *Is Life Really Sacred?* [¿Es la vida en verdad sagrada?], Kingsway, Eastbourne, 1990.
8 Compare con «Psychological trauma after abortion» [El trauma psicológico después del aborto] en Dominic Beer, *Triple Helix* [Hélice triple], otoño del 2002, Comunidad de médicos cristianos; y «Previous induced abortions and the risk of very preterm delivery: results of the EPIPAGE study» [Abortos

inducidos previamente y el riesgo de dar a luz muy temprano: los resultados del estudio EPIPAGE], C. Moreau y otros *British Journal of Obstetrics & Gynaecology* [Boletín británico de obstetricia y la ginecología], 2005, vol 112, pp. 430-37.

9   Citado de la Ley Reformada del Aborto de 1971 en R.F.R. Gardner, *Abortion: The Personal Dilemma* [El aborto: El dilema personal], Paternoster, Carlisle, Penn., 1972, p. 62.

10 Ibid., P. 126.

11 Citado de John T. Noonan en *The Morality of Abortion* [La moralidad del aborto], Harvard Univ. Press, Cambiridge, MA, 1970, p. 45.

12 Citado en C. Everett Koop, *The Right to Live; The Right to Die* [El derecho a vivir; El derecho a morir], Life Cycle Books, Toronto, 1981, pp. 43-44.

13 Dworkin, Ronald, *Life's dominion, An argument about abortion, euthanasia and individual freedom* [El dominio de la vida, Un argumento acerca del aborto, la eutanasia y la libertad individual], HarperCollins, Londres, 1993.

14 Ibid., p. 39.

15 Ibid., P. 90.

16 Ibid., P. 76.

17 John M. Frame de una explicación completa de este pasaje, incluso del significado de las palabras hebreas utilizadas, en capítulo que escribió para Richard L. Ganz, *Thou Shalt Not Kill, The Christian Case Against Abortion* [No matarás, El caso cristiano contra el aborto], Arlington House, New Rochelle, N.Y., 1978, pp. 50-57.

18 Publicado por primera vez en 1965.

19 Para la postura de Oliver O'Donovan, ver su panfleto *The Christian and the Unborn Child Grove Booklets on Ethics No. 1* [El cristiano y el niño no nacido, folleto Grove sobre la ética no. 1], Grove Books, Cambridge, 1973; y su exposición dada en Londres en el año 1983 sobre el cristianismo contemporáneo, *Begotton or Made?, Human procreation and medical technique* [¿Engendrado o hecho?, La procreación humana y las técnicas de la medicina], Oxford Univ. Press, Oxford, 1984. Ver también Paul Fowler, *Abortion: Toward and Evangelical Consensus* [El aborto: Hacia un consenso evangélico], Multnomah, Sisters, Ore., 1987.

20 Donald McKay escribió acerca de su posición en un ensayo con el título «The Beginnings of Personal Life: [Los comienzos de la vida personal] publicado en la revista de la Comunión Cristiana de Médicos, *In the Service of Medicine* [En el servicio de la medicina], no. 30, vol. 2, 1984, pp. 9-13. Ver también su exposición dada en Londres en el año 1977 sobre el cristianismo contemporáneo, *Human Science and Human Dignity* [La ciencia humana y la dignidad humana], Hodder & Stoughton, Londres, 1979, en especial pp. 64-65, 98-102. Las dos posiciones representadas por los profesores O'Donovan y McKay fue-

ron desarrolladas más en el informe de la Junta para la Responsabilidad Social de la Iglesia Anglicana, Personal Origins [Los orígenes personales], CIO, 1985. La minoría enfatizó la continuidad del individuo desde el momento de la concepción, mientras la mayoría enfatizó la conciencia como necesaria para ser una persona y una cierta estructura cerebral necesaria para la conciencia. Entonces en 1987 el Profesor Gareth Jones contribuyó una explicación completa de «ser una persona» con respecto al feto en su *Manufacturing Humans: The challenge of the new reproductive technologies* [Fabricando los seres humanos: El desafío de las nuevas tecnologías reproductivas], InterVarsity Press, Leicester, capítulo 5, pp. 125-67.

21 Tertuliano, *Apología*, capítulo 9. Michael J. Gorman da un relato popular pero completo de la posición pro-vida y anti-aborto de los primeros cinco siglos del cristianismo en su libro *Abortion and the Early Church* [El aborto y la iglesia primitiva]. Sus referencias a Tertuliano están en las páginas 54-58.

22 Ramsey, Paul, *Fabricated Man: The Ethics of Genetic Control* [El ser humano fabricado: La ética del control genético], Yale Univ. Press, New Haven, Conn., 1970, p. 11.

23 Smedes, *Mere Morality*, p. 129.

24 Citado en el informe a la asamblea general en el año 1985 de la Junta para la Responsabilidad Social de la Iglesia de Escocia. Ver también el panfleto de Profesor Torrance, Test-tube Babies [Bebés probeta], Scottish Academic Press, 1984.

25 Dunstan, G.R., «The Moral Status of the Embryo: A Tradition Recalled» [El estado moral del embrión: Una tradición recordada], *Journal of Medical Ethics* [Boletín de la ética médica], vol. 1, 1984, pp. 38-44. Ver también la contribución del Profesor G.R. Dunsten al artículo sobre «Abortion» [El aborto] en Duncan, Dunstan and Welbourn (eds.), *Dictionary of Medical Ehtics* [Diccionario de la ética médica], Darton, Longman and Todd, 1981.

26 Williams, Glanville, *The Sanctity of Life and the Criminal Law* [El valor de la vida y la ley criminal], Faber, Londres, 1958, p. 212.

27 Ibid., p. 31.

28 Citado de su libro, *Humanly Possible* [Es posible para el ser humano], al comienzo de Koop, *The Right to Live; the Right to Die*.

29 Citado de Norman St John Stevas en *The Right to Life* [El derecho a la vida], Hodder & Stoughton, Londres, 1963, p. 20.

30 Las direcciones de estas organizaciones son: *Birthright*, 777 Coxwell Avenue, Toronto, Ontario, Canadá M4C 3C6. *Alternatives to Abortion*, International, 2606 ½ West 8th Street, Los Angeles, California 90057, USA. LIFE, 7 *The Parade*, Leamington Spa, Warwickshire, UK. SPUC, 7 Tufton Street, Londres SW1 UK., CARE *Trust*, 53 Romney Street, Londres, SW1P 3RF, UK. CARENET, 109 Carpenter Dr., Suite 100, Sterling, Virginia 20164, USA.

31 Citado en Gardnet, *Abortion: The Personal Dilemma* [El aborto: El dilema personal], p. 276. Ver también Louise Summerfield, *The Story of Birthright: The Alternative to Abortion* [La historia del derecho a nacer: Una alternativa al aborto], Prow Books, Kenosha, Wisc., 1973.

32 *Abortion: An Ethical Dilemma* [El aborto: Un dilema ético], un informe de la Junta de Responsabilidad Social, CIO, 1965, p. 57.

33 Singer, Peter, *Repensar la vida y la muerte*, Paidós. Barcelona, 1994.

34 Ibid., pp. 176, 180-83.

35 Ibid., p. 220.

36 Dworkin, *Life's Dominion*, p. 217.

37 Ibid., p. 214.

38 Ibid., p. 213.

39 Ibid., p. 237.

40 Mead, Margaret, citado en Nigel M. De S. Cameron, *The New Medicine* [La nueva medecina], Hodder & Stoughton, Londres, 1991, p. 9.

41 Ver Nigel M. De S. Cameron, *The New Medicine: Life and Death after Hippocrates* [La nueva medicina: La vida y la muerte después de Hipócrates], Crossway, Wheaton, 1991.

42 Ver por ejemplo su contribución titulada «Euthanasia: The Hospice Alternative» [La eutanasia: La alternativa de un ancianato], en Nigel M. De S. Cameron (ed.), *Death without Dignity* [La muerte sin dignidad], Rutherford House Books, Edinburgh, 1990.

43 Dworkin, *Life's Dominion*, p. 239.

44 De la *Encíclica Evangelium Vitae*, marzo de 1995.

La nueva biotecnología

Por el profesor John Wyatt

Históricamente, los mayores problemas bioéticos que enfrentan los cristianos están relacionados con la destrucción de la vida humana inocente, tanto al comienzo de la vida en el aborto como al final de la vida en la eutanasia. Tratamos esto en el capítulo anterior. Aunque a comienzos del siglo veintiuno el aborto y la eutanasia permanecían como tópicos de gran importancia, durante los últimos veinte años se han levantado una escala de nuevos y complicados dilemas bioéticos. En lugar de la *destrucción* de la vida humana, estos tienen que ver con la *creación* y la *manipulación* de la vida humana. Este capítulo repasará brevemente los adelantos tecnológicos que yacen detrás de estos dilemas bioéticos. Después, habrá un repaso general de las fuerzas sociales y filosóficas, y al final, un intento para desarrollar el bosquejo de una respuesta cristiana bíblica.

Avances de la tecnología

Fertilización in Vitro (FIV)

En 1978 la colaboración entre el Dr. Robert Edwards, embriólogo, y el Dr. Patrick Steptoe, ginecólogo, encabezó el nacimiento de Louise Brown, la primer «bebé probeta» del mundo, en el Hospital General del Distrito de Oldham, al norte de Inglaterra. Un comentarista describió este nacimiento como «un momento singular en la evolución humana».[1] Steptoe y Edwards fueron los padres fundadores de la nueva ciencia de la tecnología reproductiva. Desde su nacimiento en el hospital británico, el uso de la FIV se ha extendido rápidamente en todo el mundo. En el año 2000 más de cincuenta países habían establecidos programas FIV, incluyendo muchos países menos desarrollados. Se calcula que como resultado de la FIV, en todo el mundo se han concebido más de un millón de niños. (Es notable que en el momento en que se escribió este libro la mayoría de esos niños eran menores de siete años.) Es probable que solo en los Estados Unidos hayan más de dos millones de parejas que quieren tener un hijo y, sin embargo, permanecen estériles, así que hay un potencial notable para aumentar el uso de la FIV. También hay una sustancial ganancia comercial que aprovechar. En los Estados Unidos, en una clínica típica de la FIV, una pareja puede gastar desde $40.000 dólares hasta más de $200.000 dólares para lograr un solo embarazo, y las encuestas muestran que los especialistas en reproducción están entre los médicos que ganan más dinero en los Estados Unidos.

No solo la FIV es un medio que provee niños para las parejas estériles, sino que también ofrece a los laboratorios el acceso a huevos humanos y embriones humanos, permitiendo realizar la evaluación del embrión, la investigación y manipulación. No es una exageración decir que el desarrollo de la FIV ha cambiado para siempre nuestra comprensión de la reproducción humana y la paternidad. Es un ejemplo clásico de cómo el desarrollo tecnológico puede llevarnos a cambiar la forma de pensar acerca de nosotros mismos.

Luego del desarrollo de la FIV, ahora cada niño se puede considerar como el producto de cuatro componentes: (1) un huevo, (2) un espermatozoide, (3) un útero y (4) uno o más cuidadores después del nacimiento. Otra forma de ver esto es que posiblemente cualquier bebé tiene tres madres: *una madre genética*, la que proveyó el huevo; *una madre que lo lleva*, la madre que proveyó el útero; *una madre social*, la que provee el cuidado después de nacer.

Las posibles mezclas y combinaciones son notables. La donación de la esperma o del huevo significa que un donador anónimo dio un elemento de la constitución genética del embrión; en forma alternativa hay donaciones de embriones, donde los padres donan el embrión a una madre que lo lleva y que entonces cuida el bebé. Luego hay un embarazo sustituto, donde los padres genéticos donan un embrión a una madre que lo lleva con la intención de devolver el bebé después de nacido. Una vez creado el embrión, se puede congelar indefinidamente en nitrógeno líquido y luego descongelarlo para reimplantarlo después de estar congelado durante una década. Por último, está la «adopción» de embriones en la que un embrión «abandonado» se dona a una madre que después del nacimiento pasa el bebé a los padres adoptivos. Los embriones también se pueden usar para investigaciones bajo la manipulación para crear células madre con propósito terapéutico.

Selección del género

Una de las muchas opciones disponibles para los padres es el uso sofisticado de técnicas genéticas para evaluar las características deseadas del embrión. Este se usa para evitar la implantación de un embrión que lleve enfermedades graves o fatales. Pero también se puede usar para seleccionar el género del futuro bebé. El filósofo John Harris, de la Universidad de Manchester, argumentó esmeradamente que en la cosmovisión secular liberal, la elección de los padres debe ser suprema. Los padres deben tener la posibilidad de elegir el género de sus hijos, en lugar de dejarlo a la suerte. «El género de su hijo o es moralmente importante, en cuyo caso es demasiado importante para dejarlo al azar, o es moralmente insignificante, en cuyo caso no es importante que le permitamos a los padres hacer la elección».

La lógica es perfecta. Dejar al azar algo importante como el género de su futuro hijo/a no tiene sentido en el universo materialista. Esto solo tiene sentido desde el punto de vista teísta, donde el bebé se ve como un regalo misterioso y no como un producto del plan y el ingenio humano. Y, sin embargo, en Inglaterra, durante una encuesta pública importante que la *Human Fertilization and Embryology Authority* [Oficina de Fecundación y Embriología Humana] realizó en el 2003, se mostró que la mayoría del público estaba en contra de la selección del género excepto en el caso médico estricto, donde es posible que se use para evitar enfermedades asociadas al género. Hay razones pragmáticas para oponerse a la selección del género, tales como un posible cambio en el balance de hombres y mujeres en la sociedad, parece que la razón principal para oponerse se basa en la intuición de que escoger el género de un bebé es incorrecto. Sin embargo, una cantidad de especialistas en fertilización consideran que la selección del género es un derecho humano esencial.

En el 2001 la *American Society for Reproductive Medicine* [Sociedad Norteamericana para la Medicina Reproductiva] afirmó que ayudar a las parejas a seleccionar el género de sus bebés para la «variedad del género» fue correcto y ético. En una carta para aconsejar a un especialista de infertilidad, el jefe del comité de ética de la sociedad dijo que era aceptable que una pareja escogiera un embrión del género opuesto al de sus hermanos/as mayores.

Por supuesto, la selección del género usando el diagnóstico de la pre-implantación es una versión de la tecnología avanzada de un proceso que ha existido durante miles de años. Hay muchas personas alrededor del mundo que enfrentan una intensa presión al concebir un bebé de un género específico. En la India es frecuente que los familiares obliguen a las mujeres embarazadas a hacerse el test prenatal como un ultrasonido de alta resolución, o una amniocéntesis, para identificar el género del feto. Si descubren que es una niña, se realiza el aborto. Un informe del Boletín Médico Británico calcula que esta es la razón por la cual en la India se abortan por lo menos cincuenta mil fetos femeninos al año.[2] La mayoría de estos abortos ocurren en clínicas privadas de aborto y en laboratorios donde se identifica el género, de las cuales hay dos mil solamente en Delhi. Las pruebas para determinar el género dejan una gran ganancia y, aunque en la India se han pasado leyes que hacen esta práctica ilegal, es difícil sino imposible, que el gobierno lo controle. Se calculó que el 70% de todos los abortos en Delhi fueron casos de feticidios femeninos. En algunas regiones de la India la proporción de niñas a niños ha bajado a 800 niñas por cada 1000 niños. Otro informe reciente calcula que por causa de la selección del género en la India se «pierden» aproximadamente 50 millones de mujeres.[3] Las niñas se perciben como una carga económica para los padres porque ellos necesitan dar la dote para el matrimonio. También se ven como una posible vergüenza porque son más vulnerables al acoso sexual. No es sorprendente que muchos comentaristas y expertos en la ética de los Estados Unidos y de Europa expresen su rechazo de esta práctica discriminatoria. Parece que la selección del género es ético, pero solo para los que están de acuerdo con estos principios liberales de la sociedad Occidental.

El diagnóstico de la pre-implantación genética y la selección del embrión

En el presente, el diagnóstico de la pre-implantación genética y la selección del embrión está restringido a detectar las enfermedades del bebé, como las células enfermas con anemia o fibrosis quística que tienen un impacto severo en la calidad de vida. Sin embargo, el rápido incremento para identificar los genes que predisponen a la persona para enfermarse, le permite a los científicos detectar variantes genéticas que tienen un impacto menos severo en la vida del bebé, como la predisposición a la obesidad, la diabetes, enfermedades del corazón, asma y varias formas de cáncer. Parece que también se pueden identificar las variaciones genéticas que incrementan la resistencia a una enfermedad infecciosa. Identificar y modificar los genes que predisponen «las características sociales deseadas» es más especulativo y todavía pertenece al campo de la ficción científica. Sin embargo, la velocidad del progreso en la genética molecular y la tecnología reproductiva es suficiente para eliminar la complacencia.

Es común hacer una distinción entre la selección *negativa* contra los embriones que llevan variantes genéticos que predisponen enfermedades, y la selección *positiva* a favor de embriones en donde se encuentran variaciones genéticas que son socialmente deseables. En realidad, la distinción es menos clara de lo que parece al comienzo. Si decidimos no escoger un embrión con un genotipo predispuesto para causar una enfermedad, ¿debemos rehusar escoger un embrión con un genotipo portador de una enfermedad que no la va a afectar pero que pudiera pasarla a una futura generación? ¿Debemos seleccionar una variante genética con un riesgo *reducido* de enfermedades en comparación con la población en general? De todos los embriones disponibles, ¿por qué no se escoge los que tienen menos riesgo de enfermedad y la mejor probabilidad de bienestar futuro?

Muchos predicen, como el bio-tecnólogo Lee Silver, que la selección de los embriones se ha convertido en una tendencia permanente, por lo menos en la sociedad norteamericana, donde la mayoría «se aferra a la importancia suprema de la libertad y a los bienes personales para determinar lo que se permite al individuo hacer y lo que se podría hacer». Aunque la selección de embriones se está haciendo en un porcentaje mínimo de parejas para evaluar una pequeña cantidad de los genotipos de las enfermedades, «con cada año venidero aumentará el poder de la tecnología, y su aplicación será más eficiente. Poco a poco la selección del embrión se incorporará a la cultura norteamericana, como otras tecnologías reproductivas del pasado [...] Ambiente y genes están una al lado de la otra. Ambas contribuyen a la posibilidad de que los niños obtengan logros y éxito en la vida, aunque ninguna lo garantiza. Si permitimos que el dinero compre la ventaja de uno de estos, será difícil prohibir hacerlo para los genes, y viceversa, en especial en una sociedad que da a la mujer el derecho de abortar por cualquier razón».[4] En otras palabras, si la sociedad ha aceptado que es legal el destruir un feto que no se quiere, ¿sobre qué terreno lógico podemos rechazar el permitir la selección de embriones con las características deseadas?

En algunos países el proceso de encontrar un donante de huevo y espermatozoide se ha comercializado bastante. Por vía Internet se puede revisar el perfil del donador y se puede seleccionar el apropiado origen étnico, el color de los ojos, la estatura, logros educativos e intereses. Los donantes de huevos son especialmente deseados, y se dice que la donación del huevo se ha convertido en un medio para que las estudiantes femeninas sin dinero paguen la universidad.

La selección de donantes de acuerdo a las preferencias individuales posiblemente tengan resultados no esperados. Una pareja de lesbianas con una sordera severa optó en forma deliberada tener un bebé sordo al escoger el espermatozoide de un amigo donante con sordera. Como miembro de la sociedad de sordos, ellas querían tener un hijo que se acomodara con facilidad a su estilo de vida. El caso produjo discusiones acerca del grado de libertad personal que debe gobernar la aplicación de las tecnologías reproductivas.

Hermanos salvadores

El examen de pre-implantación genética permite la posibilidad de que los embriones se seleccionen para crear un niño que actúe como el donador idóneo de tejido para un hermano que ya existe. En el Reino Unido, Raj y Shahana Hashmi apelaron a la corte en el 2003 para que les permitieran crear un bebé por selección del embrión que fuera adecuado para donar la médula del hueso a su hermano Zain, de cuatro años, que sufre de beta talasemia. Después de una prolongada batalla, el tribunal de apelación acordó que se llevara a cabo el procedimiento. En un caso similar, otra familia del Reino Unido viajó a Chicago para seleccionar un embrión y crear un bebé que pudiera actuar como donador de células madre para su hermano mayor, quien sufre de una condición rara llamada la anemia de Diamond Blackfan. Este caso ilustró la facilidad con que el «turismo médico» puede llevarse por delante las regulaciones de la bioética.

Clonación

En febrero de 1997, la creación de Dolly, la oveja clonada, marcó otra etapa clave en la biotecnología. Dolly se creó usando el ADN que se tomó de un cultivo de células de una glándula mamaria de una oveja adulta. Se transfirió el núcleo del material a un huevo que no se había fertilizado y del cual se había sacado el núcleo original. El nuevo embrión creado se insertó en el útero de otra oveja donde creció, dando origen a Dolly.

Los comentaristas y expertos en la ética hablaron de inmediato acerca de la posibilidad de usar la misma técnica en los seres humanos. Esta no era una idea nueva. Aldous Huxley en su novela *Un mundo feliz* introdujo el concepto a una audiencia masiva. «El proceso de Bokanivsky [...] un huevo, un embrión, un adulto normal. Pero el huevo Bokanovsky brotará, se proliferará, se dividirá. De ocho a noventa y seis yemas y cada yema crecerá en un embrión perfecto y cada embrión en un adulto. Hacer que crezcan noventa y seis seres humanos donde antes solo crecía uno. El progreso».[5] La película de Ira Levin *Los niños de Brasil* se basa en el uso de clonar en una conspiración con el fin de duplicar un ejército siniestro neonazi.

Con estas ideas horrendas en la conciencia del público, no sorprende que la reacción a la creación de Dolly fuera intensa. Muchos científicos que trabajan en el campo de la genética de los mamíferos y en la embriología se sorprendieron por el rechazo a esa investigación. Las visiones de Huxley y Levin son engañosas porque es poco probable que algunos gobiernos totalitarios o los dictadores neonazi empleen la tecnología en el futuro cercano. En su lugar, la demanda de la clonación de embriones humanos viene del campo médico.

Es importante distinguir entre la clonación reproductiva y la llamada clonación «terapéutica». La *clonación reproductiva* involucra la creación de un embrión para implantarlo en el vientre de la madre llevando al desarrollo de un nuevo individuo. La *clonación terapéutica* es la creación de un embrión humano que se puede manipular para producir células madre con propósitos médicos. No se permite ningún desarrollo en el embrión después de los primeros catorce días, y así no se desarrollará ningún ser individual. Desde la creación de Dolly, la mayoría de los legisladores y científicos se han opuesto a la clonación reproductiva, basándose en los riesgos conocidos y no conocidos para la salud del bebé clonado. Pero han aclamado en términos extravagantes el potencial de beneficios terapéuticos derivados de las células madre de embriones.

Terapias con las células madre

Igualar células madre genéticamente ofrece notables expectativas para el nuevo tratamiento de enfermedades médicas. Las células de la sangre, la piel, el músculo y el cerebro pueden crecer en el laboratorio y se pueden implantar sin la necesidad de un tratamiento contra el rechazo porque se puede aparejar con el paciente el mensaje genético idéntico. Si estamos preparados para aceptar la generación, la manipulación y la destrucción de embriones, es posible que tengamos acceso a un conjunto de nuevos tratamientos para enfermedades hereditarias, degenerativas y el cáncer. Después de un debate prolongado, las autoridades de Inglaterra permitieron la clonación terapéutica y la creación de cultivos de células madre de embriones humanos bajo una estricta regulación.

Otro uso que se ha sugerido de técnicas de la transferencia de núcleos de las células es la prevención de enfermedades hereditarias raras (afectando un componente de la célula llamado mitocondria) que pasan mediante el citoplasma del huevo madre.

Si el ADN del núcleo de la madre se inserta en el huevo donador de donde se sacó el núcleo, seguido por la FIV, sería posible que la madre tuviera un bebé genético sin el riesgo de la enfermedad de la mitocondria que tampoco pasaría a la próxima generación. Un posible tercer escenario es que después de dar a luz un bebé, la madre reciba quimioterapia para cáncer lo cual implica quedarse estéril permanentemente. Si su bebé muere, por ejemplo en un accidente trágico, la clonación de las células que se recogieron antes o aun después de la muerte del bebé le permiten a ella tener otro bebé que es todavía genéticamente de ella.

La clonación le permite a la pareja lesbiana compartir un linaje del bebé, y evitar la introducción de genes extraños en su relación. Un miembro de la pareja puede proveer la célula donadora, y la otra puede proveer el huevo que no está fertilizado. El nuevo embrión se puede introducir en el útero de la segunda mujer, permitiendo que el bebé este biológicamente relacionado con ambas mujeres.

La tecnología del perfeccionamiento

La nueva biotecnología se puede usar no solo para combatir serias enfermedades e incapacidades. Promete dar a los seres humanos un notable poder para cambiar la estructura y capacidad de nuestro cuerpo. En un futuro previsible tendremos el poder de seleccionar las características de los niños, usar terapia de genes para manipular el ADN en diferentes partes de nuestro cuerpo, mejorar la fuerza y resistencia de los músculos, reemplazar y reparar diferentes partes del cuerpo con células madre o sustancias artificiales, fortalecer el funcionamiento del cerebro por el uso de drogas psico-activas o conexión directa con el computador y prolongar el tiempo de vida al modificar los mecanismos de la vejez en la maquinaria celular. Todas estas técnicas se están investigando en el presente haciendo experimentos con animales y muchos están a punto de entrar en el área humana.

Temas

Detrás del desconcertante rango de problemas que surgió por el avance de la biotecnología humana, se han identificado varios temas recurrentes.

La biotecnología causa el colapso de la distinción entre lo natural y lo artificial

Históricamente siempre hemos dividido el mundo en objetos que eran naturales —parte de lo que da el mundo natural— y objetos que eran artificiales —que el propósito humano origina y que la artesanía humana fabrica. A medida que avanza la tecnología, el mundo de los artefactos gana más importancia mientras que lo natural la pierde paulatinamente. Como lo expresa el Profesor Oliver O'Donovan de la Universidad de Oxford: «Cuando se entiende que cada actividad es una forma de fabricación, entonces cada situación se ve como la materia prima en espera de fabricar algo de esta».[6]

Oliver O'Donovan ha afirmado que la relación de los seres humanos con su propio cuerpo es de alguna forma la última frontera con la naturaleza. Por mucho que modifiquemos el ambiente natural y nos rodeemos de los productos de nuestra invención, no podremos escapar de la «naturaleza» de nuestros propios cuerpos. Pero ahora esta última frontera de lo natural se está rompiendo cada vez más. No tenemos que aceptar las limitaciones de nuestros cuerpos creados. Al entender el mecanismo molecular y biológico del cual están construidos nuestros cuerpos, podemos aprender cómo manipularlo y mejorarlo. El sueño antiguo de la tecnología de controlar y mejorar la naturaleza que tiene origen en la Ilustración, se puede extender ahora al mismo diseño del cuerpo humano. Nuestros cuerpos se pueden estimar como materia prima, con el potencial para modificarse o mejorarse de acuerdo a nuestros deseos. Si el cuerpo humano se viera como el producto de fuerzas ciegas y al azar durante millones de años de evolución, entonces, ¿por qué vacilamos en el uso de nuestra inteligencia evolucionada para mejorar el diseño?

La biotecnología cambia la naturaleza de la paternidad

A medida que se desarrolla la tecnología reproductiva, esta ofrece nuevas oportunidades a los padres para ejercer control sobre el proceso de la procreación. Podemos escoger el donador del huevo y el espermatozoide que va a formar el embrión. Se pueden hacer pruebas al embrión y seleccionar al que tiene el potencial genético óptimo. Algunos comentaristas dicen que no hay diferencia entre gastar dinero en educación y gastar dinero en asegurar que su bebé tenga un potencial genético óptimo. Ambas son formas de mejorar las oportunidades del bebé en la lotería de la vida. Si podemos aprender a manipular el ADN con seguridad para mejorar su futuro potencial, entonces, no hay razones éticas por las cuales no podamos involucrarnos en este proceso para poco a poco mejorar la naturaleza humana.

De hecho, algunos biólogos dicen que el mejoramiento de la constitución genética de cada individuo es una meta esencial de la comunidad humana. Estas son las palabras del biólogo molecular Lee Silver: «Mientras que los genes del egoísmo controlan las otras formas de vida, el amo y el esclavo han intercambiado sus posiciones en los seres humanos, quienes ahora tienen el poder no solo para controlar sino también para crear nuevos genes por ellos mismos. ¿Por qué no adueñarse de ese poder? ¿Por qué no controlar esto que en tiempos pasados tuvimos que dejar al azar? Realmente controlamos todos los otros aspectos relacionados con la vida e identidad de nuestros hijos a través de poderosas influencias sociales y ambientales. ¿Sobre qué bases podemos rechazar la influencia positiva de la genética en la esencia de la persona cuando aceptamos que los padres tienen el derecho de beneficiar a sus hijos en cada otra forma?»[7] Y Bentley Glass usa el lenguaje de los derechos para destacar el rol de la tecnología genética: «El derecho de los individuos para procrear necesita dar lugar a un nuevo derecho que es superior a todo otro derecho; el de que cada niño entre a la vida con una adecuada dotación física y mental».[8]

En un futuro cercano será posible hacer la prueba a los embriones para determinar un amplio rango de características que incluyen la inteligencia, la fuerza física y el tamaño como también la susceptibilidad a un gran número de enfermedades. Por primera vez las parejas genuinamente podrán seleccionar el bebé a su gusto, el bebé que está de acuerdo a su estilo de vida. Quizás, dentro de poco tiempo, la selección del mejor embrión sea una parte esencial de la responsabilidad paterna. «Yo me debo a mí y a mi futuro hijo el poder darle el mejor comienzo genético posible para la vida». Disfrazado como la responsabilidad de la clase media, el dios del consumismo al fin se manifestará en la paternidad.

La biotecnología ofrece la posibilidad de solucionar los problemas antiguos de la humanidad

Desde el comienzo de la civilización los seres humanos hemos luchado con las limitaciones de nuestra naturaleza física. Cada generación necesita aprender de nuevo las realidades humanas que son el envejecimiento, las enfermedades, infertilidad, limitaciones, aspectos en que son frágiles, la depresión y la muerte. Frente a estas realidades luchamos para aprender sabiduría, intuición y aceptación. Esta es la forma en que hemos sido hechos, esta es la «condición humana». Pero ahora, por primera vez en la historia humana, la biotecnología ha avanzado a tal punto que parece ofrecer solución a estos problemas antiguos. No tenemos que enfrentar esta dolorosa realidad con aceptación y resignación pasiva. Tenemos la tecnología. Podemos aprender a ser libres de nuestras limitaciones que la naturaleza física nos ha impuesto. Este es un potente sueño para muchos científicos y filósofos. La filosofía de transhumanismo promueve el punto de vista que la tecnología del perfeccionamiento debe estar a la disposición de la humanidad; ya que los individuos deben tener una amplia libertad de elección acerca de cuáles tecnologías aplicar para ellos mismos; y que los padres deben tener la libertad de decidir cuál tecnología reproductiva usar cuando piensan tener hijos. Muchos transhumanistas creen que posiblemente la tecnología lleve a una nueva forma de «seres poshumanos», seres con una salud indefinida, mayores capacidades intelectuales comparadas con los seres humanos presentes, nuevas formas de percibir el ambiente y de ejercer control sobre el funcionamiento intelectual y emocional.[9]

La posibilidad de terapias espectaculares en el futuro triunfa sobre las preocupaciones éticas en el presente

En la década de 1980, cuando se celebró el primer debate público de la investigación del embrión humano, muchos científicos fueron elocuentes respecto a los avances dramáticos terapéuticos que este trabajo daría por resultado. Una vez que la investigación del embrión humano fue legal, se asumió que la infertilidad sería más rara, las causas del aborto se descifrarían, las enfermedades congénitas se sanarían y el desarrollo fetal anormal se trataría. Una edición de un periódico dijo: «En un mundo con tanto sufrimiento, sería poco ético *no* permitir la investigación del embrión». Después de más de quince años, los avances terapéuticos logrados gracias a la investigación del embrión humano, son bastante modestos. Existen nuevas técnicas para la evaluación genética del embrión, pero no se tienen las nuevas terapias prometidas. Es imposible predecir lo que va a pasar con la investigación científica, y la historia científica y médica está llena de ejemplos de promesas que nunca llegaron a ser realidad. Sin embargo, en debates públicos acerca de la biotecnología, como las investigaciones de las células madre del embrión, está la posibilidad de terapias espectaculares en el futuro que dominen el diálogo y se difundan al público: el tratamiento de la espina dorsal para víctimas de trauma como Chistopher Reeves, nueva esperanza para las víctimas de la enfermedad de Alzheimer, reemplazar tejidos en el paciente con problemas en el corazón, riñón o hígado. Cuando los futuros posibles beneficios de la investigación se comparan con las preocupaciones éticas acerca de la manipulación del embrión en un análisis simple de la utilidad, siempre dominará la posibilidad de nuevas terapias, por especulativas que estas sean,

Respuesta cristiana

En respuesta a estos retos necesitamos comenzar por desarrollar una comprensión bíblica de la humanidad a la luz de la revelación de Dios.

El orden de la creación

Un tema central en la creación que narra Génesis es que Dios infundió orden en la creación. Tanto a las cosas animadas como a las inanimadas, se les asignó un lugar y una función. En el simbolismo bíblico, con frecuencia se usa el océano como una imagen de desorden, de caos. Sin embargo, en la creación Dios fijó los límites para el mar. Dios le dijo a Job: «¿Quién encerró el mar tras sus compuertas cuando éste brotó del vientre de la tierra? [...] ¿O cuando establecí sus límites y en sus compuertas coloqué cerrojos? [...] "Sólo hasta aquí puedes llegar; de aquí no pasarán"» (Job 38:8-11). La creación de Dios no puede pasar los límites que él ya creó. No hay parte de la creación, por caótica o autónoma que sea, que no esté sujeta a los límites intrínsecos que impuso el Creador. Dios no solo creó la estructura física de la creación, incluyendo la estructura física de nuestros cuerpos, sino que también creó un orden moral escondido que dirige cómo se deben usar estas estructuras, es decir, cómo debemos comportarnos. Es como si hubiera una corriente escondida en toda la creación. Si vivimos nuestras vidas de acuerdo a esa corriente, portándonos en forma tal que concuerde con el orden moral, entonces nuestra vida funcionará, floreceremos. Esto es lo que la Biblia llama «sabiduría» (por ejemplo, como dice Proverbios 4:10-12: «Escucha, hijo mío; acoge mis palabras, y los años de tu vida aumentarán. Yo te guío por el camino de la sabiduría, te dirijo por sendas de rectitud. Cuando camines, no encontrarás obstáculos; cuando corras, no tropezarás»). Así que sabiduría, vivir sabiamente, es vivir de acuerdo al orden moral escondido del universo. Dios ha colocado el orden moral en el diseño de su creación y hace que los que llevan su imagen sean racionales y tengan responsabilidad moral. Son capaces de entender y responder con libertad a sus mandamientos. La libertad humana solo puede funcionar con los límites que Dios le fijó. Esta es la diferencia entre libertad humana (libertad con los límites incorporados en nuestra naturaleza física por el orden moral) y libertad divina (sin límites, con la excepción de los límites que la naturaleza inmutable de Dios colocó).

Dios es quien impone orden, significado y propósito en toda la creación. En la narrativa bíblica el origen de la especie humana (Génesis 1–2) y el desarrollo del feto individual en el vientre (Salmo 139:13-16) se describe como un diseño meticuloso y amoroso. Este es el orden de la creación que impuso la voluntad del Creador.

La imagen de Dios

Los seres humanos son únicos en todo el orden de la vasta creación, porque ellos son los únicos creados a la imagen de Dios, o según una traducción alternativa, fueron hechos *como* la imagen de Dios (Génesis 1:27). Los seres humanos son como Dios. Dios no escogió otra criatura en todo el planeta tierra, ni animada ni inanimada, para llevar su imagen. En la antigüedad parece que fue común que el rey hiciera una imagen de él hecha de piedra o metal simbolizando su soberanía sobre un territorio en particular. Esta lo representaba a él ante el pueblo que gobernaba. No se ve la imagen de Dios solo en nuestras capacidades o atributos, en *lo que podemos hacer* y en los trabajos que Dios nos ha dado, sino también en *lo que somos nosotros* por la creación, la esencia de nuestra humanidad.

La revelación bíblica nos recuerda que los seres humanos no se pueden explicar a sí mismos su existencia. Estas derivan su significado aparte de ellos, del Dios a cuya imagen están hechos. No somos individuos autónomos, creándonos a nosotros mismo constantemente por las decisiones y elecciones que hagamos. No, nosotros somos imágenes, somos reflejos. La dignidad de nuestra humanidad es derivada; viene de él cuya imagen tenemos. Nosotros somos seres dependientes.

El eticista Paul Ramsey, habla del niño no nacido, en estas palabras: «La dignidad de un ser humano es un desborde del trato de Dios con él o ella y no es principalmente una anticipación de cualquier cosa que él o ella pueda llegar a ser. El Señor no puso su amor en ti porque intrínsecamente tú eres más que una masa de tejido en el útero». El teólogo Helmut Thielicke lo dice así: «La semejanza divina descansa en el hecho que Dios nos recuerda». La imagen divina es como un espejo reflejando la gloria de Dios. Como un espejo se pone oscuro si le falta la fuente de la luz. En las palabras de Thielicke, «este solo posee luz prestada».[10]

En la historia de mi vida, yo tengo un grado de independencia, la dignidad de la elección genuina, la libertad relativa de una criatura. Pero no es simplemente «mi» vida para hacer lo que me plazca. Mi vida solo tiene significado en relación con Dios.

Para una sociedad como la nuestra en donde prevalece el individualismo liberal, este concepto es peculiar, sin sentido, incluso atroz. Sin embargo, la revelación bíblica trata de nuestra dependencia. Job expresa esto en forma poética: «Tú me hiciste con tus propias manos; tú me diste forma [...] tú me modelaste, como al barro [...] ¿No fuiste tú quien me derramó como leche, quien me hizo cuajar como queso? Fuiste tú quien me vistió de carne y piel, quien me tejió con huesos y tendones. Me diste vida, me favoreciste con tu amor, y tus cuidados me han infundido aliento» (Job 10:8-12). Similarmente, Eliú, en el libro de Job, refleja la completa dependencia de la raza humana en Dios: «Si pensara en retirarnos su espíritu, en quitarnos su hálito de vida, todo el género humano perecería, ¡la humanidad entera volvería a ser polvo!» (Job 34:14-15). El mismo concepto se encuentra en las palabras de Jeremías: «yo sé que el hombre no es dueño de su destino, que no le es dado al caminante dirigir sus propios pasos» (Jeremías 10:23). La revelación bíblica nos recuerda que «nosotros somos más nosotros mismos no cuando buscamos dirigir y controlar nuestro destino, sino cuando reconocemos y admitimos que Dios fundamenta y sostiene nuestra vida».[11]

En el pensamiento bíblico, cada vida humana tiene su dignidad única por la imagen divina. Ya que cada vida tiene un valor incalculable e inconmensurable. En otras palabras, no es posible calcular el valor de la vida humana en términos materiales y no es posible comparar el valor de una vida humana con otra. Cada ser humano es una obra maestra única de la creación de Dios. En palabras literales del salmo ocho, nos «hiciste poco menos que un dios» (Salmo 8:5).

Para muchos pensadores seculares tu dignidad depende de tu función —de lo que tú puedes hacer, de lo bien que funciona tu corteza cerebral, o si puedes escoger y ejercer autonomía personal. Si tu nivel de funcionamiento es bastante reducido, entonces tienes menos valor. Pero en el pensamiento cristiano la dignidad de los seres humanos no reside en lo que puedas hacer, sino en quién eres, por la creación. Los seres humanos no necesitan ganar el derecho de recibir el trato como seres hechos a la imagen de Dios. Nuestra dignidad es *intrínseca*, en la forma en que hemos sido hechos, en cómo nos recuerda Dios y cómo nos llama Dios. Entonces la ética bíblica, la forma en que Dios nos anima a tratar el uno al otro, se deriva de la antropología bíblica, de la manera en que Dios nos hizo.

Las consecuencias de la caída

El corazón del relato de la caída en Génesis 3 es el rechazo que los seres humanos hicieron del orden de la creación que Dios instituyó para el bien de la humanidad y para disfrutarla. Adán y

Eva dieron un golpe autónomo de independencia moral de Dios. Al comer el fruto que se les había prohibido, ellos descubrieron las consecuencias catastróficas de la desobediencia.

Aunque después de la caída el universo se fracturó y se quebró, una parte crucial de la comprensión bíblica es que el universo todavía tiene el orden moral, la corriente escondida. Este rompimiento es el rompimiento del orden y no es un caos.

Como Dios les advirtió, la desobediencia de Adán y Eva causó que la muerte entrara al mundo: «El día que de él comas, ciertamente morirás». En el simbolismo poético de la narración de la creación, en el jardín del Edén, Adán y Eva tenían acceso al árbol de la vida junto con los otros frutos del jardín. Ellos podían escoger comer del fruto del árbol de la vida y vivir para siempre. En su lugar, decidieron desobedecer a Dios y comer del fruto que se les había prohibido comer. Al permitir el acceso al árbol de la vida, Dios mostró que su intención original para el ser humano era la vida eterna. En el pensamiento bíblico la muerte del ser humano, con todo su horror y misterio, no es «natural», no es parte del plan original de Dios. La intuición profunda que tenemos casi todos, que la muerte física, especialmente la muerte de un bebé o de una persona joven, es un ultraje, una interrupción extraña de la naturaleza, y del anhelo inexplicable que tenemos por la eternidad, refleja el orden original de la creación. No fuimos creados para morir; fuimos hechos para vivir para siempre. Por eso es que la muerte es el «último enemigo» (1 Corintios 15:26). Parece fútil imaginar qué hubiera pasado si el ser humano no hubiera desobedecido a Dios. En el pensamiento bíblico se ve claro que la muerte no es parte del orden de la creación de Dios, sino una interrupción misteriosa y terrible en la naturaleza de la existencia. Y debido a que los seres humanos estamos «en Adán», tenemos una solidaridad orgánica física con él. Estamos sujetos a la muerte y a la decadencia.

Podemos ver el eco de esto en la comprensión biológica del envejecimiento humano y de la muerte. Es interesante que la muerte no sea una necesidad biológica. Cada célula viva y el organismo están equipados con la maquinaria necesaria para sanarse y renovarse de modo que la vida continúe indefinidamente. Aunque parece sorprendente, la vida eterna no es una imposibilidad biológica. En un sentido, aunque las células individuales están destinadas a morir, los organismos parecen estar diseñados para vivir para siempre. El proceso del envejecimiento involucra mecanismos biológicos activos que entendemos poco, que impiden que el proceso de repararse y renovarse funcione, que lleva al fin al decaimiento biológico y la muerte. Quizás este sea una contra parte física de la verdad bíblica que por medio de la maldad humana la creación está sujeta a «la corrupción que la esclaviza» (Romanos 8:21).

El inevitable compañero de la muerte es el miedo. La bendición de la vida humana se transforma a la esclavitud del temor, en especial el temor a la muerte. El terrible temor a la muerte que está presente siempre lleva al ser humano a tomar medios extraordinarios y con frecuencia patéticos. Quizás el ejemplo más bizarro es el de los que arreglan que su cuerpo se congele en nitrógeno líquido con la esperanza vana que futuras generaciones descubran el elixir de la vida eterna. Pero en otras formas menos obvias el temor a la muerte motiva tanto las investigaciones médicas como nuestros intentos desesperados para usar la tecnología con el fin de prolongar la vida.

Pero hay una mejor respuesta para el temor a la muerte. Como dice el escritor de Hebreos, Cristo vino para «librar a todos los que por temor a la muerte estaban sometidos a esclavitud» (Hebreos 2:15). A pesar de todo su terror y misterio, en la cosmovisión bíblica la muerte no es un concepto completamente negativo. Es como lo describe C.S. Lewis con su maravillosa frase, «una misericordia severa». Al final de la caída, los seres humanos están exiliados del jardín del Edén, en especial para prevenir que coman del fruto del árbol de la vida y que vivan para siempre. Y para prevenir que vuelvan y capturen el fruto por la fuerza, los querubines y una espada ardiente están colocados para custodiar el camino que lleva al árbol de la vida (Génesis 3:21-24). En el cuidado providencial de Dios de su creación, los seres humanos no fueron creados para vivir para siempre en su estado degradado. El tiempo de vida está limitado, no solo como resultado de una maldición, sino *debido a la gracia de Dios*.

Más adelante, en el libro de Génesis, por causa del aumento de la maldad de la raza humana, el tiempo de vida se limitó a 120 años (Génesis 6:3). El Salmo 90, atribuido por tradición a Moisés, enseña que por el pecado humano, «Algunos llegamos hasta los setenta años, quizás alcancemos hasta los ochenta, si las fuerzas nos acompañan. Sin embargo, tantos años de vida, solo traen pesadas cargas y calamidades: pronto pasan, y con ellos pasamos nosotros» (v. 10). El salmista expresa duelo y pesadumbre por la vanidad de la existencia humana y la necesidad de tomar esto en cuenta. «Enséñanos a contar bien nuestros días, para que nuestro corazón adquiera sabiduría» (v. 12).

En la providencia de Dios, la muerte provee una salida misericordiosa a una existencia atrapada en un cuerpo pecaminoso y corrompido. La actitud de los cristianos hacia la muerte debe reflejar una ambivalencia curiosa. Necesitamos retener, primero, el sentido de escándalo frente a la destrucción que la muerte produce; segundo, aceptar que el fin de la vida física es una evidencia de la gracia de Dios, una «misericordia severa»; y finalmente, un sentido de esperanza futura en el conocimiento que en último caso la muerte se destruirá. Los profesionales cristianos del cuidado de la salud están llamados a luchar contra la muerte mientras que reconozcan la futilidad final de su lucha, y buscan discernir cuándo el trato para sostener la vida puede ser inapropiado y cuándo el proceso de morir se convierte en la misericordia severa, incluso en una forma extraña de sanidad.

La entrada de la muerte en la vida humana condena nuestra existencia física a una futilidad espantosa. Los seres humanos están condenados a volver al polvo de donde fueron tomados. «Porque polvo eres, y al polvo volverás» (Génesis 3:19). Los poemas de los servicios funerales de la Iglesia Anglicana revelan el ciclo fútil de la existencia humana, «polvo a polvo, ceniza a ceniza». Así que el polvo de la tierra que es tanto el origen de nuestros cuerpos humanos como también la fuente de nuestra comida se convierte en un símbolo de la eventual corrupción y muerte.

La realidad de la muerte atrapa a los seres humanos en el mismo círculo de futilidad que al resto del mundo animal. «Dios los está poniendo a prueba, para que ellos mismos se den cuenta de que son como los animales. Los hombres terminan igual que los animales; el destino de ambos es el mismo, pues unos y otros mueren por igual, y el aliento de vida es el mismo para todos, así que el hombre no es superior a los animales. Realmente, todo es absurdo, y todo va hacia el mismo lugar. Todo surgió del polvo, y al polvo todo volverá» (Eclesiastés 3:18-20).

Al final del libro de Eclesiastés (12:1-8), el predicador ilustra gráficamente la futilidad y el duelo del envejecimiento del cuerpo físico, la decadencia progresiva y el mal funcionamiento biológico. Hay «días malos», cuando tú dices: «No encuentro en ellos placer alguno». Para el predicador, el envejecimiento trae oscuridad, debilidad física, miedo, incapacidad, apatía y pérdida de libido «el deseo no está despierto» la muerte trae su inevitable descanso. La revelación bíblica representa sin misericordia el ciclo desolado de la vida humana desde la perspectiva terrenal.

La perspectiva bíblica nos ayuda a retener un sentido de las limitaciones de la medicina y del cuidado de la salud. A pesar de todo nuestro conocimiento maravilloso y de la tecnología, no podemos redimir nuestro cuerpo físico del ciclo de la muerte y la decadencia. No hay arreglo de tecnología o biología que arregle los últimos misterios de la condición humana. No podemos vencer el envejecimiento ni la muerte eventual mediante la tecnología médica. En la providencia de la misericordia de Dios, la espada ardiente permanece bloqueando la ruta al árbol de la vida.

En los primeros capítulos de Génesis vemos el advenimiento del artífice humano y de la tecnología temprana. Jabal fue el padre de los que viven en tiendas de campaña y crían ganado. Jubal fue el padre de los que tocan el arpa y la flauta. Tubal Caín fue herrero y forjador de toda clase de herramientas de bronce y de hierro (Génesis 4:19-22). Para el autor de la narrativa estos personajes están viviendo de acuerdo a los mandatos de la creación subyugando la tierra y aprovechándose del potencial diverso y maravilloso escondido en la materia prima de la tierra.

En Babel se ve el lado oscuro de la tecnología. Los constructores tenían deseos egoístas: «nos haremos famosos» y evitemos «ser dispersados por toda la tierra». Vinot Ramachandra sugiere que Babel es el matrimonio de tres sueños humanos, el sueño de la tecnología (construir una ciudad que fuera la envidia de los dioses y las naciones), el sueño de la religión (divinizar el ser humano al alcanzar el cielo), y el sueño político (construir una sociedad totalitaria basada en la tecnología).[12] Babel simboliza el uso de los artefactos humanos y la tecnología para celebrar la autonomía humana. Las palabras «Vamos a hacer [...] » (Génesis 11:3) hacen eco de cada palabra de Dios cuando hizo al ser humano, «Hagamos al ser humano a nuestra imagen [...] » (Génesis 1:26).

Babel simboliza el mito de la tecnología la cual no reconoce límites a las posibilidades de la tecnología humana, tecnología que se usa para usurpar el lugar que le pertenece a Dios como nuestro creador y volcar el orden de la creación. Esta es una historia de la acción colectiva, una unidad que termina en confusión y dispersión. Pero la confusión que Dios crea es el acto del juicio y de nuevo un acto de misericordia. La torre que no se terminó está como un monumento a la necedad de la arrogancia humana y como señal de la misericordia de Dios que intervino para prevenir que el sueño de la tecnología (una pesadilla) se cumpliera.

En la encarnación y en la resurrección de Cristo se vindica y se completa el orden creado

Cuando Dios interrumpe la historia para traer redención a su pueblo caído, ¿trastorna el orden creado que había establecido antes para introducir una clase completamente nueva de la realidad, una nueva creación? No. Dios se revela a sí mismo en la forma de un «modelo original» del ser humano.

En la encarnación, la muerte y la resurrección de Cristo, el orden creado se restablece y se completa. Es posible que antes de la resurrección alguien se preguntara si la humanidad y la creación misma eran una causa perdida. Quizás el único posible final para la trágica historia de la caída de la creación es el juicio final de Dios y la destrucción del orden creado. Pero cuando Cristo resucitó como un *ser humano físico*, Dios proclamó su voto de confianza en el orden creado. El diseño original del ser humano no se abandonó, ni se desechó o se marginó; este se afirmó y se realizó. En el pensamiento trinitario bíblico, a través del advenimiento de Cristo, la naturaleza física humana se ha asumido en forma misteriosa a la divinidad. Entonces los cristianos deben tratar el cuerpo humano, con su diseño extraño e idiosincrático, con un respeto especial. ¿Por qué? *Porque esta es la forma en que Dios se hizo carne.*

Jesús comparte la materia prima de la creación. Su cuerpo es hecho de polvo como el nuestro. Los escritores de los evangelios destacan la humanidad completa de Cristo. Él está cansado, enojado, tiene hambre, angustia, agonía. En la resurrección de Cristo, la creación física no está trastornada sino consumada o mejor involucrada en una realidad mayor y más rica. En Jesús, el segundo Adán, vemos al ser humano perfecto, lo que se esperaba que fuera el primer Adán, y el pionero, el modelo para un nuevo tipo de persona, en él se manifiesta la nueva creación, el primer fruto de los que han de venir (1 Corintios 15:20).

En lugar de comenzar con una tabla raza, Dios declara, en la resurrección de Cristo, que para el futuro él sostendrá, redimirá y transformará la humanidad que originalmente se hizo. Así que la resurrección de Cristo señala el pasado, la creación de los seres humanos, y señala el futuro de la transformación del ser humano. Nuestra humanidad es vindicada y transformada. En el propósito misterioso de Dios, esto es lo que Dios siempre quiso que fuera. Esta es la meta última del orden creado. Pablo escribe: «Y así como hemos llevado la imagen de aquel hombre terrenal, llevaremos también la imagen del celestial» (1 Corintios 15:49). La imagen de Dios heredada desde Adán se transformará y completará en una nueva y más gloriosa imagen. Sí, todavía seremos el reflejo. No perdemos nuestra dependencia como criaturas. Pero todavía descubriremos la imagen verdadera que debíamos haber llevado.

La resurrección es un «sí» final e irrevocable de Dios a la humanidad. Si tomamos en serio las doctrinas bíblicas de la encarnación y la resurrección, necesitamos concluir que la estructura física de nuestro cuerpo humano no es algo de lo que estamos libres para cambiar sin antes pensarlo con cuidado.

Sin embargo, necesitamos tomar en serio la realidad de la maldad en el mundo de Dios, los efectos amplios de la caída que distorsionan y lo dañan todo. La obra maestra original, creada con tanto amor y que demuestra la mano artística de Dios está dañada, desfigurada, contaminada, envejecida. El barniz está rallado y amarillento. La estructura está acabada por el comején. El reflejo del carácter de Dios está distorsionado y en parte oscurecido. Pero a través de la imperfección todavía vemos el esquema de la obra maestra. Todavía el diseño subyacente nos inspira un sentido de maravilla.

¿Cuál es nuestra responsabilidad con esta obra maestra? ¿Cuál es nuestro deber como una comunidad humana? Si vemos al ser humano como una obra maestra dañada, entonces nuestra responsabilidad es preservarla y restaurarla. Estamos llamados a proteger las obras maestras de más daño, y tratar de restaurarlas *de acuerdo al plan original del artista*.

Tecnología médica como la restauración de arte

Igual que el médico, el restaurador responsable y profesional de las obras maestras tiene que actuar de acuerdo al código de la práctica ética. La *intención del creador original* o del artista es normativa. El restaurador necesita usar toda la información a su disposición: rayos x, historia clínica, exámenes químicos sofisticados y mucho más para determinar la «constitución original» del objeto, para evaluar qué información contiene el objeto acerca de la intención del creador. Solo cuando se revela la intención original del creador, el restaurador puede decidir qué forma de intervención es la apropiada. La restauración poco ética es el uso de la tecnología para alterar, mejorar o realzar la apariencia de la pieza artística.

Por supuesto, la restauración de una obra de arte es solo una analogía del rol de la tecnología médica y, como todas las analogías, esta tiene limitaciones y dificultades. No obstante, creo que la analogía es útil a medida que tratamos de evaluar las asombrosas posibilidades de la biotecnología. Estamos llamados a usar la tecnología para preservar y proteger el diseño original, para mantener y preservar el orden de la creación presente en la estructura del cuerpo humano. No importa lo tentador que puedan ser o lo espectacular que puedan ser las consecuencias, no debemos recurrir a una restauración poco ética. No somos libres para mejorar el diseño fundamental de nuestra humanidad.

Con la perspectiva de la medicina como una restauración de arte, ¿qué clase de biotecnología es apropiada para «la obra maestra dañada»? Es mi punto de vista que el uso de tecnología, tal como la manipulación genética o la terapia de las células madre, la cual tiene la intención de *restaurar*, recrear una cadena dañada de ADN o reemplazar un tejido dañado por uno normal, parece coherente con la práctica ética. El objetivo es preservar y restaurar el diseño artístico original. No me parece que haya una diferencia fundamental entre proveer una hormona artificial tiroidea para un paciente con hipotiroidismo congénito o reemplazar un segmento del ADN, para que el paciente pueda sintetizar su propia hormona tiroidea. Ambas acciones tienen como meta preservar el diseño original. De la misma forma, se puede considerar como restaurativo el uso de la fecundación in vitro para permitir que la pareja engendre un bebé que sea genéticamente de ellos. Sin embargo, me parece que la terapia que se intenta *mejorar*, con la meta de producir bebés que tengan extremidades más fuertes, mejor crecimiento y cerebro más hábil, está pasando los límites de la responsabilidad humana. Como cristianos bíblicos necesitamos tomar en serio el orden de la creación. En la restauración ética del arte, la intención del artista original debe ser la norma.

Por supuesto, la diferencia entre terapia restaurativa y terapia fortalecedora no está siempre clara. ¿Qué acerca de la terapia del gene la cual intenta mejorar la resistencia a enfermedades contagiosas como el SIDA? ¿Qué acerca de la reparación del mecanismo celular en la cual se prolonga el nivel de vida de 120 años a 150 años? ¿Qué acerca de la medicina psico-activa que mejora la concentración, el nivel de vigilancia o la memoria por encima de los niveles normales? ¿Debemos considerar estas como terapias restaurativas del diseño original o terapias fortalecedoras que cambian fundamentalmente el orden creado?

La nueva biotecnología nos está forzando a pensar más profundamente en el orden natural de la creación. ¿Qué significa ser humano? ¿Cuáles son las limitaciones impuestas por la estructura física y el orden moral de nuestra creación?

Paternidad

En forma similar, la creación y la selección de los embriones, para determinar el requisito del género o el esquema genético de un niño, o la clonación reproductiva para crear un bebé con una estructura genética específica, parece estar lleno de problemas. En el orden original de la creación, un bebé se puede ver como un regalo, un individuo que es igual a nosotros en significado. Pero la evaluación y la selección del embrión, y la clonación reproductiva, convierten a nuestros hijos en un artículo de consumo que escogemos y que refleja nuestros deseos y anhelos. Para mí esto cambia la naturaleza de la paternidad. Es someterse al espíritu controlador de la era. Los padres modernos están en peligro de convertirse en monstruos controladores. Nuestro profundo deseo es querer controlar y diseñar a nuestros hijos para cumplir con nuestros deseos más profundos. Quizás queremos lograr nuestros anhelos no logrados en ellos. Pero la percepción bíblica de paternidad nos enseña que debemos dejar de controlarlos. Aunque tenemos la responsabilidad de proteger, nutrir y educar, necesitamos *respetar* a nuestros hijos como individuos, como iguales a nosotros en el nivel fundamental. Gilbert Meilander dice: «no queremos permitir que se desenvuelva el misterio de la personalidad en nuestros hijos, que es igual en dignidad al nuestro». En lugar de eso «necesitamos poseer la virtud de la humildad frente al misterio de la personalidad humana y el progreso de generaciones. Necesitamos entender que los hijos que vienen después de nosotros no son un simple producto que existen para que los formemos».[13]

¿Qué acerca de la selección de embriones para crear donantes de tejidos igual al de sus hermanos? Aquí el dilema es agonizante y patético. Necesitamos entender el dolor de los padres que ven a sus hijos sufrir las consecuencias de desordenes genéticos letales. ¿Cómo puede estar mal el crear otro bebé que los padres no solo amen sino que además pueda actuar como donador salvador de la vida de su hermano? Sin embargo, el respeto por la integridad y el misterio de la personalidad nos hace sentir incómodos al pensar en la creación deliberada de un hermano para salvar a otro. Traer un bebé al mundo por un motivo específico ulterior, y forzar al bebé a cumplir tal rol, aunque noble, en cierta forma es una manipulación. Por supuesto, usar los niños como instrumentos no es nuevo en la historia de las familias. Los padres han traído niños al mundo para que los ayuden con la cosecha, para que los apoyen cuando están viejos, para proveer un heredero para la dinastía familiar, para proveer compañía en la soledad. Pero el uso de la biotecnología para crear un bebé con características específicas es llevar este proceso aun más lejos. Es subordinar al bebé a nuestra voluntad.

En el pensamiento bíblico no creamos bebés, sino que los

engendramos. Como dice Oliver O'Donovan en su discurso *Begotten or Made?* [¿Engendrado o creado?] hay un pensamiento profundo que tiene su origen en el Credo de Nicene y en el Evangelio de Juan. En las palabras del Credo, el Hijo de Dios fue «engendrado, no fue creado». La intención de la palabra es enfatizar que el Hijo no es parte de la creación, un producto de la voluntad creativa de Dios. En lugar de eso él es eternamente «uno con el Padre». Al ser hechos a la imagen de Dios, compartimos el milagro de engendrar. Nuestros descendientes son seres humanos que comparten con nosotros una naturaleza humana común. En el diseño de Dios nosotros no determinamos quiénes van a ser nuestros descendientes; los recibimos como un regalo, como iguales a nosotros en el nivel fundamental, de la misma forma que el Hijo es igual al Padre. Por el otro lado, lo que hacemos es *diferente* a nosotros. Es un artefacto, ajeno a nuestra humanidad. Este está fundamentalmente a nuestra disposición, es un producto de nuestra *voluntad* en vez de un producto de nuestro *ser*. Uno de los peligros de la tecnología reproductiva es que refleja y contribuye sutilmente a un cambio en nuestra relación con nuestros hijos. Ellos se convierten en un producto de nuestra voluntad, una mercancía a nuestra disposición.

¿Significa esto que no hay alternativa ética para el dilema patético de niños afectados por desórdenes letales hereditarios? En debates públicos acerca de la creación de hermanos salvadores, con frecuencia se implica que la única alternativa para crear un hermano donador es la muerte inevitable de un niño afectado. En verdad hay alternativas, incluso la creación y el uso de bancos de tejidos donados que permiten identificar donadores adulto que son compatibles. Este método ha tenido bastante éxito y parece que va a ser bastante efectivo en el futuro con el tipo de tejido de donadores potenciales de comunidades alrededor del mundo.

Resumen de la respuesta cristiana

En resumen, no hay soluciones claras ni panaceas obvias para los retos y problemas que la biotecnología plantea. Lo que sí es claro es que necesitamos luchar juntos como una comunidad cristiana para tratar de entender con más claridad los cambios rápidos que están ocurriendo en nuestro medio y discernir cómo reaccionar desde la posición de la fe cristiana. Aquí tenemos algunas de las respuestas cristianas.

Primero, creo que estamos llamados a *entender* el dolor profundo y escondido de la pareja sin niños, de familias devastadas por la enfermedad genética, de individuos enfrentando las condiciones degenerativas tales como la enfermedad de Alzhimer. Es la realidad de este dolor escondido, el temor a la muerte o la incapacidad y la búsqueda de soluciones tecnológicas lo que motivan las investigaciones y el desarrollo de la nueva biotecnología. Es triste que a menudo la falta de un cuidado práctico en nuestra sociedad sea lo que parece motivar la búsqueda desesperada de los arreglos tecnológicos para aliviar las dolorosas realidades de la condición humana. La comunidad cristiana debe estar a la vanguardia del cuidado práctico de los incapacitados, los marginados y los que se están muriendo.

Segundo, la comunidad cristiana está llamada a *retar* la mentalidad reduccionista que está comenzando a prevalecer en la sociedad moderna y el sistema de cuidado de la salud. En el ámbito social necesitamos retar el poder económico y político que la nueva manipulación genética y biotecnológica está creando, y exigir que se pueda disponer de la democracia, la transparencia y la justicia en las acciones de los que controlan la tecnología.

Tercero, creo que tenemos una necesidad urgente de desarrollar una *comprensión* más profunda de lo que significa ser un ser humano, creado a la imagen de Dios, contaminado por el mal, afirmado y redimido por el hecho de Cristo (la encarnación, la muerte y la resurrección de Jesús de Nazaret). Necesitamos renovar esa comprensión con la ayuda de teólogos y estudiantes de la Biblia que reflexionen acerca de la naturaleza y las implicaciones del orden natural de la creación y nuestro rol en ella. Al mismo tiempo necesitamos la experiencia práctica de los médicos, genetistas y científicos reproductivos que pueden construir el puente entre el mundo bíblico y el mundo de la ciencia moderna.

Cuarto, necesitamos *presentar* una alternativa bíblica para la cosmovisión de nuestra sociedad: una cosmovisión que considere al ser humano como una maravillosa pero dañada obra maestra, en lugar de organismos generados al azar y que se autoreplican. Una cosmovisión que abarque admiración, respeto, empatía y protección al débil y vulnerable de nuestra sociedad. Una cosmovisión que respete la naturaleza de nuestra humanidad, que apoye y anime la terapia restaurativa mientras resista la posibilidad del abuso de la biotecnología del perfeccionamiento. Una cosmovisión que respete la estructura física de nuestros cuerpos y a la vez señale una realidad mayor, una sanidad más profunda y una esperanza que trascienda la tumba.

Por último, necesitamos esforzarnos para lograr la *justicia global* en la aplicación de la biotecnología. Cada año se gastan miles de millones de dólares en la investigación sofisticada biotecnológica para detectar y tratar desordenes genéticos raros, investigar la terapia del gene y la aplicación de células madre e investigar cómo hacer más lento el proceso del envejecimiento. Mientras que al mismo tiempo se están muriendo cientos de miles de niños en los países pobres del mundo por padecimientos que son fáciles de tratar con un mínimo de tecnología médica. Hay niños ciegos por deficiencia de la vitamina A. Mueren bebés de neumonía que se pudieran tratar con una simple inyección de un antibiótico. Las madres se están muriendo durante el parto por falta de un cuidado básico de obstetricia. Debatimos el buen uso de la biotecnología, pero como cristianos no debemos obviar la demanda de igualdad y de justicia global respecto a cómo aplicar los recursos médicos limitados.

Notas

1 Silver, Lee, *Remaking Eden* [Volviendo a hacer el Edén], Avon, Nueva York, 1997, pp. 224-25.
2 Imam, Z., «India bans female feticide» [La India prohíbe el feticidio femenino] en *British Medical Journal* [Boletín británico de la medicina], 1994, No. 309, p. 428.
3 Silver, Lee, *Remaking Eden*.
4 Allabadia, G.N., «The 50 million missing women» [50 millones de mujeres que faltan], *Journal of Assisted Reproduction and Genetics* [Boletín de reproducción y genética asistida], 2002, No. 19, pp. 411-16.
5 Huxley, Aldous, *Un mundo feliz*, El Ave Fénix, Barcelona, 1995.
6 O'Donovan, *Begotton or Made?* [¿Engendrado o creado?], Oxford Univ. Press, Oxford, 1984.
7 Silver, *Remaking Eden*.
8 Glass, Bentley, «Science, endless horizons or golden age?» [¿La ciencia, horizonte sin límite o edad de oro?], *Science* [Ciencia], 1971, No. 171, pp. 23-29.
9 Bostrom, Nick, «Transhumanist values» [Valores tras-humanistas] en *Review of Contemporary Philosophy* [Boletín de la filosofía contemporánea], vol. 4, 2005, www.nickbostrom.com/.
10 O'Donnovan, *Begotten or Made?*
11 Meilander, Gilbert, *Bioethics: A Primer for Christians* [La bioética: Un primer libro para los cristianos], Paternoster, Carlisle, Penn., 1997.
12 Ramachandra, Vinoth, *Gods That Fail* [Dioses que fallan], Paternoster, Carlisle, Penn., 1996.
13 Meilander, *Bioethics*.

Relaciones entre personas del mismo sexo

En años recientes pocos temas han sido tan explosivos como el de la homosexualidad. Los rápidos cambios sociales han llevado a un grado de aceptación de la homosexualidad que no tiene precedentes. Esto ha llevado a un cambio en la percepción occidental de temas tales como la naturaleza de la sexualidad, el concepto de familia, la educación de los hijos y la naturaleza de los derechos humanos. Es en este contexto que la iglesia necesita ofrecer liderazgo bíblico y responder en forma apropiada a estos planes. Y esto sucede en un momento en el que muchos defensores de los homosexuales ven a los cristianos como una de las principales fuentes de resistencia a sus exigencias.

Al reflexionar en el mensaje de la Biblia y en las exigencias de la cultura, necesitamos reafirmar nuestra creencia en la autoridad de las Escrituras. Si tambaleamos en nuestra creencia de que Dios nos ha hablado en las Escrituras, entonces nos quedamos con la conjetura y la opinión. No obstante, también necesitamos ser sensibles al hecho de que estamos tratando con las emociones de la gente, su identidad sexual y sus sueños de encontrar amor y aceptación. Tenemos que decir la verdad, pero estamos llamados a decir la verdad en amor.

Todos somos humanos y todos somos sexuales. Si nos estereotipamos y nos colocamos un estigma los uno a los otros, entonces no nos tratamos con el respeto que cada uno merece. Después de todo, en lo que a la Biblia se refiere, no hay tal fenómeno como «un homosexual», solo hay personas creadas a la imagen de Dios. Todos compartimos la gloria y la tragedia de ser humanos y lo compartimos en nuestra sexualidad así como en otros aspectos de nuestra vida. Podemos rechazar la práctica homosexual, no tenemos la libertad para deshumanizar a los que se involucran en ella. Todos somos frágiles y vulnerables y, aparte de Jesús, nadie está libre del pecado sexual. Aunque no debemos temer emitir opiniones acerca de lo que está bien y lo que está mal a la luz de las Escrituras, no debemos erigirnos en jueces. Nos juzgarán de acuerdo a las normas con que juzgamos a los demás. Nadie es moralmente superior. Además, los pecados sexuales no son los únicos pecados, ni siquiera los más pecaminosos; el orgullo y la hipocresía de seguro son peores.

Entonces, en lo que sigue, quiero explorar lo que dice la Biblia acerca de las relaciones entre personas del mismo sexo desde un punto de vista cristiano. Es posible que algunos de los que estén leyendo esto no sean cristianos, pero los que sí lo son querrán saber qué dicen las Escrituras con respecto a este tópico. Al descubrirlo, querrán buscar la gracia de Dios para vivir en forma coherente con su Palabra, obedecer su voluntad y testificar al mundo. Sin embargo, espero que los que lean este libro y que no sean cristianos puedan escuchar la voz de Dios llamándoles a descubrir la libertad en este aspecto de su vida de obedecer su voluntad.

La incidencia de la homosexualidad

No todo el mundo tiene una inclinación exclusivamente homosexual o heterosexual. Algunas personas encuentran que les atraen personas del mismo sexo, aunque durante breves períodos de su vida. Una encuesta importante en los Estados Unidos, la *National Health and Social Life Survey* [Encuesta de la salud nacional y la vida social] que se publicó en 1994, encontró que el 2.7% de los hombres manifestaron tener una pareja del mismo sexo durante el último año, 4.1% en los últimos cinco años y un 4.9% desde los dieciocho años. Los datos equivalentes para las mujeres fueron 1.3%, 2.2% y 4.1%.[1] Cuando se les preguntó acerca de «haber hecho alguna cosa sexual» con una persona del mismo sexo desde la pubertad, estos números aumentaron a 9.1% para los hombres y para las mujeres 4.3%.[2] Los datos del 9.1% son los más altos que se han informado en encuestas semejantes hechas en la misma época, pero de ser cierto, esto implica que alrededor del 4% de los hombres que participaron en la encuesta manifestaron alguna forma de actividad sexual con otro hombre antes de los dieciocho años, pero no después.[3] Al examinar solo a las personas que tienen su pareja del mismo sexo, los estudios encontraron que desde la pubertad el 0.6% de los hombres solo han tenido relaciones sexuales con hombres jóvenes u hombres adultos pero nunca con mujeres. En las mujeres la proporción es de 0.2%.

Un estudio grande que se publicó en 1994, titulado *Sexual Behavior in Britain* [El comportamiento sexual en Gran Bretaña] encontró que 3.6% de los hombres (y 1.7% de las mujeres) han tenido contacto genital con el mismo sexo,[4] aunque en el 50% ocurrió solo una vez. Además, el 1.1% de los hombres ha tenido una pareja homosexual en el último año (0.4% para las mujeres), y 1.4% (0.6% para las mujeres) en los últimos cinco años.[6] Solo el

0.3% de los hombres (y el 0.1% de las mujeres) afirmaron tener relaciones sexuales exclusivamente con una pareja del mismo sexo.[7] En un estudio extenso más reciente en Inglaterra se encontró que la proporción de los hombres entre dieciséis y cuarenta y cuatro años que alguna vez tuvieron una pareja homosexual era 5.4%, los que tuvieron una pareja homosexual en los últimos cinco años eran 2.6%. El equivalente en las mujeres fue sorprendentemente alto, de 4.9% y 2.6%.[8]

Estos estudios sugieren que en el mundo occidental, dejando a un lado el experimento de los adolescentes, entre el 3% y el 5.5% de los hombres ha tenido por lo menos un acto homosexual en su vida adulta,[9] entre el 1.5% y el 4% de los de los hombres han tenido una pareja homosexual en los últimos cinco años, y menos del 2% de la población de los hombres, y menos del 1% de la población de las mujeres, son exclusivamente homosexuales en inclinación y práctica.

La pregunta clave

Luego de exponer el contexto para nuestro estudio, estoy listo para hacer la pregunta, ¿son las parejas del mismo sexo una opción cristiana? Formulé mi pregunta con cuidado porque nos introduce a tres distinciones necesarias.

La distinción entre pecado y delito

Primero, desde el informe Wolfenden en 1957 y los resultados de la Ley de Delitos Sexuales en 1967, hemos aprendido a hacer la distinción entre pecado y delito. El adulterio siempre ha sido un pecado (de acuerdo con la ley de Dios), pero en la mayoría de los países no es una ofensa que castigue el gobierno. La violación, por el contrario, es un pecado y un delito a la vez. La Ley de las Ofensas Sexuales de 1967 declaró que el acto homosexual con consentimiento y en privado, entre adultos mayores de veintiún años, no se debe considerar un delito criminal. Sin embargo, hay una diferencia entre no considerar un acto como criminal y la legalización de este. A través de Europa, luego de una resolución del Tribunal de los Derechos Humanos, las leyes que criminalizaban el acto sexual con consentimiento entre hombres adultos ya no son válidas. Sin embargo, Dinamarca y los Países Bajos, por ejemplo, han dado estatus legal a las parejas del mismo sexo.

Globalmente, la actitud es muy diversa. En aproximadamente setenta países alrededor del mundo las relaciones homosexuales son ilegales, y en algunos de ellos las relaciones entre personas del mismo sexo se castiga con la ejecución. En otros países las sentencias en las cárceles son largas y se trata a la gente con severidad. Esta antipatía hacia la homosexualidad algunas veces puede amenazar el fundamento de la humanidad que compartimos. En una sesión de las Naciones Unidas en la que se trató este tema, el presidente de Zimbabue, Robert Mugabe dijo que las lesbianas y los hombres homosexuales son «menos que humanos» y por lo tanto, no tienen los derechos humanos.[10] Sin embargo, los derechos humanos son aquellos derechos que se le confieren a un ser humano en virtud de ser humano y por nada más.

La distinción entre preferencia y práctica

Segundo, es importante señalar desde el comienzo que lo que nos concierne aquí es la práctica homosexual (de la cual la persona es responsable) y no la orientación o preferencia homosexual (de la cual él o ella no es responsable). La importancia de esta distinción va más allá de la atribución de la responsabilidad a la atribución de la culpa. No culpamos a las personas por lo que son, aunque sí lo hacemos por lo que hacen. En cada discusión acerca de la homosexualidad se necesita hacer la diferencia entre «ser» y «hacer»; es decir, entre la identidad y actividad de una persona, su preferencia sexual y su práctica sexual, constitución y conducta.

Cualquiera que sea nuestra inclinación, necesitamos llevar todo pensamiento cautivo a Cristo y reconocer que la relación sexual es una celebración gozosa de la unión entre un hombre y una mujer de por vida. La persona que no se puede casar y vive en celibato y una vida casta, cualquiera que sea su orientación sexual, está viviendo una vida que le agrada a Dios.

La diferencia entre casual y comprometido

Tercero, necesitamos distinguir entre un acto casual y una relación con compromiso la cual (según dicen) expresan tanto el amor humano como la relación heterosexual en el matrimonio. Ninguna persona homosexual responsable (sea cristiana o no) es partidaria de la promiscuidad «cada noche con una persona diferente». Sin embargo, lo que algunos argumentan, en especial en el *Lesbian and Gay Christian Movement* [Movimiento cristiano lesbiano y gay, LGCM, por sus siglas en inglés], es que el matrimonio heterosexual y una relación homosexual son «dos alternativas válidas por igual»,[11] que son igualmente tiernas, maduras y fieles. La afirmación de los principios del LGCM contiene la aserción que «es totalmente compatible con la fe cristiana no solo el amar otra persona del mismo sexo sino también expresar ese amor en una relación sexual».[12]

En el año 2003 este punto de vista fue el centro de una serie de acontecimientos muy dolorosos para la iglesia cristiana. Voy a mencionar tan solo tres. El primero ocurrió el 28 de mayo de

2003, cuando Michael Ingham, Obispo de la diócesis de New Westminster en Canadá, anunció la aprobación para que seis parroquias en el área de Vancouver bendijeran la unión de parejas del mismo sexo. Esto causó una fuerte protesta de la iglesia en todo el mundo. El Arzobispo de Canterbury, el Dr. Rowan Williams, dijo que New Westminster «estaba ignorando las considerables reservas de la iglesia» y que estaba yendo «significativamente más allá de lo que la enseñanza de la iglesia o el consentimiento pastoral pueden justificar». Continuó diciendo: «lamento la tensión y la división inevitable que resultará de este acontecimiento».[13] J.I. Packer, un teólogo conservador y líder de la iglesia muy respetado, fue uno de los que abandonó el sínodo que aprobó la bendición de la unión del mismo sexo. Para él, no era legítimo permitir que la experiencia juzgara o moldeara las Escrituras para buscar una base con la cual bendecir la relación homosexual.[14] Tal paso se desvió de la enseñanza bíblica, llevando a la gente a un error porque no les ayudó a vivir una vida casta y le hizo creer a las personas que Dios bendice un comportamiento cuando en realidad lo condena. Él tan solo hizo la pregunta: ¿Cómo podría hacerlo?

El segundo hecho fue la consagración del reverendo Canon Gene Robinson como Obispo de New Hampshire, en los Estados Unidos, el 2 de noviembre de 2003. Hacía quince años que Canon Robinson vivía en una relación homosexual. El impacto de esta consagración en la comunidad Anglicana fue todavía mayor que el suceso de New Westminster. De nuevo el Arzobispo de Carterbury, Rowan Williams, tuvo que responder y reconoció que al hacerlo, quedaba abierta la división en todo el mundo como consecuencia de dicho acto, del cual dijo «un caso muy lamentable». La consagración se llevó a cabo, aunque el mes anterior se reunieron treinta y siete arzobispos en el Palacio Lambeth y advirtieron las consecuencias de tal acto. Su temor se confirmó cuando primados del mundo entero expresaron su inquietud y en algunos casos su ira frente a este acto.

El tercer caso fue la propuesta del reverendo Canon, Dr. Jeffrey John como Obispo de Reading, en Gran Bretaña, que se anunció el 21 de mayo de 2003 y fue propuesto por el Obispo de Oxford, el Dr. Richard Harries. Jeffrey John llevaba más de veinte años en una relación homosexual pero dijo que, aunque la relación continuaba, no era una relación sexual, además él y su amigo no vivían juntos, a causa de sus responsabilidades ministeriales. Sin embargo, él ha sido extremadamente crítico en cuanto a las enseñanzas ortodoxas sobre la sexualidad, en especial la enseñanza de la Conferencia de Lambeth en 1998. Aunque afirmó que si fuera consagrado como obispo él obedecería la enseñanza y la disciplina de la iglesia en el ámbito de la sexualidad, muchos consideraron que no había una evidencia real de arrepentimiento por su estilo de vida anterior, ni había suficiente confianza en que él sería capaz de apoyar la enseñanza ortodoxa como obispo, dado su punto de vista personal. Después de una reunión con el Arzobispo Rowan Williams, él renunció, pero más tarde lo aceptaron como decano de St Albans.

Estos tres sucesos fueron bastante dolorosos para la iglesia en Inglaterra, ya que expusieron la profunda división que todavía existe acerca de los temas de la sexualidad humana y en particular las relaciones del mismo sexo. Por lo tanto, es importante que como cristianos creamos en la Biblia y que examinemos el texto original de las Escrituras para ver qué podemos sacar a la luz en cuanto a este tema.

Entonces, la pregunta ante nosotros no es en relación con la práctica homosexual casual, sino preguntarnos si la pareja homosexual —de por vida y que se ama— es una opción cristiana. Nuestra preocupación es someter las actitudes que prevalecen (que van desde una repulsión total hasta una aprobación igualmente completa) a un escrutinio bíblico. ¿Es nuestra «preferencia» sexual solo una cuestión de «gusto» personal? ¿O Dios ha revelado su voluntad en cuanto a una norma? En particular, ¿puede mostrarse que la Biblia apoya a la pareja homosexual, o por lo menos que no la condena? ¿Qué es realmente lo que la Biblia condena?

Las prohibiciones bíblicas

Hay cuatro pasajes importantes que se refieren (o parecen referirse) a la homosexualidad en forma negativa. (1) la historia de Sodoma (Génesis 19:1-13), con la cual es muy natural asociar la historia de Guibeá (Jueces 19); (2) el texto de Levítico (Levítico 18:22; 20:13) que lo prohíbe en forma explícita: «No te acostarás con un hombre como quien se acuesta con una mujer»; (3) la descripción del apóstol Pablo de la decadencia de la sociedad pagana en su tiempo (Romanos 1:18-32); y (4) las dos listas paulinas de pecadores, cada una de las cuales hace referencia a la práctica homosexual (1 Corintios 6:9-10; 1 Timoteo 1:8-11).

La historia de Sodoma y Guibeá

La narración de Génesis deja claro que «Los habitantes de Sodoma eran malvados y cometían muy graves pecados contra el SEÑOR» (Génesis 13:13), y que «El clamor contra Sodoma y Gomorra» era «ya insoportable, y su pecado [...] gravísimo», tanto que Dios decidió investigar esto (Génesis 18:20-21) y al final «destruyó a esas ciudades y a todos sus habitantes, junto con toda la llanura y la vegetación del suelo» (Génesis 19:25) por un acto de juicio que fue totalmente consecuente con la justicia del «Juez de toda la tierra» (Génesis 18:25). No hay controversia respecto al origen de la historia bíblica. La pregunta es, ¿cuál era el pecado de la gente de Sodoma (y Gomorra) que meritó su destrucción?

El punto de vista cristiano tradicional ha sido que fueron culpables de la práctica homosexual, la que ellos trataron (sin éxito) de infligir a los dos ángeles que Lot hospedaba en su casa. De ahí la palabra «sodomía». Pero el teólogo Sherwin Bailey, al evaluar de nuevo la evidencia, cuestionó esta interpretación, y es importante que consideremos sus argumentos. Primero, desde su punto de vista, la frase «Sácalos, para que los conozcamos» (Génesis 19:5, RVR 60) no necesariamente significa «para que así podamos tener relaciones sexuales con ellos». En hebreo la palabra «conocer» (*yada'*) aparece 943 veces en el Antiguo Testamento, de las cuales diez se relacionan con el acto sexual e, incluso así, solo al coito heterosexual. Sería mejor traducir la frase «para que nos podamos familiarizar con ellos». Entonces, entendemos que la violencia de los hombres se debía a la ira porque Lot había ido más allá de sus derechos como un extranjero residente, él le había dado la bienvenida a dos extraños en su casa «cuyas intenciones es posible que fueran hostiles y cuyas credenciales no se habían examinado».[15] En este caso, el pecado de Sodoma fue invadir la privacidad de la casa de Lot y mofarse de las antiguas reglas de hospitalidad. Lot les suplicó que desistieran porque, dijo él, los dos hombres «han venido a hospedarse bajo mi techo» (v. 8).

Sin embargo, Robert Gagnon, en lo que debe ser el tratado enciclopédico más exhaustivo sobre la Biblia y la homosexualidad, titulado *The Bible and Homosexual Practice: Text and Hermeneutics*, [La Biblia y la práctica homosexual: Texto y hermenéutica] comenta que aunque es posible que la hospitalidad sea parte de la historia, el foco está en el acto degradante y deshumanizante de la violación homosexual. Al comentar el pecado de Sodoma, él dice que el coito homosexual trata el hombre «como si su identidad masculina fuera nada, como si no fuera hombre sino mujer. Penetrar a otro hombre era tratarlo como *assinnu*, como a alguien en quien su "masculinidad se transformó en feminidad". Esos tres elementos (intento de penetración de los hombres, intento de violación, falta de hospitalidad) y quizás una cuarta (inconsciente, intento de tener relaciones sexuales con los ángeles) se combinaron para hacer de esto un ejemplo particularmente atroz de la depravación humana que justifica el acto de Dios de una total destrucción».[16]

Segundo, Bailey afirmó que en ningún lugar del resto del Antiguo Testamento se sugiere que la naturaleza de la ofensa de Sodoma fuera la homosexualidad. En lugar de eso, Isaías implica que fue la hipocresía, la injusticia social; Jeremías implica adulterio, engaño y maldad en general; y Ezequiel, soberbia, avaricia, apatía e indiferencia hacia el pobre (Isaías 1:10ss; Jeremías 23:14; Ezequiel 16:49ss; cf. las referencias en el libro apócrifo al orgullo en Eclesiástico 16:8 y la falta de hospitalidad en Sabiduría 19:8). El mismo Jesús (aunque Bailey no menciona esto) en tres ocasiones diferentes se refiere a los habitantes de Sodoma y Gomorra, diciendo que «será más tolerable» para ellos en el día del juicio que para los que rechazan el evangelio (Mateo 10:15; 11:24; Lucas 10:12). En todas estas referencias no hay siquiera una pista o rumor de la conducta incorrecta de la homosexualidad. Es solo cuando miramos los escritos pseudepígrafos palestinos del siglo II a. C., que el pecado de Sodoma se identifica como un comportamiento sexual no natural.[17] Esto tiene un eco claro en la carta de Judas, en la que él dice que «Sodoma y Gomorra y las ciudades vecinas son puestas como escarmiento […] por haber practicado, como aquellos, la inmoralidad sexual y los vicios contra la naturaleza» (v. 7), y las obras de Filón y Josefo, escritores judíos que estaban asombrados de las prácticas homosexuales de la sociedad griega.

Sherwin Bailey manejó la historia de Guibeá en la misma forma, porque son paralelas muy cercanas. Otro extranjero residente (en esta ocasión un «anciano» anónimo) invita a dos extraños (no son ángeles, sino un levita y su concubina) a su casa. Hombres malos rodearon la casa e hicieron la misma exigencia que los sodomitas, que se saque al visitante «para que lo conozcamos» (RVR 60). El propietario de la casa primero les suplica que no sean tan «viles» con su «huésped», y entonces, en su lugar, les ofrece a su hija y a la concubina. El pecado de los hombres de Guibeá, se vuelve a sugerir, no fue la propuesta del coito homosexual sino la violación de sus derechos de hospitalidad.

Aunque Bailey debía haber conocido que la reconstrucción de estas dos historias era a lo sumo, tentativa, no obstante, hizo la exagerada afirmación que «no hay la más mínima razón para creer, como un hecho histórico o una revelación de la verdad, que la ciudad de Sodoma y sus vecinos se destruyeron debido a las prácticas de la homosexualidad».[18] Por el contrario, la tradición acerca de la «sodomía» más tarde se derivó de fuentes judías apócrifas.

Pero el argumento de Sherwin Bailey no es convincente por varias razones:

- Los adjetivos «perversidad», «viles» e «infamia» (Génesis 19:7; Jueces 19:23) no suenan apropiadas para describir el quebrantamiento de las reglas de la hospitalidad.
- Ofrecer a cambio una mujer «sí da la impresión de que hay una connotación sexual en el episodio».[19]
- Aunque el verbo *yada'* solo se usa diez veces para el coito sexual, Bailey omite mencionar que seis de estas aparecen en Génesis y una en la historia de Sodoma (acerca de las hijas de Lot que no habían «conocido» varón, v. 8, RVR 60).
- Para los que tomamos el Nuevo Testamento con seriedad, la referencia inequívoca de Judas a la «inmoralidad sexual

y a los vicios contra la naturaleza» de Sodoma y Gomorra (v. 7) no puede descartarse como un mero error copiado de la pseudepigrafía judía.

No hay duda alguna de que el comportamiento sexual no fue el único pecado de Sodoma, pero de acuerdo con las Escrituras de seguro fue uno de sus pecados, lo cual trajo sobre esta el temeroso juicio de Dios.

Los textos de Levítico

Ambos textos en Levítico pertenecen al «Código de Santidad» que es la esencia del libro y el cual reta al pueblo de Dios a cumplir sus leyes y no copiar las prácticas ni de Egipto (donde vivían antes) ni de Canaán (a donde él los estaba llevando). Esas prácticas incluían relaciones sexuales que eran prohibidas, una variedad de desviaciones sexuales, el sacrificio de niños, la idolatría y la injusticia social de diferentes clases. En este contexto vamos a leer los siguientes dos textos:

> No te acostarás con un hombre como quien se acuesta con una mujer. Eso es una abominación (Levítico 18:22).

> Si alguien se acuesta con otro hombre como quien se acuesta con una mujer, comete un acto abominable y los dos serán condenados a muerte, de la cual ellos mismos serán responsables (Levítico 20:13).

«Es muy poco dudoso», escribió Barley, «que ambas leyes en Levítico se relacionen al acto homosexual ordinario entre hombres, y no a un ritual u otro acto hecho en nombre de la religión».[20] Sin embargo, otros piensan de modo diferente. Ellos dicen que los dos textos están puestos en un contexto que principalmente tienen que ver con la pureza ritual, y Peter Coleman añade que la palabra «detestable» o «abominación» en ambos versículos está asociada con la idolatría. En inglés, la palabra expresa disgusto o rechazo, pero en la Biblia su significado predominante se relaciona con la verdad religiosa más que con moralidad o estética».[21] Entonces, ¿estas prohibiciones eran tan solo un tabú religioso? ¿Se relacionan con esta otra prohibición: «Ningún hombre o mujer de Israel se dedicará a la prostitución ritual» (Deuteronomio 23:17)? Es cierto que el culto ritual de fertilidad en Canaán incluía la prostitución ritual y, por lo tanto, proporcionaba hombres y mujeres que eran «prostitutos sagrados» (aunque no hay evidencia clara de haber coito homosexual). A los reyes malos de Israel y Judá con frecuencia los introducían en la religión de Yahvé y a menudo los reyes justos estaban sacándolos (ver por ejemplo, 1 Reyes 14:22ss; 15:12; 22:46; 2 Reyes 23:7).

Así que, los que argumentan a favor de la homosexualidad dicen que el texto de Levítico prohíbe las prácticas religiosas que habían cesado desde hacía mucho tiempo y no tienen relevancia con las relaciones del mismo sexo en el presente. Sin embargo, les pertenece el peso de la prueba. Como William J. Webb señala en su trabajo reciente sobre hermenéutica, aquí el problema tiene que ver los límites sexuales.[22] Las leyes del incesto protegen los límites entre padres e hijos; las leyes de bestialismo protegen los límites entre humanos y animales. De manera similar, los límites en la homosexualidad prohíben el coito entre personas del mismo sexo. Estos límites no son culturales, de manera que cambian a medida que se desarrollan las Escrituras, sino que son transculturales, prohibiendo tal actividad en cualquier lugar y en cualquier tiempo.

Entonces, la interpretación natural de estos dos versículos es que prohíben el coito homosexual de cualquier clase. El requisito de la pena de muerte (abrogado desde hace mucho tiempo, por supuesto) indica la seriedad con que se veía la homosexualidad.

La enseñanza de Pablo en Romanos 1

> Por tanto, Dios los entregó a pasiones vergonzosas. En efecto, las mujeres cambiaron las relaciones naturales por las que van contra la naturaleza. Así mismo los hombres dejaron las relaciones naturales con la mujer y se encendieron en pasiones lujuriosas los unos con los otros. Hombres con hombres cometieron actos indecentes, y en sí mismos recibieron el castigo que merecía su perversión (Romanos 1:26-27).

Todos están de acuerdo en que el apóstol está describiendo la idolatría pagana en el mundo greco-romano de ese tiempo. Ellos tenían cierto conocimiento de Dios a través de la creación del universo (vv. 19-20) y a través de su sentido moral (v. 32); sin embargo, ignoraron la verdad que conocían para practicar la perversidad. En lugar de darle a Dios el honor que merece, se volvieron a los ídolos, adorando y sirviendo a los seres creados antes que al Creador. Como juicio, «Dios los entregó a» su mente depravada y sus prácticas degradantes (vv. 24, 25, 26, 28), incluyendo el sexo «contra la naturaleza». Robert Gagnon dice de esto: «Muy apropiado, un absurdo cambio de Dios por los ídolos lleva al absurdo cambio del coito heterosexual por el coito homosexual. Deshonrar a Dios conlleva la deshonra de uno mismo. No reconocer a Dios lleva a una mente indigna y a una conducta degradada».[23]

Así que, al principio parece que el pasaje condena el comportamiento homosexual. Pero, por otra parte, se presentan dos argumentos. Primero, se dice que Pablo no podía estar hablando de personas con orientación homosexual ya que él dice que su acto homosexual era «contra la naturaleza» y que ellos con anterioridad habían tenido relaciones sexuales con mujeres. Pero la gente con orientación homosexual no tendrían relaciones sexuales con el sexo opuesto ni tampoco las relaciones homosexuales serían para ellos «contra la naturaleza». Segundo, es evidente que Pablo está describiendo el comportamiento insensato y promiscuo de gente a quienes Dios «entregó» en el sentido judicial, ¿qué relevancia tendría esto para parejas homosexuales comprometidas y que se aman? Sin embargo, estos dos argumentos se pueden rebatir, en especial por la referencia del apóstol a la palabra «natural», es decir, al orden creado, como espero mostrar más adelante.

Los demás textos paulinos

¿No saben que los malvados no heredarán el reino de Dios? ¡No se dejen engañar! Ni los fornicarios, ni los idólatras, ni los adúlteros, ni los sodomitas [*malakoi*], ni los pervertidos sexuales [*arsenokoitai*], ni los ladrones, ni los avaros, ni los borrachos, ni los calumniadores, ni los estafadores heredarán el reino de Dios (1 Corintios 6:9-10).

Tengamos en cuenta que la ley no se ha instituido para los justos sino para los desobedientes y rebeldes, para los impíos y pecadores, para los irreverentes y profanos. La ley es para los que maltratan a sus propios padres, para los asesinos, para los adúlteros y los homosexuales [*arsenokoitai*], para los traficantes de esclavos, los embusteros y los que juran en falso. En fin, la ley es para todo lo que está en contra de la sana doctrina (1 Timoteo 1:9-10).

Aquí hay una lista desagradable de pecados que Pablo afirma que son incompatibles en primer lugar con el reino de Dios y en segundo lugar tanto con la ley como con el evangelio. Hay que observar que a un grupo de ofensores se les llama *malakoi* y al otro (en ambas listas) *arsenokoitai*. ¿Qué significan estas palabras? La idea es que las diez categorías enumeradas en 1 Corintios 6:9-10 (con la posible excepción de «los avaros») denota gente que ha ofendido con sus acciones, por ejemplo: idólatras, adúlteros y ladrones.

Las dos palabras griegas *malakoi* y *arsenokoitai* no se deben combinar, ya que «tienen un significado preciso. La primera es literalmente "suave al tacto" y metafóricamente, entre los griegos, se refería a los hombres (no necesariamente niños) que jugaban el rol pasivo en el coito homosexual. La segunda significa literalmente "hombre en la cama", y los griegos usaban esta expresión para el que tomaba el rol activo».[24] Robert Gagnon traduce *malakoi* como «los blanditos» y *arsenokoitai* como «hombres que llevan otros hombres a la cama».[25] La Biblia de Jerusalén sigue a James Moffatt en el uso de palabras feas «catamitas y sodomitas», mientras que en su conclusión Peter Coleman sugiere que «es probable que Pablo estuviera pensando en la pederastia comercial entre hombres adultos y muchachos jóvenes, el patrón más común en el comportamiento homosexual en el mundo clásico».[26] Si esto es así, entonces una vez más se puede afirmar (y ya se ha hecho) que la condenación paulina no tiene relación con adultos homosexuales que consienten y están comprometidos el uno con el otro. Si embargo, esta no es la conclusión a la que llega Peter Coleman. Él resume lo siguiente: «En 1 Corintios, los escritos de San Pablo repudian el comportamiento homosexual como un vicio de los gentiles en Roma, como un obstáculo para entrar en el reino, y como una ofensa que debe repudiar la ley moral en 1 Timoteo».[27]

Al repasar estas referencias bíblicas, que he agrupado, del comportamiento homosexual, tenemos que estar de acuerdo en que son solo cuatro. Entonces, ¿necesitamos concluir que este tópico está al margen de la idea principal de la Biblia? ¿Debemos además admitir que constituyen una base poco sólida sobre la cual adoptar una posición firme en contra de un estilo de vida homosexual? ¿Están esos protagonistas en lo correcto cuando afirman que las prohibiciones bíblicas son «bien específicas»[28] — contra las violaciones de hospitalidad (Sodoma y Guibeá), contra rituales prohibidos (Levítico), contra orgías vergonzosas (Romanos) y contra la prostitución de los hombres o la corrupción de los jóvenes (1 Corintios y 1 Timoteo), y que ninguno de estos pasajes alude, mucho menos condena, una relación amorosa entre personas con orientación homosexual?

Pero no, por plausible que pueda parecer, no podemos manejar el material bíblico en esta forma. El rechazo cristiano de la práctica homosexual no descansa en «unos pocos textos aislados y oscuros» (como algunas veces se dice), cuya explicación tradicional (como también se dice) se puede derrocar. La prohibición negativa de la práctica homosexual en las Escrituras solo tiene sentido a la luz de su enseñanza positiva en Génesis 1 y 2 con relación a la sexualidad humana y el matrimonio heterosexual.[29] Sin la positiva enseñanza de la Biblia sobre la sexualidad y el matrimonio, nuestra perspectiva sobre el asunto de la homosexualidad está destinada a torcerse.

Sexualidad y matrimonio en la Biblia

Me parece que el lugar esencial para comenzar nuestra investigación es la institución del matrimonio en Génesis 2. Dediqué un capítulo de este libro al matrimonio y los lectores también pueden referirse a este. Debido a que los miembros del Movimiento Cristiano de Lesbianas y Homosexuales en forma deliberada trazaron un paralelo entre el matrimonio heterosexual y la pareja homosexual, es necesario preguntar si este paralelo se puede justificar.

Hemos visto que Dios, en su providencia, nos ha dado dos distintas narraciones de la creación. La primera (Génesis 1) es general y afirma la igualdad de los sexos, ya que ambos comparten la imagen de Dios y la administración de la tierra. La segunda (Génesis 2) es específica, y afirma que los sexos se complementan, lo cual constituye la base del matrimonio heterosexual. En esta segunda narración de la creación surgen tres verdades fundamentales.

Género heterosexual: una creación divina

Primero, la necesidad humana de compañía. «No es bueno que el hombre esté solo» (Génesis 2:18). Es cierto que esta afirmación se precisó luego cuando el apóstol Pablo (seguramente haciéndose eco de Génesis) escribió: «Bueno le sería al hombre no tocar mujer» (1 Corintios 7:1, RVR 60). Esto es para decir que aunque Dios instituyó el matrimonio y es bueno, el llamado a estar soltero también es una buena vocación. Sin embargo, como regla general: «No es bueno que el hombre esté solo». Dios nos creó como seres sociales. Él es amor y él nos ha hecho semejantes a él, nos ha dado la capacidad de amar y de ser amados. Él planeó que vivamos en comunidad y no aislados. En especial, Dios dijo: «Voy a hacerle una ayuda adecuada». Incluso más, esta «ayuda» o compañía, que Dios pronunció «adecuada», también era para que fuera su compañera sexual, con quien él iba a ser una «sola carne», para que así ellos pudieran consumar su amor y procrear sus hijos.

El matrimonio heterosexual: una institución divina

Después de declarar la necesidad de Adán de una pareja, comenzó la búsqueda de la adecuada. Los animales no eran la pareja adecuada, entonces se produjo un trabajo divino. Se diferenciaron los sexos. De la humanidad no diferenciada de Adán, surgieron el hombre y la mujer. Adán encontró un reflejo de sí mismo, un complemento para sí, realmente, una parte de sí mismo. Al crear a la mujer del hombre, Dios se la llevó a él, como ocurre en la actualidad con el padre al entregar la novia. Y Adán compuso espontáneamente el primer poema de amor de la historia, diciendo que por fin ahora tenía delante de él una criatura tan bella en sí misma y tan semejante a él que parecía que fuera «hecha para él» (y en verdad era así):

> *Ésta sí es hueso de mis huesos*
> *y carne de mi carne.*
> *Se llamará "mujer"*
> *porque del hombre fue sacada.*
>
> Génesis 2:23

No puede haber duda alguna en el énfasis de la historia. De acuerdo a Génesis 1, Eva, como Adán, fue creada a la imagen de Dios. Pero respecto a la manera de crearla, de acuerdo a Génesis 2, no fue hecha ni de la nada (como el universo), ni «del polvo de la tierra» (como Adán, v. 7), sino de Adán.

La fidelidad heterosexual: la intención divina

La tercera gran verdad de Génesis 2 se relaciona con la institución del matrimonio. En el versículo 23 está registrado el poema de amor de Adán. En el versículo 24 (RVR '60), la frase «por tanto» o «por esta razón» es la deducción del narrador: «Por tanto, dejará el hombre a su padre y a su madre, y se unirá a su mujer, y serán una sola carne».

Ni siquiera el lector que no presta mucha atención notará

las tres referencias a «carne»: «Esta [...] carne de mi carne [...] y serán una sola carne». Estamos seguros que esto fue hecho con un propósito, no fue accidental. Enseña que el coito heterosexual en el matrimonio es más que la unión; es una clase de re-unión. No es la unión entre personas extrañas que no se pertenecen el uno al otro y que no se convierten en una carne adecuadamente. Por el contrario, es la unión de dos personas que originalmente eran una, luego fueron separadas, y ahora en el acto sexual del matrimonio se unen de nuevo.

El coito heterosexual es mucho más que una unión de cuerpos; es la mezcla complementaria de personalidades a través de la cual se experimenta de nuevo la rica unidad creada de los seres humanos. El complemento de los órganos sexuales del hombre y la mujer es solo el símbolo a nivel físico de un complemento espiritual más profundo.

Sin embargo, para convertirse en una carne, y que se pueda experimentar este sagrado misterio, es necesario que se realicen ciertos preparativos, que son los elementos constituyentes del matrimonio. «Por eso» (v. 24),

> «un hombre» (el singular indica que el matrimonio es una unión exclusiva entre dos individuos)
> «deja a su padre y a su madre» (se está pensando en un acontecimiento social público)
> «se une a su mujer» (el matrimonio es un compromiso o un pacto de amor, heterosexual y permanente)
> «los dos se funden en un solo ser» (porque el matrimonio debe consumarse con el coito, el cual es una señal y un sello del pacto del matrimonio, y sobre el cual no se ha lanzado ninguna sombra de vergüenza o pena) (v. 25).

Es importante señalar que más adelante Jesús apoyó esta definición de matrimonio del Antiguo Testamento. Al hacerlo, él la inició con las palabras de Génesis 1:27 (que el Creador «hombre y mujer los creó») y la concluyó con su propio comentario («Así que ya no son dos, sino uno solo. Por tanto, lo que Dios ha unido, que no lo separe el hombre», Mateo 19:6). Aquí hay tres verdades que afirma Jesús: (1) el género heterosexual es creación divina; (2) el matrimonio heterosexual es una institución divina; (3) la fidelidad heterosexual es el propósito divino. La relación homosexual es una violación de los tres propósitos divinos.

El último libro de Michael Vasey, *Strangers and Friends* [Extraños y amigos],[30] intenta combinar la fe cristiana con la defensa de la homosexualidad. Al hacerlo, él ve Génesis 2:24 como que se ha usado para imponer en las Escrituras los ideales domésticos de la familia nuclear con su «idolatría» y «egoísmo».[31] Él dice que Jesús renuncia a casarse como parte del orden del mundo actual a favor de «la libertad cristiana». Al denunciar a la familia de opresiva, se abre el camino para parejas homosexuales como otra opción, incluso mejor.

Sin embargo, él manipuló el material de la Biblia para lograr su propósito. Ni la propia soltería de Jesús, ni su enseñanza de que la soltería es una vocación divina para algunos (Mateo 19:11-12) pueden tomarse como evidencia de que Jesús se opusiera al matrimonio y a la familia ya que estas pertenecen al orden creado. Ni tampoco se muestra a la familia en Génesis 1 y 2 como «nuclear» en un sentido negativo o egoísta. No hay duda alguna que Jesús inauguró un nuevo orden, se refirió a su nueva comunidad como si fuera su propia familia (Marcos 3:34), y advirtió que si surge un conflicto inevitable entre nuestra fidelidad a él y nuestra fidelidad a nuestra familia natural, entonces nuestra fidelidad a él tiene prioridad (Mateo 10:37; Lucas 14:26). Pero Jesús y sus apóstoles también insistieron en que los cristianos tienen una continua obligación para con su familia natural, incluyendo deberes recíprocos entre padres e hijos, y entre esposos y esposas (por ejemplo, Marcos 7:9-13; Efesios 5:22–6:4). La nueva creación restaura y redime la antigua; no la rechaza ni la reemplaza. En cuanto a los ídolos, cada regalo bueno de Dios se puede convertir en un ídolo, incluyendo el matrimonio y la familia; pero ninguno de estos es idólatra ni esclavizante en sí mismo. Sin embargo, la pareja homosexual es esencialmente incompatible con el matrimonio como el contexto que Dios ordenó para la intimidad de una sola carne.

Por esto las Escrituras definen el matrimonio que Dios instituyó en términos de una monogamia heterosexual. Es la unión de un hombre con una mujer, la cual debe conocerse en público (dejando los padres), sellada para siempre (él se unirá a su esposa) y consumada físicamente («una carne»). Y las Escrituras no contemplan ninguna otra clase de matrimonio o de relaciones sexuales, porque Dios no proveyó ninguna otra alternativa.

Por lo tanto, los cristianos no deben condenar de un modo especial la relación homosexual. El hecho es que cada clase de relación y actividad sexual que se desvía de la intención de Dios, automáticamente le desagrada a él y está bajo su juicio. Esto incluye la poligamia y la poliandria (las cuales infringen el principio «un hombre, una mujer») cohabitación y uniones clandestinas (esto no incluye dejar a los padres en forma pública), encuentros casuales y relaciones amorosas temporales, adulterio y muchos divorcios (lo cual crea conflicto con «se une» y con la prohibición de Jesús «que no lo separe el hombre»), y la pareja homosexual (viola la declaración «el hombre» se une a «su mujer»).

En resumen, la experiencia de «un solo ser» que Dios planeó y que las Escrituras contemplan es la unión sexual de un hombre con su esposa, a quien él reconoce como «carne de mi carne». Como George Carey, el entonces Arzobispo de Canterbury, dijo en un discurso en el Seminario Teológico de Virginia el 10 de febrero de 1997: «no encuentro ninguna justificación, en la Biblia o en la tradición cristiana, para la actividad sexual fuera del matrimonio».

Argumentos contemporáneos considerados

Sin embargo, los cristianos homosexuales no están satisfechos con esta enseñanza bíblica acerca de la sexualidad humana y la institución del matrimonio heterosexual. Ellos presentan varias objeciones para defender la legitimidad de la relación homosexual.

El argumento acerca de las Escrituras y la cultura

Por tradición, se asume que la Biblia condena todo acto homosexual. Pero, ¿son los escritores bíblicos una guía confiable en este aspecto? ¿No estaban limitados sus horizontes por su propia experiencia y cultura? El argumento de la cultura por lo general toma una de estas dos formas.

Primero, los autores bíblicos estaban dirigiéndose a asuntos relevantes a sus circunstancias, pero estas eran diferentes a las nuestras. En las historias de Sodoma y Guideá estaban preocupados por los convencionalismos de la hospitalidad en el antiguo Cercano Oriente, que ya están obsoletos o, (si el pecado era sexual) por un fenómeno extremadamente inusual de violación homosexual de parte de una pandilla. En las leyes levíticas la preocupación estaba relacionada con los rituales anticuados de fertilidad, mientras que Pablo se dirigió a las preferencias sexuales de los griegos pederastas. Todo es tan anticuado. El encarcelamiento de los autores bíblicos en sus propias culturas hace que su enseñanza sobre este tópico sea intrascendente.

El segundo problema cultural y complementario es que los escritores bíblicos no se estaban enfrentando a nuestros problemas. El problema de las Escrituras no es tan solo su enseñanza sino también su silencio. Pablo (y mucho menos los autores del Antiguo Testamento) no sabían nada de la psicología post-freudiana. Ellos nunca oyeron acerca de la «orientación homosexual», solo sabían de ciertas prácticas. Nunca entró en sus cabezas la noción de que dos hombres o dos mujeres se pudieran enamorar y desarrollar una profunda y estable relación amorosa comparable con el matrimonio.

Si la única enseñanza bíblica sobre este tema se encontrara en los textos con prohibiciones, podría ser difícil contestar a estas objeciones. Pero una vez que estos textos se ven con relación a la institución divina del matrimonio, estamos en posesión de un principio de la revelación divina que es universalmente aplicable. Se aplicaba a la situación cultural tanto del antiguo Cercano Oriente como al mundo grecorromano del primer siglo, y es igualmente aplicable a los asuntos sexuales modernos de los cuales los antepasados eran muy ignorantes. La razón de la prohibición bíblica es la misma por la cual también deben condenarse a las parejas homosexuales que se aman, es decir, que son incompatibles con el orden que Dios creó. Y no es cultural, ya que la creación estableció ese orden (monogamia heterosexual), sino que su valor es permanente y universal. No puede haber «liberación» de las normas que Dios creó; la verdadera liberación solo se encuentra al aceptarlas.

Este argumento es el opuesto del «literalismo bíblico», del cual el grupo de presión homosexual tiene la tendencia de acusarnos. Es más bien mirar debajo de la superficie de las prohibiciones bíblicas a los puntos positivos esenciales de la revelación divina sobre la sexualidad y el matrimonio. Es significativo que los que están a favor de las parejas del mismo sexo por lo general omiten Génesis 1 y 2 en su discusión, aunque Jesús, nuestro Señor, corroboró sus enseñanzas. Ahora es importante mirar a la relación homosexual y su contexto social en una forma más profunda, y considerar los argumentos usados para apoyar las relaciones homosexuales comprometidas.

El argumento acerca de la creación y la naturaleza

Hay personas que afirman lo siguiente: «Soy homosexual porque Dios me hizo así. Por lo tanto, ser homosexual debe ser bueno. No puedo creer que Dios haya creado personas homosexuales para luego negarles el derecho de la expresión sexual. Entonces, yo intento afirmar y de hecho celebrar, lo que soy por creación». O: «Tú puedes decir que la práctica homosexual es contra la naturaleza y la normalidad, pero no es contra mi naturaleza, a mí no me parece anormal en lo absoluto». Norman Pittenger expresó este argumento de manera bien directa. Él escribió que una persona homosexual «no es una persona "anormal" con deseos y hábitos "no naturales"». Por el contrario, «una persona con orientación heterosexual actúa en forma "natural" cuando actúa de modo heterosexual, mientras que la persona con orientación homosexual actúa de manera igualmente "natural" cuando actúa de acuerdo con su deseo e impulso homosexual intrínseco».[32]

Otros afirman que el comportamiento homosexual es «natural», (a) porque en muchas sociedades primitivas es bastante aceptado, (b) porque en algunas civilizaciones avanzadas (por ejemplo, la antigua Grecia) hasta llegó a idealizarse y (c) porque se dice que está bastante difundido entre los animales: un asunto que todavía se debate intensamente entre los zoólogos.[33]

De cualquier manera, estos argumentos expresan un punto de vista extremadamente subjetivo de lo que es «natural» y «normal». No debemos aceptar las declaraciones de Norman Pittenger de que no hay «normas eternas de lo normal y natural».[34] ¡Ni podemos estar de acuerdo en que el comportamiento animal establece las normas para el comportamiento humano! Desde la creación, Dios estableció una norma para el sexo y el matrimonio. Esto ya se había reconocido en la época del Antiguo Testamento. Se prohibían las relaciones sexuales con animales, porque «Eso es una depravación» (Levítico 18:23), en otras palabras, una violación o confusión de la naturaleza, la cual indica un «sentido embrionario de la ley natural».[35] El mismo veredicto cayó sobre Sodoma por el Testamento de Neftalí, en el segundo siglo a.C.: «Así como el sol y las estrellas no cambian su orden, la tribu de Neftalí está para obedecer a Dios en lugar de a los desórdenes de la idolatría. Reconociendo en todas las cosas creadas al Señor que las creó, no harán como los de Sodoma, los cuales cambiaron el orden natural [...] »[36]

Este mismo concepto estaba en la mente de Pablo, en Romanos 1, cuando escribió acerca de las mujeres que «cambiaron las relaciones naturales por las que van contra la naturaleza» y los hombres que «dejaron las relaciones naturales», con «naturaleza» (*fysis*) él se refería al orden natural de las cosas que Dios ha establecido (como en Romanos 2:14, 27; 11:24). Por lo tanto, lo que Pablo estaba condenando no era el comportamiento pervertido de la gente heterosexual que estaban actuando en contra de su naturaleza, como dice John Boswell,[37] sino cualquier comportamiento humano que esté en contra de la «naturaleza», es decir, en contra del orden que Dios creó. Richard B. Hays escribió una refutación para la exégesis de John Boswell acerca de Romanos 1. Él provee una amplia evidencia contemporánea donde el opuesto de «natural» (*kata fysin*) y «contra la naturaleza» (*para fysin*) se «usó con bastante frecuencia [...] como una forma para distinguir entre el comportamiento heterosexual y el homosexual».[38]

Los comentaristas británicos de Romanos 1 confirman su conclusión, como dice C.K. Barrett: «En los placeres obscenos a los cuales él (Pablo) se refiere se debe ver precisamente la perversión del orden creado que es de esperarse cuando el hombre coloca a la creación en el lugar del Creador».[39] En forma similar, Charles Cranfield escribe que con «natural» y «contra la naturaleza», «Pablo con toda claridad quiere decir "de acuerdo con la intención del Creador" y "contrario a la intención del Creador" respectivamente». «El factor decisivo en el uso que Pablo hace de este [*fysis*, "naturaleza"] es su doctrina bíblica de la creación. Esta denota la orden que se manifestó en la creación de Dios y que los hombres no tienen excusa para rehusar reconocerla y respetarla».[40] Robert Gagnon afirma que «el coito entre personas del mismo sexo está "más allá" o "es un exceso de" la naturaleza en el sentido de que viola los límites para la sexualidad que Dios estableció y que es transparente en su naturaleza hasta para los gentiles».[41]

El orden creado también debe ser nuestra base para responder a otro argumento. Algunos dicen que la iglesia primitiva hizo una diferencia entre problemas primarios y secundarios, insistiendo en un acuerdo en cuanto a los primeros y permitiendo libertad para disentir en cuanto a los segundos. Los dos ejemplos de libertad cristiana a los que ellos con frecuencia se refieren, son la circuncisión y la comida ofrecida a los ídolos. Entonces ellos hacen un paralelo con la práctica homosexual, sugiriendo que es un problema secundario acerca del cual podemos darnos libertad unos a otros. Pero en realidad la iglesia primitiva era más sutil. El Concilio de Jerusalén (Hechos 15) aclaró que la circuncisión no era necesaria para la salvación (problema primario), pero la permitió como un asunto cultural (problema secundario). El Concilio también decidió que, aunque la idolatría estaba prohibida (problema primario), comer comida sacrificada a ídolos no era necesariamente idolatría, de manera que los cristianos con una conciencia fuerte podrían comerla (problema secundario). Los problemas que estaban en segundo lugar, para los cuales a los cristianos se les concedía libertad, no eran problemas teológicos ni morales sino culturales. Este no es el caso con la práctica de la homosexualidad.

A veces se propone un segundo paralelo. Cuando el debate sobre la ordenación de las mujeres estuvo en su apogeo, el Concilio General acordó que la iglesia no debía escoger entre dos posiciones (a favor o en contra), declarando que una era correcta y la otra incorrecta, sino que debía preservar la unidad al reconocer que ambas tenían cierto grado de verdad. Por consecuencia, estamos viviendo con «las dos verdades». Surge la pregunta, ¿por qué no reconocemos de igual manera las «dos verdades» con relación a las parejas del mismo sexo, y no forzamos a las personas para que escojan? La respuesta debe ser clara. Aunque la ordenación de las mujeres es un problema secundario (lo cual muchos niegan), las parejas homosexuales no lo son. El género en relación con el matrimonio es más fundamental que el género en relación con el ministerio. Se ha reconocido que desde el comienzo de la creación de Dios el matrimonio es una unión heterosexual y una institución; es la base de la sociedad humana, es la voluntad de Dios y tiene bases bíblicas claras. El Dr. Wolfhart Pannenberg, profesor de Teología de la Universidad de Munich, habla respecto a este tema. Él dice que «la evaluación bíblica de la práctica homosexual está completamente clara respecto a su rechazo»; él concluye que las iglesias que reconocen la unión homosexual como el equivalente al matrimonio «dejarán de ser parte de la santa iglesia católica y apostólica».[42]

El argumento sobre la calidad de las relaciones interpersonales

El Movimiento de las Lesbianas y los Homosexuales toma prestado de las Escrituras la verdad que el amor es la cosa más grande en el mundo (lo cual es cierto), y de la «nueva moralidad» o de la «ética basada en la situación», que viene de la década de 1960, toma la noción de que el amor es un criterio adecuado por el cual juzgar cada relación (lo cual no es). Sin embargo, en la actualidad este punto de vista está ganando popularidad. Uno de los primeros documentos oficiales que lo adoptó fue el Informe de los Cuáqueros *Towards a Quaker View of Sex* [Hacia un punto de vista cuáquero con respecto al sexo] (1963). Este incluyó las declaraciones siguientes: «uno no debe rechazar "la homosexualidad" más que el ser "zurdo"»,[43] y «lo que importa es la naturaleza y la calidad de la relación».[44] En forma similar, en 1979, la División de la Iglesia Metodista para la Responsabilidad Social, en su informe *A Christian Understanding of Human Sexuality* [Una comprensión cristiana de la sexualidad humana] afirmó que, «las actividades homosexuales no son incorrectas intrínsecamente», ya que «la calidad de cualquier relación homosexual [...] se debe evaluar con el mismo criterio que se aplica a la relación heterosexual. Para el hombre o la mujer homosexual, las relaciones permanentes que se caracterizan por el amor pueden ser una forma cristiana apropiada para expresar su sexualidad».[45] En el mismo año (1979) un comité anglicano emitió el informe *Homosexual Relationships, A contribution to discussion* [Relaciones homosexuales, una contribución para la discusión]. Este fue más cuidadoso, sensato y ambivalente que los informes cuáqueros y metodistas. Sus autores no se sintieron capaces de repudiar siglos de tradición cristiana, aunque «no pensaban que era posible negar» que en algunas circunstancias los individuos «escogieran en forma justificada» una relación homosexual buscando compañía y amor sexual «similar» al que se encuentra en el matrimonio.[46] Entonces, ¿cualquier relación que se caracterice por compromiso mutuo, afecto, fidelidad y apoyo se debe considerar como buena y no rechazarla como mala? Esta rescata a la persona de la soledad, el egoísmo y la promiscuidad, y puede ser tan rica y responsable como liberadora y plena, tal y como en el matrimonio heterosexual.

En la primavera de 1997, el obispo Juan Austin Baker, en St Martin-in-the-Fields en Londres, pronunció un discurso en el que declaró su propia versión de este argumento. El antes obispo de Salisbury, presidente de la Comisión de Doctrina de la Iglesia en Inglaterra y presidente del comité de redacción que produjo el informe moderado *Issues in Human Sexuality* [Temas en la sexualidad humana] (1991), asombró a la iglesia con su radical cambio de opinión. La meta del discipulado cristiano, afirmó con razón, es «ser como Cristo», es decir, «una manera creativa de vivir según los valores, prioridades y actitudes que marcaron su humanidad», en especial el amor. Ahora el sexo en el matrimonio puede ser «una verdadera realización del amor», y «el amor erótico puede, y con frecuencia tiene, los mismos beneficios en las parejas del mismo sexo». Sin embargo, hay tres razones por las que esta afirmación acerca de la calidad de las relaciones del mismo sexo está equivocada.

Las relaciones exclusivas son poco comunes

Primero, el concepto de toda la vida, fidelidad casi marital en la pareja homosexual es en gran parte un mito, un ideal teórico que se contradice por los hechos. La verdad es que las relaciones homosexuales se caracterizan más por la infidelidad que por la fidelidad. La *National Gay Men's Sex Survey 2001* [Encuesta nacional sobre el sexo en los hombres homosexuales en el año 2001], un gran estudio en Gran Bretaña con más de 14.600 personas que respondieron a la encuesta, encontró que más del 73% de los homosexuales ha tenido más de una pareja sexual en el último año.[47] Esto se compara con un 30% en los hombres heterosexuales.[48] Tomas Schmidt comentó: «La promiscuidad entre los hombres homosexuales no es solo un estereotipo, no es tan solo la experiencia de la mayoría, es la única experiencia [...] En resumen, no se puede comparar con el matrimonio heterosexual en términos de fidelidad y duración. Es trágico, que el tiempo de duración de fidelidad entre los homosexuales es una experiencia que casi no existe».[49] «Muchos hombres prefieren las relaciones sin compromiso en lugar de la monogamia» según los informes de SIGMA, una organización importante que investiga la homosexualidad y el SIDA.[50] Parece que hay una inestabilidad innata en las relaciones homosexuales. El argumento basado en la calidad de las relaciones no es convincente.

El sexo entre homosexuales puede hacer daño

Yo escribí bastante acerca del SIDA en el capítulo sobre la «Pobreza mundial» (capítulo 6), puesto que el SIDA es un fenómeno mundial y con frecuencia está asociado con la pobreza. Por eso, solo hablaré aquí de la comunidad homosexual y en especial las prácticas de hombres homosexuales. Es la práctica sexual de los hombres homosexuales lo que los convierte en un grupo de alto riesgo.

Es difícil sostener que las parejas homosexuales sean una expresión de amor al igual que los matrimonios heterosexuales a la luz de los daños y peligros conocidos que implica la práctica sexual de la relación homosexual. Tanto el grado de promiscuidad como la naturaleza de la práctica significan que los hombres homosexuales corren un mayor riesgo de contraer toda clase de enfermedades de transmisión sexual (STD, por sus siglas en inglés), y en especial el SIDA, como también la hepatitis, el cáncer rectal, infecciones tanto virales como no virales y disminución del tiempo de vida. Es cierto que algunas enfermedades también se trasmiten por las mismas actividades entre las personas heterosexuales, pero «estos problemas son exagerados en la población homosexual porque se extienden con facilidad debido a la promiscuidad y debido al estilo de sexo que practican los homosexuales».[51] Si estos peligros físicos están presentes en la actividad sexual de los homosexuales, entonces, ¿cómo las personas que se aman pueden practicarlas?

No se puede evadir este peligro tan solo con el uso del condón, el cual no se considera un método anticonceptivo confiable. Hice dos comentarios y vale la pena repetirlos aquí. El Dr. Patrick Dixon, fundador de AIDS *Care, Education and Training* [Cuidados del SIDA, educación y entrenamiento] (ACET, por sus siglas en inglés), lo resume así: «El condón no hace que el sexo sea seguro, solo lo hace más seguro. El sexo seguro es el que ocurre entre dos individuos que no están infectados. Esto significa una relación para toda la vida, entre personas que fueron vírgenes, y que ahora son fieles el uno al otro para toda la vida».[52] O, para citar la Conferencia Católica de los Estados Unidos: «La abstinencia fuera del matrimonio y la fidelidad en el matrimonio, como también el evitar el abuso de drogas intravenosas, son la forma moral correcta y la forma médica segura de prevenir que se extienda el SIDA».[53]

La comunidad homosexual ha disminuido con el advenimiento del SIDA. Al comienzo de la década de 1980 se le llamó «la plaga de los homosexuales» precisamente porque parecía que golpeaba con más fuerza a la comunidad homosexual. Ahora sabemos que el SIDA puede afectar a cualquier persona, sea hombre o mujer, heterosexual u homosexual, adulto o niño. No se limita a un país específico, pero ahora es una pandemia, a la que Nelson Mandela ha llamado «emergencia global». Se trasmite con más frecuencia en el coito o por el uso de drogas en forma intravenosa (con una aguja contaminada), es incurable, aunque las medicinas modernas pueden aplazar la muerte durante diez años o más. Pero al final, el VIH se convierte en SIDA, manifestándose al atacar y dañar el sistema inmunológico y nervioso del organismo, dejándolo indefenso ante ciertas enfermedades fatales.

La incidencia del SIDA permanece alta en la comunidad homosexual. De acuerdo a UNAIDS, «en el ámbito mundial, un 5 a un 10% de todos los casos de VIH se deben a la transmisión sexual entre los hombres. En partes del mundo, incluyendo Norteamérica, partes de Latinoamérica, la mayoría de Europa, Australia y Nueva Zelanda, las relaciones sexuales entre los hombres son la vía principal de transmisión del VIH, siendo responsable de hasta un 70% de los casos de VIH en estas áreas. En otras partes es una vía secundaria. Sin embargo, en todos los países se subestima el posible alcance de las relaciones sexuales entre los hombres».[54] El gran riesgo viene de la práctica del sexo anal, debido a que pueden ocurrir desgarramientos y pueden existir pequeñas lesiones a través de las cuales el virus tiene fácil acceso. La presencia de otras STD también puede aumentar el riesgo de la transmisión del VIH. El VIH se puede transmitir a través de otros actos sexuales incluyendo el sexo oral, pero la incidencia es mucho menor. En muchas partes del mundo el sexo entre hombres no es público y es difícil de medir, porque es ilegal y secreto. Por lo tanto, a menudo se subestima su presencia.

En la comunidad de aquellos que estudian el VIH/SIDA, se usa la designación MSM (hombres que tienen sexo con hombres, por sus siglas en inglés). Esto es un reconocimiento de que no es la identidad ni la inclinación sexual de los hombres lo que tiene importancia primaria en la discusión del SIDA, sino la práctica sexual en sí misma. Se sabe que algunos MSM posiblemente son hombres heterosexuales que desean tener un encuentro ocasional con otro hombre, o que no pueden declararse como homosexuales por la cultura en que viven.

En los Estados Unidos se calcula que el número de personas que han muerto de SIDA desde 1998 hasta el 2002 fue de 501.669. De estos, la mitad fueron hombres que tenían relaciones sexuales con hombres.[55] De acuerdo a *The American Journal of Public Health* [Revista norteamericana de salud pública], la incidencia en este grupo ha disminuido poco a poco, no por el cambio de comportamiento, sino por el aumento de la efectividad de la terapia antiretroviral.[56] En los Estados Unidos, hay aproximadamente 40.000 nuevas personas que cada año se infectan con VIH, cerca del 70% son hombres y 30% mujeres.[57] De esas personas recién infectadas, la mitad son menores de veinticinco años.[58] De las nuevas infecciones entre los hombres en Estados Unidos, el Centro de Control de Enfermedades, estima que aproximadamente el 60% de los hombres se infectaron a través de relaciones homosexuales.

Nuestra respuesta al VIH/SIDA necesita ser teológica, pastoral y educativa. En el capítulo 6 yo hablé con más detalles acerca de este tema, así que aquí solo señalaré brevemente algunos aspectos similares. Primero, nuestra respuesta necesita ser teológica. Necesitamos recordar que recogemos lo que sembramos. Aunque quizás el SIDA no es un juicio de Dios sobre un individuo, los cristianos no deben considerarlo un accidente. Como dije en el capítulo 6, hay un proceso de causa y efecto que funciona en nuestro mundo, tanto moral como físico, lo que significa que recogemos lo que sembramos. Si seguimos rechazando los caminos de Dios, nuestra conciencia se vuelve menos sensible a las súplicas. En forma física vivimos con la consecuencia de nuestras acciones. Si somos personas promiscuas, tenemos el riesgo de contraer STD, si somos glotones tenemos el riesgo de adquirir enfermedades del corazón o diabetes. Hay consecuencias que debemos enfrentar según las acciones. Entonces, aunque no podemos decir que el VIH/SIDA es el juicio de Dios sobre un individuo en particular, podemos decir que si la sociedad permite que se hagan cosas incorrectas, e incluso lo halaga llamando «a lo malo bueno y a lo bueno malo» entonces necesita enfrentar las consecuencias (Romanos 1:18-32). El juicio ya está en este mundo (Juan 3:18-21; 5:24-29).

Segundo, nuestra respuesta debe ser pastoral. Un paciente norteamericano llamado Jerome dijo: «No me juzgue». «Yo estoy viviendo bajo mi propio juicio. Lo que necesito es que tú camines conmigo».[59] Las iglesias locales necesitan llegar a las personas que sufren con SIDA en su propia comunidad de fe y en comunidades más amplias. Debemos agradecer que tanto los orígenes de residencias para pacientes con cáncer terminal, como su extensión a los que tienen SIDA, se deben en gran parte, aunque no solamente, a esfuerzos cristianos.[60]

Tercero, nuestra respuesta debe ser educativa. Los cristianos tienden a preferir un programa educativo minucioso como la manera más humana y cristiana de combatir la ignorancia, el prejuicio, el miedo y el comportamiento promiscuo, y así revertir la ola de SIDA. Es cierto que la complacencia e indiferencia actuales, que están ayudando a propagar la enfermedad, solo se pueden vencer por medio de la fuerza irresistible de la verdad. En tales programas de educación preventiva las iglesias deben desempeñar un papel fundamental. ¿Acaso no es el fracaso de la iglesia no enseñar y ejemplificar las normas de Dios para la moralidad sexual lo que, más que cualquier otra cosa, tiene la culpa de la crisis actual?[61] No debemos fallar de nuevo, sino que más bien debemos desafiar a la sociedad al autocontrol sexual y la fidelidad, señalando a Jesús como la fuente de perdón y poder. Se han formado varios grupos cristianos para alertar a la iglesia de su responsabilidad, para proporcionar recursos educativos y fomentar los grupos de apoyo.[62]

Sobre todo, «La crisis del SIDA nos reta bastante a ser la iglesia verdadera: ser la iglesia como una comunidad que sana». De hecho, debido a nuestra tendencia a la justicia propia, «la comunidad que sana necesita que el perdón de Cristo la sane».[63]

El amor necesita la ley

Si la primera razón por la cual los cristianos no pueden aceptar el argumento de la calidad de amor, es que la exclusividad es poco común, y la segunda razón es que el amor entre homosexuales le puede hacer daño, la tercera es que el amor necesita la ley. Los cristianos no pueden aceptar que el amor sea absoluto, porque el amor necesita la guía de la ley. Las leyes morales no han sido abolidas. Al enfatizar el amor a Dios y el amor al prójimo como los más grandes mandamientos, Jesús y sus apóstoles no quitaron los otros mandamientos. Por el contrario, Jesús dijo: «Si ustedes me aman, obedecerán mis mandamientos» y Pablo escribió, «Así que el amor es el cumplimiento de la ley» (Juan 14:15; Romanos 13: 8-10).

Entonces, la calidad de la relación es esencial, no es en sí un criterio suficiente para autenticarla. Por ejemplo, si amor es la única prueba de autenticidad, entonces no habría nada contra la poligamia, ya que un polígamo sin lugar a dudas pudiera disfrutar la relación con varias esposas. Permítame darle una mejor ilustración de mi propia experiencia pastoral. En varias ocasiones un hombre casado me ha dicho que se ha enamorado de otra mujer. Cuando lo he regañado con gentileza, él ha respondido con palabras como estas: «Sí, estoy de acuerdo, yo ya tengo una esposa y una familia, pero esta nueva relación es lo verdadero. Nosotros fuimos hechos el uno para el otro. El amor que sentimos tiene una calidad y profundidad que nunca antes experimentamos. Tiene que estar bien». Pero no, he tenido que decirle que no está bien. Ningún hombre está justificado para romper el pacto del matrimonio con su esposa basándose en que el amor por la otra es mejor. La calidad del amor no es la única medida para medir lo que está bien o es correcto.

En forma similar, no negamos que la relación homosexual sea amorosa (aunque es seguro que ellos no pueden alcanzar la misma riqueza que logra el complemento heterosexual que Dios ha creado). Como dijo en Ramsey Colloquium de 1994: «Hasta el amor distorsionado lleva rastros de la grandeza del amor».[64] Pero la calidad del amor entre la pareja homosexual no es suficiente para justificarlos. Realmente tengo que añadir que son incompatibles con el verdadero amor, porque son incompatibles con la ley de Dios. El amor se preocupa por el máximo bienestar del ser amado. Y nuestro máximo bienestar se encuentra en obedecer la ley de Dios y su propósito, y no en rebelarnos contra ellos.

Algunos líderes del Movimiento Cristiano de Lesbianas y Homosexuales siguen la lógica de su propia posición, porque ellos dicen que incluso la monogamia se puede abandonar por «amor». Malcon Macourt, por ejemplo, escribió que la visión de la liberación homosexual es «una amplia variedad de patrones», cada uno de los cuales «se estima por igual en la sociedad». Entre otras, él da las siguientes alternativas: monogamia y múltiples parejas; pareja para toda la vida y pareja para un periodo de crecimiento mutuo; parejas del mismo sexo y parejas de diferentes sexos; viviendo en comunidad o viviendo en pequeñas unidades familiares.[65] No parece haber límites a lo que la gente trata de justificar en nombre del amor.

El argumento acerca de la justicia y los derechos

Si algunos apoyan las relaciones homosexuales basándose en el amor, otros lo hacen basándose en la justicia. Por ejemplo, Desmond Tutu, Arzobispo de Ciudad del Cabo, admirado por su coraje en contra de la separación racial y a favor de la igualdad racial, ha dicho en varias ocasiones que la homosexualidad es solo cuestión de justicia. Otros están de acuerdo. El argumento de la justicia dice: «así como no debemos discriminar entre las personas basándose en el sexo, color, etnia o clase, tampoco debemos discriminar a las personas por su preferencia sexual porque el Dios de la Biblia es un Dios de justicia, al que se describe como que ama la justicia y odia la injusticia. Por eso la búsqueda de justicia debe ser la obligación principal del pueblo de Dios. Ahora que los esclavos, las mujeres y los negros han sido liberados, es tiempo de liberar a los homosexuales. Los que en las décadas de 1950 y 1960 fueron activistas por los derechos civiles, hoy son los activistas por los derechos de los homosexuales. Debemos apoyarlos a ellos por su causa y unirnos a ellos en sus luchas».

Sin embargo, necesitamos definir cuidadosamente los términos opresión, liberación, derechos y justicia. «La liberación homosexual» presupone una opresión de la cual es necesario liberar a los homosexuales, y «los derechos de los homosexuales» implica que la gente homosexual está sufriendo algo malo que se debe corregir. Pero ¿cuál es esta opresión, este mal, esta injusticia? Si esto significa que los sectores de la sociedad los ha menospreciado o rechazado debido a su orientación sexual, y que, de hecho, son víctimas de la homofobia, entonces realmente ellos tienen motivos de quejas que se deben evaluar. Dios se opone a tal discriminación y nos requiere amar y respetar a todos los seres humanos sin distinción. Si por otro lado, las quejas de «lo malo» o «la injusticia» se debe a que la sociedad los rechaza porque no reconoce a las parejas homosexuales como una alternativa legítima a los matrimonios heterosexuales, entonces es inapropiado hablar de «justicia», ya que los seres humanos no pueden reclamar como un «derecho» lo que Dios no les ha dado.

La analogía entre la esclavitud, el racismo, la opresión de la mujer y la homosexualidad es inexacta y de falsas apariencias. En cada caso necesitamos aclarar las intenciones originales del Creador. Por eso, a pesar de los intentos erróneos de justificar la esclavitud y el racismo según las Escrituras, ambos son fundamentalmente incompatibles con la igualdad con la que el ser humano fue creado. De la misma forma, la Biblia honra la feminidad al afirmar que las mujeres y los hombres comparten por igual la imagen de Dios y la administración del medio ambiente, y sus enseñanzas con respecto al «liderazgo» o responsabilidad masculina no se debe entender como una contradicción a la igualdad. Pero el coito, según las enseñanzas de las Escrituras, pertenece solo al matrimonio heterosexual. Entonces, el coito homosexual no se puede considerar como un equivalente permisible, y mucho menos como un derecho divino. La verdadera liberación homosexual (como todas las liberaciones auténticas) no es ser libre de los propósitos revelados de Dios para construir nuestra propia moralidad; es más bien la libertad de nuestra obstinada rebelión para amarle y obedecerle.

El argumento acerca de la aceptación y el evangelio

«Es cierto», algunos dirán, «es responsabilidad de los cristianos heterosexuales aceptar a los cristianos homosexuales. Pablo nos dijo que nos aceptáramos, en realidad que nos recibiéramos, el uno al otro. Si Dios recibe a cualquiera, ¿quiénes somos nosotros para juzgar?» (Romanos 14:1ss; 15:7). Norman Pittenger dice: «El evangelio cristiano consiste en que Dios nos ama y nos acepta tal como somos».[66]

Sin embargo, esta una frase del evangelio que se confunde mucho. En verdad Dios nos acepta «tal como somos», y no tenemos que ser buenos primero; de hecho, no podemos serlo. Pero su «aceptación» significa que él acepta por completo y perdona a todos los que están arrepentidos y creen, no que él acepta que continuemos pecando. De nuevo, es verdad que debemos aceptarnos los unos a los otros, pero como compañeros penitentes y peregrinos, no como compañeros en el pecado que hemos decidido persistir en nuestro pecar. Michael Vasey destaca el hecho de que Jesús fue llamado (y fue) «el amigo de los pecadores». El ofrecimiento de su amistad a los pecadores como nosotros es verdaderamente maravilloso. Él nos recibe para redimirnos y transformarnos, no para dejarnos en nuestros pecados. No se nos promete aceptación, ni de parte de Dios ni de parte de la iglesia, si endurecemos nuestro corazón hacia la palabra de Dios y su voluntad. Solo juicio.

Fe, esperanza y amor

Si es necesario ver la práctica homosexual a la luz de toda la revelación bíblica, no como una variante dentro del amplio rango de lo aceptado como normal, sino como una desviación de la norma de Dios; y si nosotros debemos llamar a las personas con inclinaciones homosexuales a abstenerse de la práctica y relación homosexual, ¿qué sugerencia y ayuda les podemos dar para animarles a responder a este llamado? Me gustaría tomar la tríada de Pablo: la fe, la esperanza y el amor, y aplicarla a la gente con inclinación homosexual.

El llamado cristiano a la fe

Fe es nuestra respuesta humana a la revelación divina: es creer en la Palabra de Dios.

Primero, la fe acepta las normas de Dios. La única alternativa para el matrimonio heterosexual es estar soltero y la abstinencia sexual. Creo que conozco las implicaciones de esto. Nada me ha ayudado a entender más el dolor del celibato homosexual que el libro de Alex Davidson *The Returns of Love* [Lo que amor devuelve]. Él escribe acerca de «esa incesante tensión entre la ley y los deseos», «este monstruo que acecha en las profundidades», este «tormento que quema».[67]

El mundo secular dice: «El sexo es esencial para la realización humana. Esperar que la gente homosexual se abstenga de la práctica homosexual es condenarlos a la frustración y llevarlos a la neurosis, a la desesperación e incluso al suicidio. Es atroz pedirles que se nieguen a ellos mismos lo que para ellos es un modo normal y natural de expresión sexual. Es "desalmado e inhumano".[68] Es verdaderamente cruel».

Pero no, la enseñanza de la Palabra de Dios es diferente. La experiencia sexual no es esencial para la realización humana. Es cierto, es un buen regalo de Dios, pero no se le da a todos, y no es indispensable para el ser humano. En los tiempos de Pablo la gente decía que sí era esencial. Su lema era: «Los alimentos son para el estómago y el estómago para los alimentos; el sexo para el cuerpo y el cuerpo para el sexo» (1 Corintios 6:13). Pero esa es una mentira del diablo. Jesucristo fue soltero, y al mismo tiempo perfecto en su humanidad. ¡Así que es posible ser soltero y ser humano al mismo tiempo! Además, los mandamientos de Dios son buenos y no gravosos. El yugo de Cristo trae descanso, no desasosiego; el conflicto solo le llega a los que lo resisten.

En el centro mismo del discipulado cristiano está nuestra

participación en la muerte y resurrección de Jesucristo. La declaración del día de San Andrés respecto al debate sobre la homosexualidad (1995), comisionado por el Concilio de la Iglesia Evangélica de Inglaterra, enfatizó esto: «estamos llamados a seguir el camino de la cruz», «estamos llamados a negarnos a nosotros mismos de varias formas. El conflicto con el deseo desordenado, o la mala guía del deseo inocente, es parte de cada vida cristiana conscientemente reconocido a través del bautismo». Después del conflicto viene la victoria, después de la muerte la resurrección.[69]

Así que, a fin de cuentas, es una crisis de fe: ¿A quién debemos creer? ¿A Dios o al mundo? ¿Debemos someternos al señorío de Jesús, o sucumbir ante la presión de la cultura imperante? La verdadera «orientación» de los cristianos no es lo que somos por constitución (hormonas), sino lo que somos por elección (corazón, mente y voluntad).

En segundo lugar, la fe acepta la gracia de Dios. La abstinencia no es solamente buena, si Dios nos llama al celibato, también es posible. Sin embargo, muchos lo niegan. «Ustedes conocen la fuerza imperiosa de nuestro deseo sexual. No pueden pretender decirnos que nos controlemos». Está tan cerca «a lo imposible», escribe Norman Pittenger, «que no vale la pena hablar acerca de eso».[70]

¿De verdad? Entonces, ¿qué hacemos con la frase de Pablo a los Corintios acerca de escuchar su advertencia de que ni los sodomitas, ni los pervertidos sexuales heredarán el reino de Dios? «Y eso eran algunos de ustedes», dice él. «Pero ya han sido lavados, ya han sido santificados, ya han sido justificados en el nombre del Señor Jesucristo y por el Espíritu de nuestro Dios» (1 Corintios 6:11). ¿Qué podemos decirle a los millones de personas solteras heterosexuales? No hay duda de que todas las personas solteras experimentan el dolor de la lucha y la soledad. Pero, ¿cómo podemos llamarnos cristianos y declarar que la castidad es imposible? Se hace más difícil por la obsesión sexual de la sociedad contemporánea. Y lo hacemos más difícil para nosotros si escuchamos los argumentos convincentes del mundo, caemos en la autocompasión, o alimentamos nuestra imaginación con material pornográfico y así vivimos en un mundo de fantasía donde Cristo no es el Señor, o ignoramos sus mandamientos acerca de sacarnos nuestros ojos y cortar nuestras manos y pies; es decir, ser implacables con la tentación. Pero, cualquiera que sea nuestra «espina [...] clavada en el cuerpo», Cristo viene a nosotros como lo hizo con Pablo y le dijo: «Te basta con mi gracia, pues mi poder se perfecciona en la debilidad» (2 Corintios 12:9). Negar esto es mostrar a los cristianos como si fueran las víctimas débiles del mundo, de la carne y el diablo, degradándolos a ser menos que humanos y contradecir el evangelio de la gracia de Dios.

El llamado cristiano a la esperanza

No he dicho nada acerca de la «sanidad» para las personas homosexuales, no ahora en el sentido del dominio propio, sino de un cambio total de su orientación sexual. Nuestras expectativas de esta posibilidad dependerán en gran manera de nuestra comprensión de la etiología de la condición homosexual y todavía no se ha llegado a un acuerdo definitivo respecto a esto. Se han hecho muchos estudios, pero no han podido establecer una sola causa, así sea heredada o aprendida. Los estudiosos tienen la tendencia de presentar teorías relacionadas con muchas causas, combinando una predisposición biológica (genética y hormonal) con influencias culturales y morales, el medio ambiente y experiencias de la niñez, y decisiones personales que se reafirman reiteradamente. El Dr. Jeffrey Satinover concluye su investigación apelando al sentido común: «los rasgos del carácter de una persona son en parte innatos, pero están sujetos a modificaciones por la experiencia y las elecciones».[71] Entonces, si la homosexualidad se aprende en parte, ¿se puede desaprender?

Así como varían las opiniones acerca de la causa de la homosexualidad, también difieren en la posibilidad de «curarse». Este tema divide a la gente en tres categorías: los que consideran la sanidad innecesaria, y los que la consideran posible o imposible.

Primero, debemos reconocer que mucha gente homosexual rechaza categóricamente la palabra «cura» o «sanidad». No ven la necesidad y no tienen el deseo de cambiar. Su posición se resume en tres convicciones. En el sentido biológico su condición es innata (se hereda), en el psicológico es irreversible y en el sociológico es normal.[72] Ellos consideran un gran triunfo que en 1973 la *American Pschological Association* [Asociación Norteamericana de Psicólogos, APA, por sus siglas en inglés], quitara la homosexualidad de su lista de enfermedades mentales. Michael Vasey afirma que esta decisión no fue el resultado de una conspiración «liberal».[73] Pero fue exactamente eso lo que sucedió. No fue la ciencia la que derrocó setenta años de opinión siquiátrica (no había nuevas evidencias), sino la política.[74] Por lo menos la Iglesia Católica Romana no quedó ni impresionada ni convencida. Los obispos norteamericanos, en su Carta Pastoral de 1986, continuaron describiendo la homosexualidad como «un desorden intrínseco» (párrafo 3).

Segundo, están los que consideran «la sanidad», que se entiende como un cambio total de la orientación sexual, como imposible. «Ningún método conocido de tratamiento o castigo», escribe el Dr. D.J. West, «ofrece la esperanza de reducir la gran cantidad de adultos que practican la homosexualidad». Sería «más realista encontrar espacio para ellos en la sociedad». Él apela a «la tolerancia», aunque no «promueve», el comportamiento homosexual.[75]

Sin embargo, ¿no son estos puntos de vista la opinión desesperada del mundo secular? Ellos nos retan a articular la tercera posición, en la cual se cree que hasta cierto grado es posible un cambio. Los cristianos saben que la condición homosexual es una desviación de las normas de Dios, no es una señal de un orden creado sino de un desorden por la caída. Entonces, ¿cómo podemos consentirlo o declararlo irreversible? No podemos. La única pregunta es ¿cuándo y cómo podemos esperar que ocurran la intervención y la restauración divina? El hecho es que aunque los cristianos han afirmado la «sanidad» de homosexuales, ya sea mediante la regeneración o por la obra posterior del Espíritu Santo, no es fácil corroborarlo.[76]

Martín Hallet, quien antes de su conversión era un homosexual activo, ha escrito honestamente acerca de su experiencia, lo que él llama «el camino cristiano para salir de la homosexualidad». Él es sincero acerca de su continua vulnerabilidad, su necesidad de protegerse, su deseo de amor y en ciertas ocasiones sus rachas de confusión emocional. Me alegra que el título de su autobiografía *I am learning to love* [Estoy aprendiendo a amar] esté en tiempo presente, y el subtítulo es «un viaje personal a la plenitud en Cristo». Su párrafo final comienza así: «Yo he aprendido, estoy aprendiendo, aprenderé a amar a Dios, a otras personas y a mí mismo. Este es un proceso de sanidad que solo se completará cuando esté con Jesús».[77] Su libro más reciente continúa con el tema *Still Learning to Love* [Todavía aprendiendo a amar].

La *True Freedom Trust* [Fundación para la libertad verdadera] ha publicado un folleto con el título *Testimonies* [Testimonios]. En este folleto, hombres y mujeres cristianos homosexuales cuentan su testimonio de lo que Cristo ha hecho por ellos. Ellos han encontrado una nueva identidad en él, se sienten completos como hijos de Dios. Han sido liberados de la culpa, la vergüenza y el miedo gracias al perdón y a la aceptación de Dios y han sido liberados de su estilo de vida homosexual por el poder del Espíritu Santo que mora en ellos. Pero no han sido liberados de sus inclinaciones homosexuales, y entonces, hay un dolor interno que va junto al nuevo gozo y la nueva paz. Aquí hay dos ejemplos: «Mis oraciones no fueron contestadas en la forma que yo esperaba, pero el Señor me ha bendecido al darme dos verdaderos amigos cristianos que me aman y me aceptan por lo que yo era». «Después de orar por mí e imponerme las manos, un espíritu de perversión salió de mí. Alabo a Dios por la liberación que encontré esa tarde [...] Puedo testificar que llevo tres años libres de la práctica homosexual. Aunque durante ese tiempo no he cambiado a heterosexual».

Exodus International [Éxodo internacional] es una organización prominente en este campo, en los Estados Unidos.[78] Tim Stafford, en la edición de *Christianity Today* del 18 de agosto de 1989, describe su investigación de varios casos. Su conclusión fue una de «un optimismo cauteloso». Lo que los ex homosexuales afirmaban era que «el cambio del deseo sexual no es tan rápido como un giro de 180 grados», sino en lugar de eso «un cambio gradual de la comprensión espiritual de ellos mismos como hombres y mujeres en una relación con Dios». Esta nueva comprensión de sí mismos les estaba «ayudando a volver a aprender patrones distorsionados de pensamientos y relaciones. Ellos se presentan como personas en un proceso».

Entonces, ¿no hay esperanza para un cambio sustancial de la inclinación? La Dra. Elizabeth Moberly cree que lo hay. Sus investigaciones la han llevado a ver que «una orientación homosexual no depende de una predisposición genética, un desequilibrio hormonal, o de un proceso de aprendizaje anormal, sino de las dificultades en la relación padre-hijo, en especial en los primeros años de vida». El «principio subyacente», continúa, es «que el homosexual, así sea hombre o mujer, ha sufrido un déficit en la relación con los padres del mismo sexo; y hay una tendencia para suplir este déficit a través del mismo sexo o de la relación homosexual».[79] El déficit y el impulso van juntos. El impulso reparador por amor del mismo sexo no es en sí patológico, sino «más bien lo contrario, es el intento de resolver y sanar la patología». «La condición homosexual no involucra necesidades anormales, sino necesidades normales que, en forma anormal, han quedado insatisfechas en el proceso normal de crecimiento». La homosexualidad «es en esencia un estado de desarrollo incompleto» o de necesidades no satisfechas.[80] Entonces, la solución correcta es «suplir la necesidad del mismo sexo sin actividad sexual», ya que la persona homosexual ha confundido la necesidad emocional con el deseo fisiológico, ha tratado de suplir el déficit emocional que experimentó durante la niñez con una actividad sexual.[81] Entonces, ¿cómo se suplen estas necesidades? Las necesidades son reales, pero ¿cuál es la forma correcta de suplirlas? La respuesta de la Dra. Moberly es que «en el plan de redención de Dios están las relaciones sustitutas al cuidado de los padres, así como las relaciones con los padres están en su plan creativo».[82] Lo que se necesita es una relación no sexual profunda, amorosa y duradera, en especial en la iglesia. «El amor», concluye ella, «tanto en la oración como en las relaciones interpersonales, es la terapia básica. El amor es el problema básico, la gran necesidad y la única solución verdadera [...] Si estamos dispuestos a buscar y ser mediadores de la sanidad y redimir con el amor de Cristo, entonces la sanidad del homosexual se convierte en una realidad grande y gloriosa».[83]

Sin embargo, una completa sanidad del cuerpo, la mente y el espíritu no tendrá lugar en esta vida. En cada uno de nosotros permanece cierto grado de déficit y de desorden. Pero no para siempre. Los horizontes cristianos no están atados a este mundo.

Jesucristo va a volver otra vez; nuestros cuerpos van a ser redimidos; el pecado, el dolor y la muerte serán abolidos; y tanto el universo como nosotros vamos a ser transformados. Entonces, por fin seremos liberados de cada cosa que profana o distorsiona nuestra personalidad. Esta seguridad cristiana nos ayuda a llevar cualquier dolor presente. Porque hay dolor en medio de la paz. «Sabemos que toda la creación todavía gime a una, como si tuviera dolores de parto. Y no solo ella, sino también nosotros mismos, que tenemos las primicias del Espíritu, gemimos interiormente, mientras aguardamos nuestra adopción como hijos, es decir, la redención de nuestro cuerpo» (Romanos 8:22-23). Así que nuestro gemido expresa el dolor de parto de la nueva época. Estamos convencidos de que «considero que en nada se compararan los sufrimientos actuales con la gloria que habrá de revelarse en nosotros» (Romanos 8:18). La confianza en esta esperanza es la que nos sostiene.

Alex Davidson, en medio de su homosexualidad, obtiene consuelo de su esperanza cristiana. Él escribe: «¿No es acaso uno de los aspectos más horribles de esta condición el hecho de que al mirar hacia el futuro el mismo camino imposible parece continuar para siempre?» Estás obligado a la rebeldía cuando piensas que no tiene sentido y a la desesperación cuando piensas que no tiene límites. Es por eso que encuentro consuelo, cuando me siento desesperado, o rebelde, o ambos, al recordarme la promesa de Dios de que algún día esto terminará».[84]

El llamado cristiano a amar

En el presente estamos viviendo «tiempos intermedios», entre la gracia que obtenemos por fe y la gloria que anticipamos con esperanza. En medio de ellas descansa el amor. Aunque el amor por lo general es lo que la iglesia no ha mostrado a los homosexuales. Jim Cotter se queja de haber sido tratado con «desprecio e insultos, miedo, prejuicio y opresión».[85] Norman Pittenger describe la correspondencia «injuriosa» que ha recibido de los que profesan ser cristianos en la que se rechaza a los homosexuales como «criaturas sucias», «pervertidos desagradables», «pecadores condenados» y cosas semejantes.[86] Rictor Norton lo dice en una forma más fuerte: «La iglesia considera que la homosexualidad es una atrocidad desde el comienzo hasta el fin: no nos corresponde a nosotros buscar el perdón, sino que la iglesia haga el sacrificio».[87] Peter Tatchell, un británico famoso por las campañas de «los derechos de los homosexuales», dijo: «la Biblia es para los homosexuales como *Mein Kampf* es para los judíos. Es la teoría y la práctica del Homo Holocausto».[88]

Hoy se le llama «homofobia» a la actitud antipática de las personas hacia los homosexuales».[89] Es la mezcla de miedo irracional, hostilidad y asco. Es probable que la mayoría de los homosexuales no sean responsables de su condición (aunque por supuesto son responsables de su conducta). Ya que no son pervertidos en una forma deliberada, merecen nuestra comprensión y compasión y no nuestro rechazo (aunque a algunos esto les resulta condescendiente). Ahora entiendo por qué Richard Lovelace llama «doble arrepentimiento», al hecho de «que los cristianos homosexuales renuncien a su estilo de vida» y que «los cristianos rectos renuncien a su homofobia».[90] El Dr. David Atkinson tiene razón al añadir: «No tenemos la libertad de exigir a los cristianos homosexuales el celibato y ampliar sus relaciones interpersonales, por lo menos hasta que se disponga de un apoyo para lo primero y oportunidades para lo segundo».[91] Yo prefiero pensar que la existencia del Movimiento Cristiano de Lesbianas y Homosexuales es una forma de criticar la iglesia.

En el centro de la condición homosexual existe una soledad profunda, el hambre natural humana de amor mutuo, la búsqueda de identidad y el deseo de ser completo. Si las personas homosexuales no pueden encontrar esto en «la familia de la iglesia» local, no tenemos derecho a seguir usando esa expresión. La alternativa no es entre la cálida relación física del coito homosexual y el dolor del frío aislamiento. Hay una tercera opción, es decir, un medio ambiente cristiano de amor, comprensión, aceptación y apoyo. No creo que sea necesario animar a la gente homosexual a contarle su inclinación sexual a todo mundo; no es necesario y además no ayuda. Pero necesitan por lo menos una persona en quien puedan confiar para hablar de su dolor, alguien que no los menosprecie o los rechace sino que los apoye con su amistad, oración; probablemente algún consejo pastoral profesional, privado y confiable; quizás añadir el apoyo profesional supervisado de una terapia de grupo; y (como todas las personas solteras) muchas amistades tiernas y afectuosas con personas de ambos sexos. Deben promoverse amistades entre personas del mismo sexo como las que aparecen en la Biblia entre Noemí y Rut, David y Jonatán, y Pablo y Timoteo. No hay ninguna pista que nos indique que estas relaciones fueran homosexuales en el sentido erótico, ellos eran evidentemente afectuosos y (por lo menos en el caso de David y Jonatán) expresivos (por ejemplo, 1 Samuel 18:1-4; 20:41; 2 Samuel 1:26). Por supuesto, será importante tener medios de precaución sensibles. Pero en las culturas africana y asiática es común ver a dos hombres caminando por la calle cogidos de la mano, sin sentir pena. Es triste que nuestra cultura Occidental inhiba la amistad entre personas del mismo sexo, por el miedo a ser ridiculizado o ser rechazado como un «marica».

La mejor contribución del libro de Michael Vasey, *Strangers and Friends* [Extraños y amigos] desde mi punto de vista es el énfasis en la amistad. «La amistad no es un tema sin importancia en la fe cristiana», él escribe, «sino que es integral en su visión de la vida».[92] Él ve la sociedad como una «red de amistades unidas por el afecto». Él también muestra en las Escrituras que «el pacto no se limita solo a la institución del matrimonio».[93] Como David y Jonatán hicieron un pacto entre ellos (1 Samuel 18:3), nosotros también podemos tener amistades con un pacto especial.

Es necesario que estas y otras relaciones, tanto del mismo sexo como de diferentes sexos, se desarrollen en la familia de Dios, que aunque universal, tiene sus manifestaciones locales. Su intención para cada iglesia local es que sea cálida, que acepte y apoye la comunidad. Decir «aceptar» no significa «consentir»; de la misma manera que al decir rechazo de la «homofobia», no estoy diciendo el rechazo de una desaprobación cristiana adecuada del comportamiento homosexual. No, el verdadero amor no es incompatible con el mantenimiento de las normas morales. Al contrario, es insistir en ellos, para el bien de todos. Entonces, en la iglesia hay un lugar para la disciplina de los miembros que rehúsan arrepentirse y siguen persistiendo en la relación homosexual. Pero necesitamos ejercitarla en un espíritu de humildad y amabilidad (Gálatas 6:1ss); debemos tener cuidado de no hacer la discriminación entre hombre y mujer, o entre infracciones homosexuales y heterosexuales; y la disciplina necesaria en caso de un escándalo público no debe confundirse con una cacería de brujas.

A pesar de lo desconcertante y doloroso que es el dilema del cristiano homosexual, Jesucristo le ofrece a él o ella (en verdad, a todos nosotros) fe, esperanza y amor: la fe tanto para aceptar sus normas como su gracia para cumplirlos, la esperanza para mirar más allá del sufrimiento presente a lo gloria futura y el amor para cuidarnos y apoyarnos los unos a los otros. «Pero la más excelente de ellas es el amor» (1 Corintios 13:13).

NOTAS

1. Gama de edades desde los dieciocho a los cincuenta y nueve años. Informado en la obra de Edward O. Laumann, John H. Gagnon, Robert T. Michael y Suart Michaels, *The Social Organization of Sexuality: Sexual Practices in the United States* [La organización social de la sexualidad: Prácticas sexuales en los Estados Unidos], University of Chicago Press: Chicago, 1994, pp. 294, 303. Este estudio fue «el estudio más amplio de la sexualidad en los Estados Unidos» según *USA Today* [Estados Unidos hoy]. Ver www.press.uchicago.edu/cgi'bin/hfs.cgi/00/12747.ct.
2. Ibid., p. 296.
3. Ibid., p. 296. Esta cifra de 9.1% hizo que los autores del estudio sugirieran otros dos factores para explicarlo: primero, que esta pregunta específica fue hecha en privado en lugar de cara a cara, y segundo, la redacción general de la pregunta con respecto a la naturaleza de la actividad sexual. Un asunto semejante resultó del Estudio del comportamiento sexual en Inglaterra. Los que respondieron tuvieron que contestar la pregunta si habían tenido «cualquier tipo de experiencia sexual» con una persona del mismo sexo, también en una encuesta privada. El resultado mostró que un 6.1% de los hombres y un 3.4% de las mujeres tuvieron tal tipo de experiencia. Ver K. Wellings, J. Field, A. Johnson y J. Wadsworth, *Sexual Behavior in Britian* [El comportamiento sexual en Inglaterra], Penguin, Londres, 1994, p. 187.
4. Ibid., p. 187. La muestra fue de 18.900 adultos entre las edades de dieciséis y cincuenta y nueve años. Las respuestas citadas aquí fueron hechas en una encuesta que se completó en privado.
5. Ibid., p. 213, y como citado en C. Hart, S. Calverty I. Bainbridge, *Homosexuality and Young People* [La homosexualidad y los jóvenes], The Christian Institute, Newcastle, 1998, p. 32.
6. Wellings y otros, Sexual Behavior in Britain, p. 187.
7. Ibid., P. 209.
8. *National Survey of Sexual Attitudes and Lifestyles* [Encuesta nacional de actitudes y estilos de vida sexual], Natsal, 2000, con 11.200 encuestados, todos entre las edades de dieciséis y cuarenta y cuatro años, citado en *The Lancet* [El bisturí], vol. 358, el 1 de diciembre del 2001, p. 1839. Es probable que mantener la edad máxima en cuarenta y cuatro años hiciera que la encuesta sobrestimara la proporción de hombres homosexuales en la población. Ver por ejemplo la estadística por edad en E.O. Laumann y R.T. Michael (eds.), *Sex, Love and Health in America* [El sexo, el amor y la salud en Norte-América], University of Chicago Press, Chicago, 2000, capítulo 12, T12.2. Además, una encuesta de la Oficina Nacional de Estadísticas en el año 1997 a 7.560 adultos, utilizando un rango de edades de dieciséis a sesenta y nueve años

para los hombres, encontró que el 3.2% de los hombres en Inglaterra había tenido relaciones sexuales por lo menos una vez con otro hombre y que el 1.7% había tenido relaciones sexuales únicamente con personas del mismo sexo. Ver *Contraception and Sexual Health 1997* [Los anticonceptivos y la salud sexual 1997], un informe sobre la investigación utilizando la encuesta general de la ONS producida por el Departamento de Salud, Oficina Nacional de Estadísticas, Londres, 1999, p. 11, y en correspondencia con ONS.

9 Es notable, sin embargo, que haya una incidencia más alta de la homosexualidad en los Estados Unidos que en Gran Bretaña. Ver por ejemplo Laumann y Michael, *Sex, Love and Health in America* [Sexo, amor y salud en América], pp. 442.43, y Hart y otros, *Homosexuality and Young People* [La homosexualidad y la gente joven], p. 49.

10 Citado en Brian Whitaker, «Government Disorientation» [Desorientación en el gobierno], el 29 de abril de 2003, *Guardian Unlimited*, www.Guardian.co.uk.

11 Macourt, Malcolm (ed.), *Towards a Theology of Gay Liberation* [Hacia una teología de la liberación de homosexuales], SCM Press, Londres, 1977, p. 3. La cita viene de la introducción al libro por el Sr. Macourt.

12 www.lgcm.org.uk/.

13 La afirmación completa está en www.archbishopofcanterbury.org/releases/2003/030529.html/.

14 Packer, J.I., «Why I Walked» [Por qué salí], *Christianity Today*, 21 de enero de 2003.

15 Bailey, Derrick Sherwin, *Homosexuality and the Western Christian Tradition* [La homosexualidad y la tradición cristiana Occidental], Longmans, Green, Londres, 1955, p. 4.

16 Gagnon, Robert A.J., *The Bible and Homosexual Practice: Texts and Hermeneutics* [La Biblia y la práctica homosexual: Pruebas y hermenéuticas], Abingdon Press, Nashville, 2001, pp. 75-76.

17 Sherwin Bailey hace referencias al Libro de Jubileo y los Testamentos de los Doce Patriarcas, en *Homosexuality and the Western Christian Tradition*, pp. 11-20. Hay una evaluación más amplia de los escritos del período entre los dos Testamentos en Peter Coleman, *Christian Attitudes to Homosexuality* [Actitudes cristianas respecto a la homosexualidad], SPCK, Londres, 1980, pp. 58-85.

18 Bailey, Ibid., p. 27.

19 Ver James D. Martín en Macourt (ed.), *Towards a Theology of Gay Liberation*, p. 53.

20 Bailey, *Homosexuality and the Western Christian Tradition*, p. 30.

21 Coleman, *Christian Attitudes to Homosexuality*, p. 49.

22 Webb, William J., *Slaves, Women and Homosexuals: Exploring the*

Hermeneutics of Cultural Analysis [Esclavos, mujeres y homosexuales: Explorar la hermenéutica del análisis cultural], InterVarsity, Downers Grove, 2001, pp. 250-51.
23 Gagnon, *The Bible and Homosexual Practice*, p. 253.
24 Coleman, *Christian Attitudes to Homosexuality*, pp. 95-96.
25 Gagnon, *The Bible and Homosexual Practice*, p. 306.
26 Coleman, *Christian Attitudes to Homosexuality*, p. 277.
27 Ibid., p. 101.
28 Norton, Rictor, en Mancourt (ed.), *Towards a Theology of Gay Liberation*, p. 58.
29 El libro de Sherwin Bailey no contiene ninguna alusión a estos capítulos. E incluso Peter Coleman, cuyo libro Christian Attitudes to Homosexuality es exhaustivo, solo los menciona con brevedad en una referencia a 1 Corintios 6 donde Pablo cita Génesis 2:24.
30 Vasey, Michael, *Strangers and Friends*, Hodder & Stouhgton, Londres, 1995, pp. 46, 82-83.
31 Ibid., p. 116.
32 Pittenger, Norman, *Time for consent* [Hora de consentirlo], SCM, Londres, 1976, pp. 7, 73.
33 Sobre la evidencia de que la homosexualidad es general entre los animales, ver www.subversions.com/french/pages/science/animals/htm, y la obra académica de Bruce Bagemihl, *Biological Exuberance: Animal Hospitality and Natural Diversity* [Exhuberancia biológica: Hospitalidad animal y la diversidad natural], St. Martin's Press, Nueva York, 1999.
34 Pittenger, *Time for Consent*, p. 7.
35 Coleman, *Christian Attitudes to Homosexuality*, p. 50.
36 Coleman, Ibid., p. 71, capítulo 3.3-5.
37 Boswell, John, *Christianity, Social Tolerance and Homosexuality*, University of Chicago Press, Chicago, 1981, pp. 107 en adelante.
38 Hays, Richard B., «A Response to John Boswell's Exegesis of Romans 1» [Una respuesta a la exégesis de Romanos 1 hecha por John Boswell], *Journal of Religious Ethics* [Boletín de la ética religiosa], primavera de 1986, p. 192. Ver también su obra *The Moral Vision of the New Testament* [La visión moral del Nuevo Testamento], T & T Clark, Edinburgh, 1996, pp. 383-89.
39 Barrett, C.K., *Commentary on the Epistle to the Romans* [Comentarios sobre la Epístola a los Romanos], A. & C. Black, Londres, 1962, p. 39.
40 Cranfield, C.E.B., «Commentary on Romans» [Comentario sobre Romanos] en *International Critical Commentary* [Comentario de la crítica internacional], T. & T. Clark, Edinburgh, 1975, vol. 1, p. 126. Él atribuye el mismo significado a fysis en su comentario sobre 1 Corintios 11:14. Lo que la versión NVI traduce «el mismo orden natural de las cosas», el profesor Cranfield lo

traduce «la misma manera en que Dios nos hizo».
41. Gagnon, *The Bible and Homosexual Practice*, pp. 299-302.
42. *Christianity Today*, el 11 de noviembre de 1996.
43. El informe de los amigos, *Towards a Quaker View of Sex* [Hacia un punto de vista cuáquero sobre el sexo], 1963, p. 21.
44. Ibid., p. 36.
45. La División de la Iglesia Metodista sobre la Responsabilidad Social, *A Christian Understanding of Human Sexuality* [Una comprensión cristiana de la sexualidad humana], 1979, capítulo 9.
46. Ver capítulo 5 del informe.
47. Reid, David y otros, «Know the Score: Findings from the National Gay Men's Sex Survey 2001» [Conoce el puntaje: Resultados de la encuesta nacional sobre el sexo entre hombres homosexuales 2001], Sigma Research, Londres, septiembre del 2002, pp. 12, 24. Un amplio rango de edades en los hombres encuestados, con la edad promedio de treinta y dos años.
48. Johnson, Anne M. y otros, «Sexual Behavior in Britain: Partnerships, practices and HIV risk behaviors» [El comportamiento sexual en Inglaterra: Parejas, prácticas y comportamientos con riesgos de contraer el VIH], *The Lancet* [El bisturí], vol. 358, 1 de diciembre de 2001, p. 1838. Hombres entre las edades de dieciséis y cuarenta y cuatro años. La investigación de la encuesta de la Vida y la Salud Nacional en Estados Unidos encontró que los hombres sin ningún compañero masculino habían tenido un promedio de cinco compañeros sexuales durante los últimos cinco años, en comparación a los doce a veintiuno para hombres con compañeros sexuales masculinos. Ver Laumann y otros, *The Social Organization of Sexuality* [La organización social de la sexualidad], p. 314.
49. Schmidt, Thomas E., *Straight and Narrow?* [¿Derecho y estrecho?], InterVarsity, Downers Grove, 1995, p. 108.
50. Hickson, F.C.I. y otros, «Maintenance of Open Gay Relationships: Some strategies for protection against HIV» [El mantenimiento de las relaciones homosexuales abiertas: Algunas estrategias para la protección contra el VIH], *AIDS Care* [Ciudado de SIDA], vol. 4, no. 4, 1992, p. 410. El proyecto SIGMA radica en Londres y está bajo el auspicio de la Universidad de Portsmouth. Simpatiza en forma abierta con los derechos para los homosexuales. Ver http://sigmaresearch.org/.
51. Schmidt, Thomas E., *Straight and Narrow?, Compassion and clarity in the homosexuality debate* [¿Heterosexual y estrecho?, Compasión y claridad en el debate acerca de la homosexualidad], InterVarsity Press, Leicester, 1995, p. 122.
52. Dixon, *The Truth about AIDS* [La verdad acerca del SIDA], p. 113. Ver también p. 88 y el capítulo completo titulado «Condoms Are Unsafe» [Los condones

no son seguros], pp. 110-22.
53 *The Many faces of* AIDS: *A Gospel Response* [Las muchas caras del SIDA: Una respuesta evangélica], Conferencia Católica de los Estados Unidos, 1987, p. 18.
54 www.unaids.org/en/.
55 Informe de la encuesta de CDC, vol. 14, Tabla 7, www.cdc.gov.
56 Karon, John, L. Fleming, R. Skeketee, Kevin De Cock, «HIV in the United States at the Turn of the Century: An Epidemic in Transition» [El VIH en los Estados Unidos a la vuelta del milenio: Una epidemia en transición], *The American Journal of Public Health* [El boletín Norte-americano de la salud pública], vol. 91, julio de 2001, pp. 1060-68.
57 Centros para el control y la prevención de enfermedades (CDC), HIV and AIDS – United States 1981-2001 [VIH y SIDA, los Estados Unidos 1981-2001], MMWR 2001, vol. 50, pp. 430-34.
58 Centros para el control y la prevención de enfermedades (CDC), HIV *Prevention Strategic Plan through 2005* [Un plan estratégico para la prevención del VIH hasta el 2005], enero de 2001.
59 Citado en *Christianity Today*, el 7 de agosto de 1987, p. 17.
60 Por ejemplo, *The London Lighthouse* [El faro de Londres] (un hogar de veintiséis camas para personas con SIDA), 178 Lancaster Road, Londres W11 1QU, UK, y el conocido Hospital Mildmay Misión para el SIDA con treinta y dos habitaciones, Hackney Road, Londres E2 7NA, UK. Ambos lugares hacen arreglos para la atención en la casa. ACACIA, AIDS *Care, Compassion in Action* [Cuidados para el SIDA, Compasión en acción], cuida de unas setenta y cinco personas con VIH/SIDA en sus propias casas en Manchester, Inglaterra.
61 Así dice con razón Gavin Reid en *Beyond* AIDS, *The real crisis and the only hope* [Más allá del SIDA, La crisis verdadera y la única esperanza], Kingsway, Eastbourne, 1987.
62 ACET, AIDS *Care, Education and Training* [Cuidados, educación y entrenamiento para el SIDA] tiene una red internacional de proyectos asociados con el SIDA. La dirección es ACET International Alliance Network, 1 Carlton Gardens, Ealing, London W5 2AN, Inglaterra.
63 SIDA, Un informe de la Junta para Responsabilidad Social de la Iglesia de Inglaterra, GS 795, 1987, p. 29.
64 «The Homosexual Movement: A Response by the Ramsey Colloquium» [El movimiento homosexual: Una respuesta por el coloquio de Ramsey], publicado por primera vez en *First Things* [Las primeras cosas], marzo de 1994.
65 Macourt (ed.), *Towards a Theology of Gay Liberation*, p. 25.
66 Pittinger, *Time for Consent*.
67 Davidson, Alex, *The Returns of Love* [Lo que el amor devuelve], InterVarsity Press, Londres, 1970, pp. 12, 16, 49.
68 Pittenger, Norman, en Macourt (ed.), *Towards a Theology of Gay Liberation*,

p. 87.

69 La afirmación del día de San Andrés (publicado el 30 de noviembre de 1995) comienza con tres «principios» teológicos que tienen que ver con el Señor encarnado (en quien podemos conocer a Dios y a nosotros mismos), el Espíritu Santo (quien nos da la habilidad para interpretar los tiempos), y Dios el Padre (quien restaura la creación dañada en Cristo). La segunda mitad de la afirmación tiene tres «aplicaciones» que tienen que ver con asuntos como nuestra identidad humana, observaciones empíricas, la reafirmación de las buenas nuevas de la salvación y la esperanza del cumplimiento final en Cristo. Dos años más tarde, *The Way Forward?* [¿El camino hacia delante?] fue publicado con el subtítulo «Christian voices on homosexuality and the church» [Voces cristianas sobre la homosexualidad y la iglesia]. Este simposio, que editó Tim Bradshaw, tiene trece respuestas a *La declaración del día de San Andrés* con un rango amplio de diferentes puntos de vista. Yo aprecio el llamado a la reflexión teológica paciente y seria. Pero no es correcto escribir de «diálogo» y «diatriba» como si fueran las únicas opciones. ¡Algunos de nosotros hemos estado reflexionando desde hace treinta o cuarenta años! ¿Cuánto tiempo debe continuar el proceso antes de permitirnos llegar a una conclusión? A pesar de las afirmaciones contrarias, no se ha producido evidencia nueva que derribe el testimonio claro de las Escrituras y la tradición duradera de la iglesia. *La declaración del día de San Andrés* dice que la iglesia reconoce dos vocaciones (el estar casado y el estar soltero), y añade que «no cabe en la iglesia conferir legitimidad a otras alternativas diferentes». Además los autores de la afirmación no consideran que los autores del libro «han cumplido con la carga de producir evidencia considerable que apoye un cambio grande en la enseñanza y la práctica de la Iglesia» (p. 3). Sin embargo, el libro parece menos seguro que la afirmación. Entonces, de todas maneras, es necesario que haya reflexión seria y teológica, pero después dejen que la iglesia decida.

70 Pittenger, *Time for Consent*, p. 7. Compare con *The Courage to be Chaste: An Uncompromising Call to the Biblical Standard of Chastity* [El coraje de ser casto: Un llamado sin compromiso al principio bíblico de la castidad], Paulist Press, Nueva York, 1986. Escrito por Benedict J. Groeschel, un fraile capuchino, el libro tiene muchos consejos prácticos.

71 Satinover, Jeffrey, *Homosexuality and the Politics of Truth* [La homosexualidad y la política de la verdad], Baker, Grand Rapids, 1996, p. 117.

72 Ibid., pp. 18-19, 71.

73 Vasey, *Strangers and Friends*, p. 103.

74 Ver Satinover, *Homosexuality and the Politics of Truth* [Homosexualidad y la política de la verdad], pp. 31-40.

75 West, D.J., *Homosexuality* [La homosexualidad], 1955, 2ª edición, Pelican,

Londres, 1960; 3ª edición, Duckworth, Londres, 1968, pp. 266, 273.
76 El artículo de Nelson González, «Exploding ExGay Myths» [Destruir el mito del exhomosexual], en *Regeneration Quarterly* [Una revista trimestral de regeneración], vol. 1, no. 3, verano de 1995, desafió las metas y las afirmaciones del movimiento de los ex-homosexuales. En 1991 Charles Socarides fundó la Asociación Nacional para la Investigación y la Terapia de la Homosexualidad (NARTH), que investiga la posibilidad de la «sanidad».
77 Hallett, Martín, *I Am Learning to Love* [Estoy aprendiendo a amar], Zondervan, Grand Rapids, 1987, p. 155. La organización de Martin Hallett se llama True Freedom Trust [Asociación de la verdadera libertad] (por sus siglas en inglés TfT), y se puede encontrar en PO Box 13, Prenton, Wirral, CH43 6BY, Inglaterra. Ofrece un ministerio inter-denominacional de enseñanza y consejería sobre la homosexualidad y otros problemas relacionados. La página en Internet es www.truefreedomtrust.co.uk/index.html. El nuevo libro de Martin Hallett está disponible solo a través de TfT.
78 Se puede comunicar con *Exodus International* en PO Box 540119, Orlando, FL 32854, USA o http://exodus.to/about_exodus.shtml.
79 Moberly, Elizabeth R. *Homosexuality: A New Christian Ethic*, James Clarke, Cambridge, 1983, p. 2. Ver también Lance Pierson, *No-Gay Areas, Pastoral Care of Homosexual Christians* [Las áreas no-homosexuales, El cuidado pastoral de cristianos homosexuales], Grove Pastoral Studies, No. 38, Grove Books, Cambridge, 1989, que aplica provechosamente la enseñanza de Elizabeth Moberly.
80 Ibid., p. 28.
81 Ibid., pp. 18-20.
82 Ibid., pp. 35-36.
83 Ibid., p. 52.
84 Davidson, *The Returns of Love*, p. 51.
85 Macourt (ed.), *Towards a Theology of Gay Liberation*, p. 63.
86 Pittenger, *Time for Consent*, p. 2.
87 Macourt (ed.), *Towards a Theology of Gay Liberation*, p. 45.
88 www.petertatchell.net.
89 Parece que Goerge Weinberg usó la palabra por primera vez en *Society and the Healthy Homosexual*, Doubleday, Nueva York, 1973.
90 LOVELACE, Richard R., *Homosexuality and the Church*, Revell, Grand Rapids, 1978, p. 129; compare con p. 125.
91 Atkinson, David J., *Homosexuals in the Christian Fellowship*, Latimer House, Oxford, 1979, p. 118. Ver también el tratamiento más extenso del Dr. Atkinson en su Pastoral Ethics in Practice [Ética pastoral en práctica], Monarch, Londres, 1989. Dr. Roger Moss se concentra en asuntos del cuidado pastoral en su Christians and Homosexuality [Los cristianos y la homosexualidad],

Paternoster, Carlisle, Penn., 1977.
92 Vasey, *Strangers and Friends*, p. 122.
93 Ibid., p. 233.

Conclusión

Un llamado para el liderazgo cristiano

En *Oportunidades y retos personales,* el cuarto y último libro de esta Serie: *Grandes oportunidades y retos que el cristianismo enfrenta hoy,* John Stott analiza los problemas personales y morales y los retos y oportunidades que estos ofrecen al liderazgo cristiano. Los cristianos están incómodos con las fuerzas que están creando inestabilidad en el matrimonio y en la familia, el desafío de las normas en el comportamiento sexual y el escándalo de lo que prácticamente se ha convertido en un libre aborto. Se puede añadir que se ha extendido el materialismo y la pérdida del sentido de la realidad trascendente y muchas personas nos están advirtiendo que el mundo se dirige a un desastre y son pocos los que sugieren cómo evitarlo. Abunda el conocimiento tecnológico, pero la sabiduría es un recurso escaso. La gente se siente confundida, aturdida y alienada. Para usar la metáfora de Jesús, somos como «ovejas sin pastor», mientras que nuestros líderes a menudo parecen «ciegos guiando a ciegos».

Hay varias clases y grados de liderazgo. El liderazgo no se limita a una minoría de estadistas o mandamases en el ámbito nacional. Este toma diferentes formas en cada sociedad. Los clérigos son los líderes en la iglesia local y en la comunidad. Los padres son los líderes en su hogar y su familia. Lo mismo que los maestros en las escuelas y los profesores en las universidades. Los gerentes en los negocios y en las industrias; los jueces, médicos, políticos, trabajadores sociales y jefes de sindicatos, tienen responsabilidades de liderazgo en su esfera respectiva. También la tienen los formadores de la opinión pública que trabajan en los medios de comunicación: autores y dramaturgos, periodistas, los que trabajan en el cine y en la televisión, los artistas y los productores. Los líderes estudiantiles, en especial desde la década de 1960, han ejercido una influencia que supera sus años y experiencia. En todas estas áreas hay una gran necesidad de líderes con una visión más clara, que sean más valientes y dedicados.

Tales líderes nacen y se hacen. Como escribió Bennie E. Goodwin, un educador afroamericano: «Aunque los líderes en potencia nacen, los líderes eficientes se hacen».[1] Shakespeare, en uno de sus guiones famosos, dijo: «¡No tenga miedo de la grandeza! Unos nacen con la grandeza, otros la alcanzan y a otros se las imponen».[2] Los libros acerca de la administración se refieren a los *líderes natos* (BNL, por sus siglas en inglés), hombres y mujeres dotados con una inteligencia, un carácter y una personalidad fuertes. Y nos gustaría añadir, junto con Oswald Sanders, que los líderes cristianos son «una mezcla de cualidades naturales y espirituales»,[3] o de talentos naturales y dones espirituales. Sin embargo, los dones de Dios se necesitan cultivar, y los líderes en potencia se necesitan desarrollar.

Entonces, ¿cuáles son los rasgos del liderazgo en general y de los líderes cristianos en particular? ¿Cómo podemos dejar la costumbre de quedarnos sentados esperando que otro tome la iniciativa, y en su lugar tomarla nosotros mismos? ¿Qué hay que hacer para abrir un camino que otros seguirán?

Aunque se han hecho muchos análisis de liderazgo, quiero sugerir que este tiene cinco ingredientes esenciales.

Visión

«Donde no hay visión, la gente perece» este es un proverbio de la Biblia que ya no se usa. Aunque casi seguro es una traducción incorrecta del hebreo, no obstante, es una afirmación verdadera.[4] Realmente es una característica de la era post-Pentecostés «tendrán visiones los jóvenes» y «sueños los ancianos» (Hechos 2:17). Monseñor Ronald Knox de Oxford concluye su crítico y un tanto nostálgico libro *Enthusiasm* [Entusiasmo], con estas palabras: «Los hombres no pueden vivir sin visión; hacemos bien en llevar con nosotros esta moraleja al contemplar el registro de los visionarios. Si nos contentamos con lo ordinario, lo de segundo lugar, lo acostumbrado, no se nos perdonará».[5]

Sin embargo, «sueños» y «visiones», soñadores y visionarios, suena poco práctico y lejos de las duras realidades de la vida sobre la tierra. Así que tienden a usarse palabras más prosaicas. Los expertos en administración nos dicen que debemos tener metas a largo y a corto plazo. Los políticos publican sus planes antes de las elecciones. Los militares proponen una estrategia para la campaña. No importa cómo lo llames: una «meta», un «plan» o una «estrategia», estás hablando de una visión.

¿Qué es una visión? Es el acto de ver, por supuesto, una percepción imaginaria de las cosas, que combina la perspicacia y la previsión. Pero en una forma más particular, en el sentido que estoy usando la palabra, se compone de una profunda insatisfacción de lo que es y una clara comprensión de lo que podría ser. Comienza con una indignación ante el status quo que se convierte en la búsqueda de una alternativa. Ambos están muy claros en el ministerio público de Jesús. Él estaba indignado por la enfermedad, la muerte y el hambre de la gente, él percibía estas cosas como algo ajeno al propósito de Dios. Por eso sintió compasión de las personas afectadas. La indignación y la compasión forman una poderosa combinación. Son indispensables para una visión y, por lo tanto, para el liderazgo (ver por ejemplo, Juan 11:32-37).

Como recordará, en 1968 ocurrió el asesinato de Robert Kennedy a la edad de cuarenta y dos años. Diez años más tarde, como reconocimiento a él, David S. Broder escribió: «su capacidad era la cualidad que lo distinguía por lo que solo se puede llamar ultraje moral. "Eso no se puede aceptar", dijo acerca de muchas condiciones que la mayoría de nosotros aceptamos como inevitables: pobreza, analfabetismo, desnutrición, prejuicio, iniquidad, deshonestidad, todas esas maldades aceptadas eran una afrenta personal para él».[6] Apatía es aceptar lo inaceptable; el liderazgo comienza con un rechazo decisivo de dicha aceptación. Como escribió George F. Will en diciembre de 1981, después de la declaración de la ley marcial en Polonia: «Lo indignante es la falta de indignación». En el presente hay una gran necesidad de indignación, ira y afrenta justa por causa de toda la maldad que ofende a Dios. ¿Cómo podemos tolerar lo que él considera intolerable?

Pero la ira es estéril si no provoca en nosotros una acción positiva para corregir lo que nos causa ira. «Es necesario oponerse a aquellas cosas que uno considera incorrectas», escribe Robert Greenleaf, «pero no se puede dirigir desde una posición en la que predomine lo negativo».[7] En 1981, antes de que Robert McNamara se retirara como presidente del Banco Mundial, después de trece años, dirigió su reunión anual por última vez y en su discurso citó a George Bernard Shaw: «Tú ves las cosas como son y te preguntas "¿por qué?" Pero yo sueño con cosas que nunca fueron y me pregunto "¿por qué no?"»

La historia está llena de ejemplos, tanto bíblicos como seculares. Moisés quedó consternado ante la cruel opresión de sus compatriotas israelitas en Egipto, recordó el pacto de Dios con Abraham, Isaac y Jacob, y a través de su larga vida lo sostuvo la visión de la «Tierra Prometida». Nehemías escuchó durante su exilio persa que las murallas de la Ciudad Santa estaban en ruinas y sus habitantes muy afligidos. La noticia lo abrumó hasta que Dios puso en su corazón lo que él podía y debía hacer. «¡Vamos, anímense! ¡Reconstruyamos la muralla de Jerusalén!», dijo él. Y la gente contestó: «¡Manos a la obra!» (Nehemías 2:12, 17-18).

Al pasar al Nuevo Testamento, los primeros cristianos estuvieron bien conscientes del poderío de Roma y la hostilidad de los judíos. Pero Jesús les dijo que fueran sus testigos «hasta el fin del mundo» y la visión que les dio a ellos los transformó. A Saulo de Tarso se le inculcó la idea de que la separación entre los judíos y los gentiles era inevitable y sin solución. Pero Jesús le ordenó llevar el evangelio a los gentiles del mundo y él «no desobedeció la visión divina». De hecho, la visión de una humanidad sola, nueva y reconciliada capturó tanto su corazón y su mente que trabajó, sufrió y murió por esta causa (ver por ejemplo, Hechos 26:16-20; Efesios 2:11–3:13 para la visión de Pablo).

En nuestra generación, los presidentes de los Estados Unidos han tenido nobles visiones acerca de un «Nuevo Arreglo» y de una «Gran Sociedad», y el hecho de que todas sus expectativas no se hayan hecho realidad no es para criticar su visión. Martin Luther King se encolerizó por la segregación injusta, tenía un sueño de dignidad para todos, en unos Estados Unidos libres y multiétnicos; vivió y murió para que su sueño se hiciera realidad.

No hay duda de que el éxito inicial del comunismo (durante los cincuenta años desde la revolución de 1917 en Rusia, y ya habían ganado un tercio del mundo) se debió a que fueron capaces de inspirar en sus seguidores la visión de una sociedad mejor. Esta, por lo menos, es la opinión de Douglas Hyde, quien en marzo de 1948 renunció al Partido Comunista Británico (después de ser miembro durante veinte años) y a ser el redactor de noticias del periódico *Daily Worker* [Diario del obrero] y se convirtió en Católico Romano. El subtítulo que le dio a su libro *Dedication and Leadership* [Dedicación y liderazgo] fue «Aprender de los comunistas» y lo escribió para contestar la pregunta: «¿Por qué son los comunistas tan dedicados y tienen tanto éxito como líderes, mientras que a menudo otros no lo son?» Aquí está lo que él contestó: «Si me preguntaras qué distingue al comunista, qué es lo que los comunistas tienen más en común [...] yo diría que sin ninguna duda es su idealismo».[8] Ellos sueñan, continúa él, con una nueva sociedad en la cual (citando a Liu Shao-chi) «no habrá opresión y explotación de la gente, no habrá oscuridad, ignorancia, atraso» y «no habrán cosas irracionales como la desilusión mutua, el antagonismo mutuo, la matanza mutua y la guerra».[9] Marx escribió en su libro *Tesis sobre Feuerbach* (1888): «Los filósofos solo han interpretado al mundo de varias maneras, sin embargo, lo que hay que hacer es cambiarlo». Este lema de «cambiar al mundo», comenta Douglas Hyde, «se ha convertido en uno de los más dinámicos en los últimos 120 años [...] Marx concluyó su Manifiesto Comunista con las palabras: "Tienes un mundo para ganar"».[10] Esta visión despertó la imaginación y el celo de los jóvenes idealistas comunistas. Por esto, Hyde escribió aproximadamente en la primera mitad del siglo XX: «al reclutado se le hace sentir que hay una gran batalla en todo el mundo», y «esto incluye su propio país, su propio pueblo, su propio vecindario, la cuadra en la que vive, la fábrica o la oficina en la que trabaja».[11] «Una de las razones por las cuales el comunista está preparado para hacer sacrificios excepcionales», afirma Douglas Hyde, «es que él cree que está tomando parte en una cruzada».[12]

Pero Jesús es un mejor líder y más grandioso de lo que pudo haber sido Carlos Marx, y las buenas noticias cristianas son un mensaje más radical y liberador que el Manifiesto Comunista. El mundo se puede ganar para Cristo por medio del evangelismo y se puede hacer más grato para él mediante la acción social. Entonces, ¿por qué no nos anima esta posibilidad? ¿Dónde está la gente cristiana que ve el status quo, que no les gusta lo que ven (porque hay cosas en este que son inaceptables para Dios), y que, por lo tanto, rehúsan a seguir con eso, que sueñan con una alternativa social que sería más aceptable para Dios y que deciden hacer algo al respecto? «Nada sucede sin un sueño. Para que suceda algo grande debe haber un sueño. Detrás de cada gran logro hay un soñador de grandes sueños».[13]

Vemos con los ojos de nuestra mente a los dos mil millones de personas que posiblemente nunca han escuchado de Jesús, y a los otros dos mil millones que lo han escuchado pero no han tenido una oportunidad válida para responder al evangelio;[14] vemos a la gente pobre, hambrienta, los que están en desventaja; gente aplastada por la opresión política, económica o étnica; millones de niños abortados e incinerados; las serias amenazas del cambio del clima. Vemos estas cosas; ¿no nos importan? Vemos lo que es; ¿no podemos ver lo que podría ser? Las cosas pueden ser diferentes. Se debe alcanzar con las buenas nuevas de Jesús a los que no han sido evangelizados; se puede alimentar a los que tienen hambre, se puede liberar a los oprimidos, los alienados pueden regresar a casa. Necesitamos una visión del propósito y el poder de Dios.

David Bleakley ha escrito acerca de tales visionarios: «la gente con un "presentimiento" como alternativa, aquellos que creen que se puede construir un mundo mejor». Él los llama «exploradores» que «aman nuestro planeta, se sienten responsables por la creación de Dios y desean darle un verdadero sentido a la vida de toda la gente». De hecho, él confía, como yo, en que tales «exploradores representan una gran oleada de cambio en nuestra sociedad y en las sociedades en otras partes».[15]

Laboriosidad

El mundo siempre menosprecia a los soñadores. «¡Ahí viene ese soñador!» Los hermanos mayores de José se decían el uno al otro: «Vamos a matarlo [...] ¡Y a ver en qué terminan sus sueños!» (Génesis 37:19ss). Los sueños de la noche tienden a evaporarse en la fría luz de la mañana.

Así que los soñadores tienen que convertirse en pensadores, planeadores y trabajadores, y eso demanda laboriosidad y un arduo trabajo. La gente de visión necesita convertirse en gente de acción. Fue Tomas Carlyle, el escritor escocés del siglo XIX, quien dijo de Federico el Grande que ser un genio implica en primer lugar «la capacidad trascendente de esforzarse»; y fue Tomas Alva Edison, el inventor de los efectos eléctricos, quien definió genio como «1% de inspiración y 99% de sudor». Todos los grandes líderes, incluso los grandes artistas, saben que esto es verdad. Detrás de su desempeño, realizado sin esfuerzo aparente, yace la más rigurosa y minuciosa autodisciplina. Un buen ejemplo es Paderewski, el pianista de fama mundial, que diariamente pasaba horas practicando. No era extraño para él repetir cincuenta veces un compás o una frase para perfeccionarla. Un día la reina Victoria le dijo después de escucharlo tocar: «Sr. Paderewski, usted es un genio». «Pudiera ser, señora» contestó él, «pero antes de ser genio, yo fui esclavo».[16]

Esta incorporación de laboriosidad a la visión es una marca evidente de los grandes líderes de la historia. Para Moisés no fue suficiente soñar con la tierra que fluye leche y miel; tuvo que organizar a la muchedumbre israelita para que al menos pareciera una nación y luego guiarlos a través de los peligros y dificultades del desierto antes de que ellos pudieran tomar posesión de la Tierra Prometida. En forma similar, la visión de la reconstrucción de la Ciudad Santa inspiró a Nehemías, pero primero necesitaba conseguir los materiales para reconstruir la muralla y armas para defenderla. Winston Churchill se resistía a la tiranía nazi y soñaba con liberar a Europa, pero no se hizo ilusiones con respecto a lo que costaría hacerlo. El 13 de mayo de 1940, en su primer discurso como primer ministro de la Cámara de los Comunes, le advirtió a los miembros que él «no tenía nada para ofrecer sino sangre, trabajo penoso, lágrimas y sudor... y muchos meses de conflicto y sufrimiento».

Incluso más, necesitamos la misma combinación de visión y laboriosidad en nuestras vidas comunes y corrientes. William Morris, quien llegó a ser Lord Nuffield, el benefactor público, comenzó su carrera arreglando bicicletas. ¿Cuál fue el secreto de su éxito? Fue la «imaginación creativa unida con una laboriosidad indómita».[17] Sueños y realidad, pasión y práctica deben ir juntos. Sin sueños la campaña pierde su dirección y su fuego; pero sin un trabajo arduo y sin proyectos prácticos, se esfuma el sueño.

Perseverancia

Tomas Sutcliffe Mort fue un colonizador a comienzos del siglo XIX en Sydney, Australia, por quien el puerto Mort lleva su nombre. Él estaba resuelto a resolver el problema de la refrigeración, para que la carne se pudiera exportar de Australia a

Gran Bretaña, y para hacerlo se fijó una meta de tres años. Pero le tomó veintiséis. Vivió lo suficiente para ver salir de Sydney el primer barco de carne refrigerada, pero murió antes de saber si había llegado a su destino en buenas condiciones. La casa que él construyó en Edgecliffe es ahora Bishopscourt, la residencia del arzobispo anglicano de Sydney. El lema «Perseverar es lograr el éxito» está pintado veinte veces en las cornisas del techo de la oficina, y el lema de la familia Mort, *Fidèlè à la Mort* (un juego de palabras con su nombre hugonote, es decir, los protestantes franceses que también eran fieles hasta la muerte) está grabado en piedra en la entrada principal.

Es cierto que la perseverancia es una cualidad indispensable del liderazgo. Una cosa es tener sueños y ver visiones, y otra es convertir los sueños en un plan de acción. La tercera es perseverar cuando llegue la oposición. De seguro surgirá la oposición. Tan pronto como empieza la campaña, se reúnen las fuerzas de oposición, los privilegios arraigados se afianzan todavía más, los intereses comerciales se sienten amenazados y dan la voz de alarma, los cínicos se burlan de la locura de los «que hacen buenas obras» y la apatía se convierte en hostilidad.

Pero en la oposición prospera la verdadera obra de Dios. Su plata se refina y el acero se endurece. Por supuesto, pronto capitularán los que no tienen una visión, los que se dejan llevar solo por el impulso de la campaña. Tal es así que los jóvenes que protestan en una década se convierten en los conformistas de la próxima. Los jóvenes rebeldes se hunden en una mediocridad de clase media, de mediana edad, moderada. Hasta los revolucionarios, cuando se termina la revolución, tienden a perder sus ideales. Pero no los líderes verdaderos. Ellos tienen la capacidad de tomar los contratiempos a su paso, la tenacidad de superar la fatiga y el desánimo, y la sabiduría (según una de las frases favoritas de John Mott) para «convertir las piedras de tropiezo en peldaños del camino».[18] Los verdaderos líderes añaden la gracia de la perseverancia a la visión y a la industria.

De nuevo Moisés es un ejemplo sobresaliente del Antiguo Testamento. En más o menos doce ocasiones diferentes la gente «murmuró» contra él y tuvo que enfrentar los inicios de un motín. Cuando el ejército del faraón los estaba amenazando, cuando el agua se acabó o era demasiado amarga para beber, cuando no había carne para comer, cuando los espías trajeron un informe negativo sobre la fortaleza de las fortificaciones cananeas, cuando las mentes estrechas tuvieron celos de su posición: estas son algunas de las ocasiones en las que la gente se quejó de su liderazgo y desafió su autoridad. Un hombre de menos valía hubiera renunciado y los hubiera abandonado a su propia mezquindad. Pero no Moisés. Él nunca olvidó que ellos eran el pueblo de Dios, por el pacto de Dios, quienes heredarían la tierra por la promesa de Dios.

El apóstol Pablo es el hombre en el Nuevo Testamento que llegó hasta el fin con sus ideales intactos y sin comprometer sus principios. Él también enfrentó una oposición amarga y violenta. Sufrió aflicción física ya que en varias ocasiones lo azotaron, apedrearon y encarcelaron. También sufrió mentalmente porque los falsos profetas, que contradecían su enseñanza y calumniaban su nombre, le pisaban los talones. También experimentó una enorme soledad. Al final de su vida él escribió que «todos los de la provincia de Asia me han abandonado» y «En mi primera defensa [...] todos me abandonaron» (2 Timoteo 1:15; 4:16). Sin embargo, nunca perdió la visión que Dios le dio de una sociedad nueva y redimida, y nunca renunció a la proclamación del evangelio. En su calabozo bajo tierra, de donde no había otra escapatoria que no fuera la muerte, escribió: «He peleado la buena batalla, he terminado la carrera, me he mantenido en la fe» (2 Timoteo 4:7). Pablo perseveró hasta el final.

En siglos recientes tal vez nadie ejemplificara más la perseverancia que William Willberforce. Sir Reginald Coupland escribió acerca de él que para romper la apatía del parlamento, un reformador social «debe, en primer lugar, tener las virtudes de un fanático sin sus vicios. Debe ser decidido, y a todas luces, sin egoísmo. Necesita ser suficientemente fuerte para soportar la oposición y el ridículo, lo suficientemente incondicional para tolerar los obstáculos y las demoras».[19] Wilberforce poseía estas características en abundancia.

En 1787 fue el primero en presentar una moción en la Cámara de los Comunes acerca del tráfico de esclavos. Hacía tres siglos que venía ocurriendo este nefasto comercio y los esclavistas antillanos estaban dispuestos a oponerse a la abolición hasta el fin. Además, Willberforce no era un hombre atractivo. Era bajito y un poco feo, con mala vista y nariz respingada. Cuando Boswell lo escuchó hablar, dijo que era «un perfecto renacuajo» pero luego tuvo que admitir que «el renacuajo se convirtió en una ballena».[20] En 1789, en la Cámara de los Comunes, Willberforce dijo del comercio de los esclavos: «Su maldad parecía tan grande, tan terrible, tan irremediable, que he decidido procurar la abolición por completo [...] Dejemos que las consecuencias ocurran, desde este momento yo determino que nunca descansaré hasta que haya conseguido esta abolición».[21] Entonces se debatieron proyectos de ley para la abolición (relacionados con el comercio) y proyectos relacionados con esclavos extranjeros (que prohibirían la participación de embarcaciones británicas en este comercio) en la Cámara de los Comunes en los años 1789, 1791, 1792, 1794, 1796 (para entonces la abolición se convirtió «en el gran objetivo de mi existencia en el parlamento»), 1798 y 1799. Todos fueron rechazados. En 1806 se aprobó el Proyecto de Ley de Esclavos Extranjeros y en 1807 el Proyecto de Ley para el Tráfico de Esclavos. Esta parte de la campaña tomó dieciocho años.

Después de concluir las guerras de Napoleón, Willberforce comenzó a dirigir sus energías a la abolición de la esclavitud y la emancipación de los esclavos. En 1823 se formó la Sociedad contra la Esclavitud. Dos veces en ese año y dos veces al año siguiente, Willberforce abogó por la causa de los esclavos en la Cámara de los Comunes. Pero en 1825 la mala salud lo obligó a renunciar a ser miembro del parlamento y a continuar su campaña desde afuera. En 1831 envió un mensaje a la Sociedad contra la Esclavitud en el que decía: «Necesitamos perseverar. Y en última instancia confiamos en que el Todopoderoso coronará nuestros esfuerzos con éxito».[22] Él lo hizo. En julio de 1833 ambas cámaras del Parlamento aprobaron la ley para la Abolición de la Esclavitud, aunque esta incluía que se pagaran £20.000.000 en compensación para los dueños de los esclavos. «Gracias a Dios», escribió Willberforce, «que viví para ver el día en el cual Inglaterra está dispuesta a dar £20.000.000 para la abolición de la esclavitud».[23] Murió tres días después. Lo enterraron en la Abadía de Westminster, como reconocimiento nacional a sus cuarenta y cinco años de perseverancia en la lucha a favor de los esclavos de África.

Pero claro, la perseverancia no es sinónimo de obstinación. Los líderes verdaderos no son inmunes a la crítica. Por el contrario, la escuchan y la analizan, y es posible que modifiquen su programa. Pero no cambian su convicción básica del llamado de Dios. No importa qué tipo de oposición se levante o el sacrificio que implique, ellos perseveran.

Servicio

En este momento es necesario añadir una nota de precaución. El «liderazgo» es un concepto que comparten la iglesia y el mundo. Sin embargo, no debemos presuponer que tanto los cristianos como los no cristianos lo entiendan de la misma forma. Ni debemos adoptar modelos de administración del mundo secular sin antes someterlos a un escrutinio cristiano crítico. Jesús introdujo en el mundo un nuevo estilo de liderazgo. Él expresó la diferencia entre lo viejo y lo nuevo en estos términos:

> Así que Jesús los llamó y les dijo: «Como ustedes saben, los que se consideran jefes de las naciones oprimen a los súbditos, y los altos oficiales abusan de su autoridad. Pero entre ustedes no debe ser así. Al contrario, el que quiera hacerse grande entre ustedes deberá ser su servidor, y el que quiera ser el primero deberá ser esclavo de todos. Porque ni aun el Hijo del hombre vino para que le sirvan, sino para servir y para dar su vida en rescate por muchos».
>
> MARCOS 10:42-45

Por eso, entre los seguidores de Jesús, el liderazgo no es sinónimo de señorío. Nuestro llamado es a servir, no a mandar; a ser esclavos, no amos. Sí, es verdad que hasta cierto grado cada líder tiene autoridad, de otra manera el liderazgo sería imposible. Jesús les dio autoridad a los apóstoles y la ejercieron tanto en la enseñanza como en la disciplina de la iglesia. Incluso los pastores de hoy, aunque no son apóstoles ni poseen la autoridad apostólica, se deben «respetar» por su posición «sobre» la congregación (ver 1 Tesalonicenses 5:12ss), y hasta se deben «obedecer» (Hebreos 13:17). No obstante, el énfasis de Jesús no radicaba en la autoridad de un líder-gobernante sino en la humildad de un líder-siervo. La autoridad por la cual dirige el líder cristiano no es el poder sino el amor, no la fuerza sino el ejemplo, no es coerción sino persuasión razonada. Los líderes tienen poder, pero el poder solo es seguro en las manos de los que se humillan para servir.

¿Cuál es el motivo del énfasis de Jesús en el servicio del líder? En parte, sin duda alguna, porque el principal riesgo del oficio del liderazgo es el orgullo. El modelo de los fariseos no concordaba con la nueva comunidad que Jesús estaba construyendo. A los fariseos les encantaban los títulos diferenciales como «Padre», «Maestro», «Rabí», pero esto era tanto una ofensa para Dios a quien le pertenecen estos títulos, como perjudicial para la hermandad cristiana (Mateo 23:1-12).

Sin embargo, la razón principal que tuvo Jesús para hacer énfasis en el rol de un siervo líder es que sin dudas el servicio a otros es un reconocimiento tácito del valor de las personas a quienes sirve. Últimamente me ha preocupado observar que el mundo está tomando prestado el modelo del «servicio» del liderazgo y lo está elogiando por razones incorrectas. Robert K. Greenleaf, por ejemplo, especialista en el campo de la investigación y la educación gerencial. En 1977 escribió un largo libro titulado *Servant Leadership* [Liderazgo del siervo], al que le colocó un subtítulo intrigante: «Un recorrido por la naturaleza del poder legítimo y la grandeza». Él cuenta que el concepto de «el siervo como líder» lo tomó del libro de Hermann Hesse *El viaje a Oriente*, en el cual Leo, el siervo insignificante de un grupo de viajeros, al final resultó ser su líder. El «principio moral» que el Sr. Greenleaf saca de esto es que «el gran líder se ve primero como siervo». O, expresándolo en una forma todavía más completa: «La única autoridad que merece la lealtad de uno es aquella que los seguidores otorgan al líder con libertad y conciencia como respuesta y en proporción a la evidente talla de siervo en el líder. Los que eligen seguir este principio [...] responderán libremente solo a aquellos que han sido escogidos como líderes porque ya son siervos probados y confiables».[24] No niego la verdad de esto, que los líderes tiene que mostrar primero su valía mediante el servicio. Pero el peligro del principio, como él describe, es que el servicio es solo el medio para lograr el fin (en otras palabras, calificarlo a uno como líder), y, por lo tanto, solo lo elogia por su utilidad pragmática. Sin embargo, esto no es lo que Jesús enseñó. Para él el servicio era un fin en sí mismo. T.W. Manson expresó está diferencia en una forma preciosa cuando escribió: «En el reino de Dios el servicio no es una manera de adquirir nobleza: es nobleza, la única clase de nobleza que se reconoce».[25]

Entonces, ¿por qué Jesús lo comparó con el más grande? ¿No debe relacionarse nuestra respuesta con el valor intrínseco del ser humano, que era la presunción tras su propio ministerio de amor desinteresado y que es el elemento esencial de la perspectiva cristiana? Si los seres humanos son hechos a la imagen de Dios, entonces se les debe servir y no explotar, respetar y no manipular. Como Oswald Sanders lo expresó: «La verdadera grandeza, el verdadero liderazgo, no se logra reduciendo a los hombres al servicio de uno sino entregándose uno al servicio desinteresado de ellos».[26] Aquí yace también el peligro de ver al liderazgo en términos de proyectos y programas. El liderazgo indefectiblemente implicará el desarrollo de estos, pero las personas tienen prioridad sobre los proyectos. Y no se deben «manipular», ni siquiera «manejar». Aunque esto último es menos degradante para los seres humanos que lo primero, ambas palabras se derivan de *manus*, que significa mano, y ambas expresan «el manejo» de las personas como si fueran artículos de consumo en vez de personas.

Así que, de hecho, los líderes cristianos sirven, no a sus

propios intereses sino a los intereses de los demás (Filipenses 2:4). Este simple principio saca al líder del individualismo excesivo, del aislamiento extremo y del egoísmo que intenta crear un imperio propio, porque los que sirven a otros, sirven mejor en grupo. El liderazgo en equipo es más saludable que el liderazgo solitario, por varias razones. Primero, los miembros de un equipo se complementan unos a otros, se apoyan unos a otros con sus talentos y se compensan unos a otro en sus debilidades. Ningún líder tiene todos los dones, ningún líder debe tener todo el control del liderazgo en sus manos. Segundo, los miembros del equipo se animan unos a otros, identificando los dones de cada uno y motivándose unos a otros para desarrollarlos y usarlos. Como Max Warren decía: «El liderazgo cristiano no tiene nada que ver con la auto afirmación, pero sí tiene que ver con animar a la gente a que se afirmen a sí mismos».[27] Tercero, los miembros del equipo se rinden cuentas unos a otros. El trabajo compartido significa compartir las responsabilidades. Entonces, nos escuchamos el uno al otro y aprendemos el uno del otro. Tanto la familia humana como la familia divina (el cuerpo de Cristo) son contextos de solidaridad en los cuales cualquier ilusión incipiente de grandeza se disipa con rapidez. «Al necio le parece bien lo que emprende, pero el sabio atiende al consejo» (Proverbios 12:15).

En todo este énfasis cristiano sobre el servicio, el discípulo solo busca seguir y reflejar a su maestro. Aunque él fue Señor de todos, Jesús se hizo siervo de todos. Se colocó el delantal de servidumbre y se arrodilló para lavar los pies de los apóstoles. Ahora él nos dice que hagamos cómo él hizo, que nos vistamos con humildad y que en amor nos sirvamos los unos a los otros (Juan 13:12-17; 1 Pedro 5:5; Gálatas 5:13). Ningún liderazgo es auténticamente como el de Cristo si no está marcado por el espíritu de servir con humildad y gozo.

Disciplina

Toda visión tiene la tendencia a desvanecerse. Todo visionario tiene la tendencia de desanimarse. El trabajo arduo que comenzó con entusiasmo puede fácilmente degenerar y convertirse en un trabajo penoso. El sufrimiento y la soledad se hacen notar. Él líder siente que no lo aprecian y se cansa. El ideal cristiano del servicio humilde suena bien en teoría pero parece poco práctico. Así que a veces los líderes se dicen: «Es más rápido no tener en cuenta a las demás personas; así uno logra las cosas. Y si el fin es bueno, ¿en verdad importan los medios que se empleen para lograrlo? Hasta un arreglo pequeño y prudente puede justificarse a veces, ¿no es verdad?»

Entonces, es evidente que los líderes están hechos de carne y hueso, no de yeso o mármol ni vidrios de colores. Realmente, como Peter Drucker escribió: «la gente fuerte también tiene fuertes debilidades».[28] Hasta los grandes líderes de la Biblia tienen debilidades fatales. Ellos también cayeron y fallaron y fueron débiles. El justo Noé se emborrachó. El fiel Abraham fue lo suficientemente vil como para arriesgar la castidad de su esposa por su propia seguridad. Moisés perdió los estribos. David quebrantó los cinco mandamientos de la segunda tabla de la ley al cometer adulterio, asesinato, robo, dar falso testimonio y codiciar, todo en ese solo episodio con Betsabé. El coraje solitario de Jeremías se dañó con la autocompasión. A Juan el Bautista, a quien Jesús describió como el más grande hombre que haya vivido jamás, lo abrumaron las dudas. Y la impetuosidad arrogante de Pedro era sin lugar a dudas un disfraz de su profunda inseguridad personal. Si estos héroes de las Escrituras fallaron, ¿qué esperanza hay para nosotros?

El rasgo final de los líderes cristianos es la disciplina, no solo la autodisciplina en general (en cuanto al dominio de sus pasiones, tiempo y energías), sino en particular la disciplina con la que esperan en Dios. Ellos conocen sus debilidades. Saben lo grande que es su tarea y lo fuerte que es la oposición. Pero también conocen las inagotables riquezas de la gracia de Dios.

Se pueden dar muchos ejemplos bíblicos. Moisés buscó a Dios, y «hablaba el Señor con Moisés cara a cara, como quien habla con un amigo». David vio a Dios como su pastor, su luz y su salvación, su roca, la fortaleza de su vida, y en tiempos de mucha angustia «cobró ánimo y puso su confianza en el Señor su Dios». El apóstol Pablo, cargado con una debilidad física o psicológica que él llamó «una espina me fue clavada en el cuerpo», escuchó a Jesús decirle: «Te basta con mi gracia», y aprendió que solo cuando era débil, era fuerte.

Sin embargo, nuestro supremo ejemplo es el mismo Señor Jesucristo. A menudo se dice que él estaba siempre a disposición de la gente. No es verdad. No lo estaba. Hubo ocasiones en que él despidió a las multitudes. Se negó a permitir que lo urgente desplazara lo importante. Con frecuencia se alejaba de la presión y del foco de su ministerio público para buscar a su Padre en la soledad y reponer sus fuerzas. Entonces, cuando llegó el fin, él y sus apóstoles enfrentaron juntos la prueba final. Con frecuencia me pregunto, ¿cómo es posible que ellos lo abandonaran y huyeran, mientras él fue a la cruz con tal serenidad? ¿No es la respuesta a lo que él oró mientras ellos dormían? (Para Moisés, ver Éxodo 33:11; Deuteronomio 34:10; para David, Salmo 23:1; 27:1; 1 Samuel 30:6; para Pablo, 2 Corintios 12:7-10; para Jesús, Marcos 4:36; 6:45; 14:32-42, 50).

Es solo Dios quien «fortalece al cansado y acrecienta las fuerzas del débil». Incluso «los jóvenes se cansan, se fatigan, y los muchachos tropiezan y caen». Pero los que «confían en el Señor» y esperan con paciencia en él «renovarán sus fuerzas;

volarán como las águilas: correrán y no se fatigarán, caminarán y no se cansarán» (Isaías 40:29-31). Solo mantienen su visión brillante aquellos que se disciplinan a buscar el rostro de Dios. El fuego se reaviva constantemente y nunca se apaga solo en aquellos que viven frente a la cruz de Cristo. Esos líderes que piensan que son fuertes en sus propias fuerzas son las personas verdaderamente más débiles de todas; solo los que conocen y reconocen sus debilidades pueden volverse fuertes con la fuerza de Cristo.

He tratado de analizar el concepto del liderazgo cristiano. Me parece que tiene cinco ingredientes principales: visión clara, trabajo arduo, perseverancia obstinada, servicio humilde y disciplina férrea.

En conclusión, me parece que debemos arrepentirnos de dos pecados horribles en particular. El primero es el pesimismo, el cual deshonra a Dios y es incompatible con la fe cristiana. Por cierto, no olvidemos la caída, la depravación del ser humano. Estamos muy conscientes de la omnipresencia del mal. No somos tontos como para imaginar que la sociedad será perfecta antes de que Cristo venga y establezca su reino por completo.[29] No obstante, creemos en el poder de Dios y en el poder del evangelio para cambiar la sociedad. Debemos renunciar al optimismo ingenuo y al pesimismo cínico, y reemplazarlos con el realismo sobrio pero confiado de la Biblia.

El segundo pecado del que necesitamos arrepentirnos es la mediocridad y la aceptación de esta. Me veo queriendo decirle en especial a los jóvenes: «¡No te contentes con la mediocridad! ¡No te conformes con algo que esté por debajo del potencial que Dios te ha dado! ¡Ten ambiciones y sé aventurero con Dios! Dios te hizo un ser único mediante tus atributos genéticos, tu crianza y educación. Él te ha creado y te ha dado dones, y no quiere desperdiciar su trabajo. Él quiere que te realices, no que te frustres.

Su propósito es que todo lo que tienes y todo lo que eres sea para su servicio y para el servicio de otros».

Esto quiere decir que Dios tiene un rol de liderazgo hasta cierto grado y de cierto tipo para cada uno de nosotros. Entonces, necesitamos buscar su voluntad con todo nuestro corazón, clamar a él para que nos dé una visión de aquello a lo que nos está llamando a hacer con nuestras vidas y orar por gracia para ser fieles (no necesariamente exitosos) en obediencia a la visión divina.

Esta es la única manera en que podemos esperar oír de Cristo las palabras que más anhelamos oír: «¡Hiciste bien, siervo bueno y fiel!»

NOTAS

1 Goodwin II, Bennie E., *The Effective Leader: A Basic Guide to Christian Leadership* [El líder efectivo: Una guía básica para el liderazgo cristiano] InterVarsity Press, Downers Grove, 1971, p. 8.

2 Shakespeare, William, *Twelfth Night* [La noche duodécima], Acto II, escena iv, guión 158.

3 Sanders, J. Oswald, *Liderazgo espiritual*, Portavoz, Grand Rapids, MI.

4 Proverbios 29:18. La traducción de la NVI es: «Donde no hay visión, el pueblo se extravía».

5 Knox, Ronald A., *Enthusiasm, A chapter in the history of religion* [Entusiasmo, un capítulo en la historia de la religión], Oxford Univ. Press, Oxford, 1950, p. 591.

6 Del periódico Washington Post publicado de nuevo en el *Guardian Weekly* [Guardián semanal], junio de 1978.

7 Greenleaf, Robert K, *Servant Leadership: A journey into the Nature of Legitimate Power and Greatness* [Liderazgo del siervo: Un viaje a la naturaleza de poder legítimo y grandeza], Paulist Press, Nueva York, 1977, p. 236.

8 Hyde, Douglas, *Dedication and Leadership: Learning from the Communists* [Dedicación y liderazgo: Aprendido de los comunistas], Univ. of Notre Dame Press, Chicago, 1966, pp. 15-16.

9 Ibid., p. 121.

10 Ibid., pp. 30-31.

11 Ibid., p. 52.
12 Ibid., p. 59.
13 Greenleaf, *Servant Leadership* [Liderazgo del Siervo], p. 16.
14 Ver «The Manila Manifesto» [El manifiesto de Manila], 1989, párrafo 11, en Stott (ed.), *Making Christ Known* [Hacer que Cristo lo sepa], pp. 245-46.
15 Bleakley, David, *Work: The Shadow and the Substance, A reappraisal of life and labour* [El trabajo: La sombra y la sustancia, Una reevaluación de la vida y el trabajo], SCM, Londres, 1983, p. 85.
16 Citado por William Barclay en su *Spiritual Autobiography, or Testament of Faith* [Autobiografía espiritual, o testamento de fe], Mowbray, Oxford, and Eerdmans, Grand Rapids, 1975, p. 112.
17 De una revision de Canon R.W. Howard de la obra de James Leasor, *Wheels to Fortune, The life and times of Lord Nuffield* [Rueda para la fortuna, la vida y tiempo de Lord Nuffield], J. Lane, Londres, 1954.
18 Matthews, Basil, John R. Mott, *World Citizen* [Ciudadanos del mundo], SCM, Londres, 1934, p. 357.
19 Coupland, Reginald, *Wilberforce*, Collins, Londres, 1923, 2ª edición, 1945, p. 77.
20 Pollock, *John C. Wilberforce*, Lion, Oxford, 1977, p. 27. (Sr. Reginald Coupland relata la misma ocasión con diferentes palabras, Wilberforce, p. 9.)
21 Ibid., p. 56.
22 Ibid., p. 304.
23 Ibid., p. 308.
24 Greenleaf, *Servant Leadership*, pp. 7-10.
25 Manson, T.W., *The Church's Ministry* [El ministerio de la iglesia], Hodder & Stoughton, 1948, p. 27. Ver también John Stott, *Calling Christian Leaders* [Llamado a los líderes cristianos], InterVarsity Press, Leicester, 2002.
26 Sanders, *Spiritual Leadership* [Liderazgo espiritual], p. 13.
27 Warren, M.A.C., *Crowded Canvas* [Lienzo lleno], Hodder & Stoughton, Londres, 1974, p. 44.
28 Drucker, Peter F., *The Effective Executive* [El ejecutivo efectivo], Harper & Row, Nueva York, 1966, p. 72.
29 Ver «The Lausanne Covenant», párrafo 15 en Stott (ed.), *Making Christ Known*, pp. 49-53.

Guía de estudio

Compilado por Matthew Smith

Antes de comenzar

Estas preguntas se diseñaron en primer lugar para grupos de estudio, incluyendo grupos de iglesias y clases en la escuela, pero también son apropiadas para la reflexión individual. Para un estudio eficiente es importante que cada persona del grupo lea el capítulo antes de la clase, y que el líder del grupo no solo asimile el material sino que además piense en los tópicos que merecen discutirse en el tiempo que se dispone y si una pregunta adicional sería de ayuda. La meta de cada presentación debe ser tanto entender la enseñanza presentada como aplicar los principios bíblicos. Sugerimos que se comience y termine con oración.

Capítulo 1: Mujeres, hombres y Dios

1 ¿Cómo defines el feminismo? ¿Con cuáles aspectos estás de acuerdo y con cuáles no?

2 Lee Génesis 1:26-28; Deuteronomio 32:18; Isaías 66:13; y Mateo 23:37. «¿Es una exageración decir que si Dios hizo la humanidad a su propia imagen, hombre y mujer, debe haber dentro del ser de Dios algo que corresponda tanto a lo "femenino" como también a lo "masculino" de la humanidad?»

3 Lee Lucas 7:36-50; 8:1-3; Juan 4:4-30; 8:1-11. Examina en cada pasaje la forma en que Jesús rompió la tradición mostrando su actitud hacia las mujeres.

4 Lee 1 Corintios 11:3-12; 14:34-35; Gálatas 3:28; Efesios 5:22-33 y 1 Timoteo 2:11-15. ¿Cómo se puede aplicar hoy en día lo que Pablo escribió acerca de «liderazgo masculino»?

   (a) ¿En el matrimonio?

   (b) ¿En la enseñanza en la iglesia y en el liderazgo?

   (c) ¿En la sociedad?

5 Piensa por un momento en cuánto amó Jesús a la iglesia. ¿Cómo se podría animar a los esposos en tu iglesia para que amaran mejor a sus esposas «como Cristo amó a la iglesia» (Efesios 5:25)?

Capítulo 2: Matrimonio, cohabitación y divorcio

1 Lee Mateo 5:31-32; 19:3-12. ¿Crees que las personas que se han divorciado pueden casarse de nuevo en la iglesia? ¿Depende tu respuesta de si el divorcio se debió a la infidelidad matrimonial?

2 Lee 1 Corintios 7:10-16. ¿Cómo respondes a las siguientes dos afirmaciones controvertidas?

   (a) Los versículo 10 y 11 tienen una autoridad especial porque son «del Señor Jesús» y no son «de Pablo».

   (b) Jesús permitió el divorcio solo en una situación, y Pablo añadió otra.

3 (a) ¿Estás de acuerdo que «es más preciso y de más ayuda hablar de la unión libre como una relación inferior al matrimonio en lugar de un puente que lleva al matrimonio»?

   (b) ¿Deben los cristianos hablar acerca de las desventajas de la unión libre con sus amigos que no son cristianos y que es posible que los perciban como si los estuvieran juzgando?

4 ¿Cuál es la mejor manera de que un pastor aborde el asunto de parejas cristianas que duermen juntas antes del matrimonio?

5 ¿De qué formas tu iglesia puede animar mejor y ayudar:

   (a) a personas casadas a fortalecer su matrimonio?

   (b) a personas solteras, tanto los que nunca se han casado como también los que se han divorciado?

Capítulo 3: El aborto y la eutanasia

1 Lee los siguientes textos: Salmo 139:13-16; Job 31:15; Salmo 119:73; Salmo 22:9-10; Jeremías 1:5; Isaías 49:1,5; Lucas 1:41, 44.

   (a) ¿En qué etapa desde la concepción hasta el nacimiento piensas que la célula o colección de células es un ser humano?

   (b) Si hicieras un recuento de tu vida, ¿en qué momento consideras que empezaste a ser «tú»? Efesios 1:4, ¿sirve de ayuda en este caso?

2 ¿Con cuáles de las siguientes dos afirmaciones estás de acuerdo y cómo tu respuesta refleja tu opinión respecto a «la pastilla para la mañana siguiente»?

   (a) «El feto tiene "la característica de ser una persona" desde el momento de la fusión, y [...] debemos comprometernos a su cuidado».

   (b) «Desde el momento de la fusión el óvulo fecundado tiene vida biológica y un potencial maravilloso, pero [...] solo es una persona con derechos cuando el desarrollo del cerebro hace posible la propia supervisión».

3 En el Reino Unido, en 1990, el tiempo límite para el aborto se redujo de veintiocho a veinticuatro semanas. Dado que ahora es común que los bebés sobrevivan cuando nacen a las veintitrés semanas, ¿se debiera reducir el tiempo todavía más?

4 ¿Se justifica el aborto en los siguientes casos?

   (a) La vida de la madre está en peligro.

(b) Para evitar daño en la salud física o mental de la madre o del niño que ya existe.

(c) Al descubrir una incapacidad severa.

(d) El embarazo es resultado de una violación o un incesto.

5 Ya que se dice que una de cuatro mujeres ha tenido un aborto, ¿qué más puede hacer la iglesia para apoyar a las mujeres (y a los hombres) que están sufriendo en silencio?

6 ¿Crees que alguien tiene el derecho de ordenar su propia muerte? Si así es, entonces, ¿bajo qué circunstancias?

Capítulo 4: La nueva biotecnología

1 (a) En términos generales, ¿estás de acuerdo en darle la bienvenida al uso de la biotecnología con el propósito de restaurar, aunque el uso de la biotecnología para perfeccionar vaya más allá de la responsabilidad humana?

(b) En este contexto:

(i) ¿Estás de acuerdo con el principio de la práctica FIV como medio para proveer niños a las parejas infértiles?

(ii) Si es así, ¿consideras que los embriones se deben preevaluar para enfermedades genéticas como células enfermas con anemia o fibrosis quística?

(iii) Si es así, ¿estás de acuerdo en la evaluación del trasmisor potencial y el receptor potencial de estas enfermedades?

(iv) Si es así, ¿estás de acuerdo en que se debe hacer la evaluación de embriones para reducir el riesgo (en lugar de la certeza médica) de enfermedades graves?

(v) Si es así, ¿crees que el embrión se puede escoger basándose en el sexo u otra característica positiva del embrión (por ejemplo, que tienen miembros más fuertes, mejor crecimiento y cerebro más hábil)?

2 ¿Es coherente con el punto de vista cristiano la investigación humana de células madre que involucre la creación y la destrucción de embriones humanos hasta los catorce días de vida?

3 Lee Génesis 3:21-24. ¿Estás de acuerdo que en este pasaje Dios protege a los seres humanos de vivir para siempre en su estado pecaminoso, y entonces «El tiempo de vida es limitado, no es una maldición, pero es *la gracia de Dios*»? Si es así, ¿hasta qué punto debemos extender el tiempo de vida presente ya que el promedio es setenta a ochenta años (Salmo 90)?

4 Al considerar la situación de «salvar al hermano», donde el bebé es creado con el propósito de ser un donador de tejido para un hermano que ya existe con un defecto genético. El «hacer» el segundo bebé con un motivo específico y forzar al bebé a tomar el rol de salvador de la vida del primer bebé, ¿se debe considerar cómo compasión o manipulación?

5 Lee Génesis 11:1-9. Hablen de las implicaciones que tiene este pasaje en el debate de la biotecnología. ¿Qué medidas se pueden tomar para que la tecnología bioética no se convierta en una Torre de Babel en nuestra sociedad?

Capítulo 5: Relaciones entre personas del mismo sexo

1 Lee Génesis 19:1-13 y relaciónalo con los textos: Isaías 1:1-17; Jeremías 23:14; Ezequiel 16:49-50; Mateo 10:15; 11:24; Judas 7. En el texto de Génesis, la posible alternativa de la traducción de *yada'* le permite a Bailey la traducción «Sácalos, para que los conozcamos». Respecto a esto, ¿estás de acuerdo con Bailey que el grupo de hombres fuera de la casa de Lot no tuvo ningún propósito de coito homosexual? De otra manera, ¿estás de acuerdo que fue la violación homosexual de la pandilla y no solo el coito homosexual lo que se censuró?

2 Examina Levítico 18:22 y 20:13. ¿Crees que el principal propósito de estos textos era prohibir el ritual homosexual de la prostitución o prohibir toda clase de coito homosexual? ¿Por qué hoy debemos considerar estos textos como normas cuando realmente no se consideran normas otras leyes como por ejemplo Levítico 19:19, «No usen ropa tejida con dos clases distintas de hilo»?

3 Lee Romanos 1:18-32; 1 Corintios 6:9-10; y 1 Timoteo 1:8-11.

(a) ¿Describe Pablo las relaciones homosexuales como «contra la naturaleza» en Romanos 1 refiriéndose a la gente heterosexual que actúa en contra de su naturaleza (como afirma Boswell), o a todo acto homosexual, sin considerar la orientación del que lo hace?

(b) Dado el significado de la traducción de las frases tales como «hombres en la prostitución», «sodomitas» en 1 Corintios 6:9-10 y «pervertidos sexuales» en 1 Timoteo 1:10, ¿piensas que esos dos textos solo se refieren a los hombres en la prostitución o en el que un hombre adulto paga a un joven para asumir el rol pasivo, o se aplica en forma amplia a toda clase de coito homosexual?

(c) ¿Estás de acuerdo con Peter Coleman, que escribió: «Considerándolos todos: en Romanos, los escritos de San Pablo repudian el comportamiento homosexual como un vicio de los gentiles; en Corintios, como una barrera para entrar en el reino y en 1 Timoteo, como una ofensa que la ley moral debe repudiar»?

4 ¿Qué nos enseña Génesis 2:4-25 acerca del matrimonio heterosexual y cómo lo refuerza Jesús en Mateo 19:4-7? En estos dos pasajes, ¿apoya la Biblia una unión homosexual que dure toda la vida? ¿Estás de acuerdo en que la monogamia heterosexual fue establecida por la creación y no es cultural, su validez es permanente y universal?

5 ¿Hasta qué punto debemos los cristianos intentar imponer creencias bíblicas acerca de la homosexualidad sobre el sistema legal? ¿Qué piensas de:

(a) Legalizar las parejas del mismo sexo?

(b) Legalizar los matrimonios del mismo sexo?

6 Lee de nuevo lo que dice Alex Davidson al final del capítulo. ¿En qué formas podemos estar al lado y ayudar a nuestros amigos cristianos que luchan con el problema de la homosexualidad? ¿Cómo deben reaccionar los cristianos a la acusación de homofobia?

Conclusión: Un llamado para el liderazgo cristiano

1 ¿Acerca de qué problemas en el mundo te sientes indignado?

2 ¿Qué problema te cautivó más, y cómo puedes estar más involucrado?

3 ¿Cuál es la visión de tu vida?

4 «Se puede ganar el mundo para Cristo por medio del evangelismo y agradar más a Cristo con la acción social». ¿Qué factores evitan que nos animemos y cómo podemos superarlos?

5 Lee Marcos 4:36; 6:45; 14:32-42, 50. ¿Cómo podemos aprender del ejemplo de Jesús para que lo urgente no desplace lo que es importante?

6 «¡No estén contentos con la mediocridad! ¡No se coloquen en una posición donde no se pueda usar todo el potencial que Dios les ha dado! ¡Tengan ambiciones y sean aventureros con Dios!» ¿Cómo podemos animarnos los unos a los otros para tomar el reto y perseverar?

*Nos agradaría recibir
noticias suyas.
Por favor, envíe sus comentarios
sobre este libro a la dirección
que aparece a continuación.
Muchas gracias.*

Editorial Vida®
.com

vida@zondervan.com
www.editorialvida.com